나눔이 준
판도라의 상자

Pandora's Box:
Korean culture of Philanthropy

HY COLLECTION 013

나눔이 준 판도라의 상자

비케이 안 지음

사곰

프롤로그

뉴욕 맨해튼의 뒷골목을 경험하지 못하고서 관광 명소의 아름다운 풍경과 드라마나 영화에 나오는 뉴요커들의 폼 나는 삶만 생각하며 뉴욕에서 살기 원한다면 순진하다 못해 미련한 짓이다. 뉴욕 뒷골목에서 차마 말로 다하지 못할 인간의 본성, 쓰레기와 악취 등 우리 삶의 진면목을 있는 그대로 알고 겪어봐야 맨해튼에서 살아갈 수 있다. 굳이 도둑이나 강도질을 당할 필요는 없겠지만, 그 존재를 아는 것과 모르는 것은 천양지차다. 혹시 강도를 만난다면 상상과는 다른 맨해튼의 모습에 실망해 다음 날 바로 짐을 싸서 떠날 것인가? 아니면 운이 나빴다고 생각하고 몸을 사리며 조심조심 살 것인가? 멋진 레스토랑을 운영하기를 꿈꾸는 사람이라도 그 이면에는 누군가 생선의 배를 갈라야 하고, 쓰레기 악취 속에서 온갖 뒤처리를 해야 하며, 맛이 없다는 손님의 불평을 들어야 하고, 더러는 돈을 내지 않고 도망가는 손님도 있다는 것을 알게 된다면 생각이 달라질지도 모른다. 레스토랑에는 화려한 입구도 있지만 식재료가 배달되고 쓰레기가 배출되는 뒷문도 엄연히 존재한다.

오래전 기억이 떠오른다. 남들이 부러워하는 의대에 들어가 실험실에서 토끼를 놓고 해부 실험을 하다가 피비린내를 도저히 견딜 수 없어 중간에 뛰쳐나와서는 바로 다음 날 다른 과로 전공을 바꾼 친구가 있었다. 밖에서 보기에 멋지고 의미 있는 일이라 여기고 뛰어들었다가 적성에 맞지 않거나 견디기 힘든 과정을 못 이기고 포기하는 경우는 그 밖에도 많다. 하지만 정치를 모르고 덤벼들었다가 이전투구가 벌어지는 진창 같다며 몸서리치는 정치 초년생이 있는 반면에 정치를 즐기고 그것에 중독된 사람도 있는 것처럼 사람들은 천차만별이다.

얼마 전 한 모금기관에서 일하는 모금팀장이 어느 사회복지사의 죽음에 대한 기사를 읽었다며 흥분한 어조로 불만을 토로했다. "비영리단체에서 일하는 사람들의 심신이 소진되어 있다는 데는 이견이 별로 없을 겁니다. 인력이 부족해서 일은 많은데 맡은 임무와 권한은 일치하지 않고 그 책임은 한도 끝도 없습니다. 또 사람들은 비영리단체에 근무한다고 깔보고, 직원들은 말도 잘 듣지 않죠. 보상은 열악하고, 노력은 인정받지 못하며, 감사해하는 사람도 많지 않고, 사회로부터 고립되어 있어서 갈등의 소지는 너무나도 많습니다. 게다가 사회적 차별로 인한 윤리적 딜레마도 심해 어떨 때는 모든 게 의미 없는 일이라는 자괴감마저 들어요. 위에서는 열정을 가지고 일하라고 하지만, 사회에서는 경쟁에 밀려 영리단체에 가지 못한 무능력한 사람으로 차별 대우까지 받는 데다가 종종 영리단체와 연계해 일할 때면 '갑' 행세를 하려 들어서 괴로워요. 이 일을 시작할 때는 자긍심과 보람을 느꼈는데……."

그는 나눔이라는 판도라의 상자를 열고는 당황하고 있었다. 하지만 이제 시작에 불과하다. 계속해서 상자에서는 문제점이 튀어나올 것이다. 상자를 열면 나오는 먼지는 지금도 날마다 미디어를 통해 공개되고 있지만, 사람들은 그 먼지에 면역되어 무감각해진 채 살아가고 있다.

모금과 기부에 관심이 많았기에 두려움 없이 일부러 나눔 세계의 뒷골목을 배회한 적이 많았다. 수년간 모금을 하며 감동적인 순간도 겪었지만, 그렇지 못한 경험이 더 많았다. 여러 사회문제를 해결하겠다며 모금 때마다 그럴싸한 명분을 내세웠으나 해결된 문제는 아무것도 없었고, 그 때문인지 나를 통해 기부한 사람들에게 죄책감이 들어 악몽을 꾸기도 했다. 그러면서 원치 않은 경험도 했지만, 그 덕분에 이 책을 쓰게 되는 행운도 얻었는지 모르겠다. 사실 용기가 나지 않아 차일피일 미루어왔다. 감동적인 글은 나 말고도 많은 저자들이 책으로 펴냈지만, 씁쓸한 경험을 모은 책은 찾아보기 어려웠기 때문이다. 포장된 감정을 파는 '나눔 세계'의 금기 사항이라고 해야 할까? 금기가 된 이유는 아마도 서로에게 도움이 되지 않는다는 짧은 생각 탓일 것이다. 그럼에도 나는 비록 어두운 면이 있다 하더라도 나눔에는 그보다 더 큰 희망과 가치가 있기에 포기하지 말자는 의미에서, 또 우리 사회의 비영리 영역에 대한 남다른 애정 때문에 나눔이 선물로 준 판도라의 상자를 공개하기로 결심했다.

이 책을 쓰면서 망설여지는 점이 있었다. 모금에 대해 잘 알려져 있지 않은 속사정을 너무 많이 이야기하면 그렇지 않아도 살기 힘든데 사람들이 등을 돌릴 수도 있다는 우려 때문이었다. 적당히 호기심이 있어야 일이 진행되고 기대치가 있어야 모험도 하게 되는데 어두운 면을 들춰내다 보면 '기부를 방해한다'는 오해를 받을까 두렵기도 하다. 하지만 이런 줄 알았으면 처음부터 발을 들여놓지 않는 편이 나았을지도 모르겠다는 사람들보다는 예상했던 것만큼 또는 그보다 더 만족한다고 고백하는 비영리단체 사람들이 많다는 점에 용기를 얻었다.

나는 비영리단체에 몸담고 있는 사람들이 입구 조사만 하고 출구 조사는 하지 않는 데 불만이 많다. 왜 비영리단체에 들어갔는지, 왜 그만두려고 하는지, 그리고 무엇을 보고 경험했는지, 무엇 때문에 견딜 수 없는 지경에 이르렀는지에 대한 논의가 전혀 없었다. 이 책의 목적 중 하나는 비영리단체의 실제 지형도를 보여주는 것이다. 어두운 면을 재조명해서 기부를 폄하하거나 동기를 사라지게 하려는 것이 아니라 '현명한 기부'를 이끌어내고 '똑똑한 모금 행위'를 제시하려는 것이다.

어떤 의미에서 이 책은 씁쓸한 경험을 하고도 포기하지 않고 의연하게 이 분야에 종사하고 있는 나의 생생한 간증이라 할 수 있다. 이 책을 쓰면서 나는 원치 않거나 기대하지 않은 현상은 왜 일어나고 인간의 의도가 어떻게 개입되는지 분석적으로 바라보고자 했고, 그런 의미에서 일부러 악마의 변호인(devil's advocate)의 입장, 즉 비판적 태도를 견지하기도 했다. 그렇게 하는 것이 윤리적인 모금가와 현명한 기부자를 만들기 위한 최선의 선택이라는 신념 때문이다. 또한 순수한 동기로 필란트로피(philanthropy) 세계에 발을 들여놓았다가 실망해 돌아서는 사람을 수없이 목격한 사람으로서 일반 기부자뿐 아니라 모금 전문가가 되려는 이들에게도 도움을 주고자 이 책을 썼다. 하지만 과학적인 자료가 다소 부족할 수 있으며, 일반인들이 쉽게 이해할 수 있도록 직관적이고 일상적인 표현을 많이 사용했음을 혜량해주시기 바란다.

왜 기부와 모금의 어두운 면을 재조명해야 하는지 나 자신에게 수없이 질문을 던졌다. 모금이 장기간 유지되어야 단체나 개인에게 큰 도움이 된다고 믿었고, 그러려면 잘못된 기대나 환상을 버려야 한다고 늘 주장해왔다. 모금기관들 안에 숨겨져 있는 먼지를 들추고 떨어내면 부정적인 이미지가 조장될 수도 있는데 왜 그런 위험 부담을 안으려 하느냐는 질문을 받을 때면 마치 마술의 속임수를 공개해버린 거리의 마술사처럼 동료들의 질책을 받을지도 모른다는 두려움도 느꼈다. 하지만 어린아이가 언제까지나 산타클로스의 존재를 믿는 것은 아니듯 사실을 알리는 것이 모두에게 이득이 될 것이라고 판단했다.

우리는 흔히 미디어를 통해 기부나 나눔의 장밋빛 결과만을 접하지만, 가까이에서 들여다보면 사람들에게 알려지지 않은 전혀 다른 이야기가 존재하는 경우가 많다. 그래서 기부하는 사람, 기부를 받는 사람, 그리고 모금가들은 이러한 숨은 이야기들을 알고 이해함으로써 예상치 못한 일에 대처해야 한다. 나눔의 세계 뒤편에 있는 '뒷골목'의 진솔한 이야기를 듣고 나누어야 한다. 정조가 "공심 속에 사심이 있고 사심 속에 공심이 있음"을 알고 개인의 '사심'을 억누르고 백성을 위한 '공심'을 앞세워 정치의 꽃을 피운 것처럼, 인간의 본성이 공익과 사익을 오가며 벌이는 줄다리기가 기부와 나눔에 어떤 영향을 미치는지 이해하고 고민할 필요가 있다. 이런 양상이 마치 '나눔이 선물로 준 판도라의 상자를 여는 것'과 같다는 데 생각이 미쳐 이 책을 쓰게 되었다. 나눔 생태계에서 살아가는 사람들이 용감하게 상자를 열고 문제점을 이해해 담대하게 해결한 뒤 마지막 희망의 카드를 기다린다면 이 책의 목적을 충분히 달성하는 것이라 생각한다.

차례

머리말

나눔은 아름다운 일이다. 그 아름다운 일의 완성도를 높이고자 비영리단체에서 일한다는 것, 그리고 모금활동을 한다는 것은 마치 메스로 스스로 자기 배를 가른 뒤 흐르는 피를 보고도 참을 수 있는지 없는지를 보는 것과 같다. 따뜻한 마음을 가진 사람이 기부나 모금을 할 때 중간에 이런 과정이 있다는 것을 미리 인지하고서 자신이 참아내야 하는 지점이 어디까지인지 알고 참여한다면 나눔은 더욱 아름다운 일이 될 것이다. 그야말로 구역질이 날 것인지, 아니면 즐길 수 있는 것인지 알고 하는 것과 모르고 하는 것은 다른 결과를 낳는다. 이 점에 있어서 미국과 한국의 접근법은 근본적으로 다르다. 미국에서는 어떤 분야에 들어가 일하기 전에 최소한 한 번쯤은 자신이 할 수 있는지 없는지 확인할 수 있는 기회를 준다. 그러나 한국에서는 대부분 그런 기회 없이 환상만 갖고 들어왔다가 뒤늦게 자신의 문제점을 발견한다.

미국기업연구소(American Enterprise Institute)가 〈월스트리트 저널〉에 기고한 칼럼에 따르면, 나눔은 자기만족과 타인들의 시각 등으로 기부자들의 건강과 행복에 긍정적인 영향을 미친다고 한다. 또 다른 연구에 따르면, 자원봉사자나 기부자가 봉사나 기부를 전혀 하지 않는 사람보다 스트레스를 덜 받고 삶의 만족도가 높으며 심지어는 수명이 더 길어진다는 보고도 있다.

하지만 때때로 나눔은 미움의 씨앗이 되기도 한다. 베푼 만큼 받기를 기대하는 사람은 자기가 베풀고도 받지 못하면 베풀지 않은 사람보다 훨씬 더 괴로워한다. 기부하지 않은 사람은 모금한 단체를 미워할 일이 없지만, 기부한 사람은 그 단체와 원수가 되기도 한다. 자기를 낳아 키워준 부모, 친했던 친구, 사랑했던 사람을 미워하는 것처럼 기부했던 단체를 미워하는 마음은 바로 기대하는 마음 때문이다.

비영리단체 또는 우리 사회의 '나눔' 세계에는 흑과 백이라는 두 가지 색만 존재하는 것이 아니다. 그곳은 회색의 세계이며, 그 경계도 아주 모호하다. 모든 문제는 그 회색의 세계 안에 있으므로 그곳에서 해결책을 찾아야 한다. 우리가 읽는 신문에 게재된 기부자와 수혜자의 사진이 이야기의 전부가 아니다. 그 뒤에는 갈등과 사심, 실망과 소송—기부자의 의도대로 쓰이지 않아 법적 소송까지 가는 일도 있다—이 숨겨져 있다. 우리는 기부에 관한 훈훈한 이야기와 함께 씁쓸한 소식들도 종종 접한다. 그 중에는 상품화된 훈훈한 이야기도 있을 것이고, 억울하게 과장된 헛소문도 있을 것이다. 모금 게임의 규칙을 이해하지 못한 어느 비영리단체 대표의 횡령 소식, 순수한 의도를 가졌으나 진정성 전달에는 실패한 기부자의 애환 등 어두운 이야기들이 들려오기도 한다. 하지만 이렇게 어두운 면이 있기에 상대적으로 기부의 밝은 면이 더 밝게 빛날 수 있다. 산이 높으면 골도 깊은 법. 모금과 기부가 그토록 숭고하고 높은 것이라면 어둡고 깊은 계곡도 있는 것이 당연하지 않겠는가? 모금가들이 자주 쓰는 말 중에 "맛있는 피클은 절대 하루만에 만들 수 없다"라는 말이 있다. 좋은 기부자가 되려면 그야말로 '충분히 숙성되는' 시간이 필요하다. 그러므로 끝까지 인내하고 기다린다면 판도라의 상자 맨 아래에 고이 간직되어 있는 희망을 만날 수 있을 것이다.

비영리단체를 바라보는 사람들의 오해 어린 시선이 비영리조직의 운영 자체를 어렵게 한다. 예를 들어 구제 비영리기관이 모금을 하면 마치 그 단체가 도움이 필요한 것으로 착각한다. 한마디로 '구제(charity)'를 목적으로 하는 기관을 수혜를 받는 기관으로 오인하는 것이다. 기부금을 단체'에게' 주는 것이 아니라 단체'를 통해' 전달하는 것인데도 말이다.

한 나라의 나눔의 수준은 모금가를 보는 수준과 비례한다. 기부자들 사이에서도 모금 전문가를 보는 시각의 차이가 매우 크다. 모금은 혼자 힘으로 하는 것이 아니라 이사회와 모든 스태프들이 같이 행동해야 하는 것인데 이사회의 일원에게 동참을 요구하면 "왜 우리가 당신들이 할 일을 해야 하는가?", "나가서 모금을 해오라고 당신들을 고용한 것 아닌가?" 하며 볼멘소리로 말한다. 현재 비영리기관에서는 모금가의 존재감이 적어 그들의 업무에 대한 평가에도 문제가 있다. 특히 모금 전담 업무자의 이동이 심해 전임자가 기부를 받았던 기부자에 대한 예우를 자신이 '뒤치다꺼리'하느라 에너지와 시간을 너무 많이 쓰면 자신의 실적에 반영되지 않을 것이라는 생각에 적극적인 예우를 하지 않는 경향이 짙다. 따라서 모금 총액만으로 모금 담당자를 단기적으로 평가하면 기존 기부자에 대한 예우 서비스에 아무래도 소홀해지기 마련이다.

그동안 모금에 관한 교육을 진행하면서 각 단체의 대표에게 직원들을 교육에 보내달라고 부탁한 적이 있었다. 모금교육이란 모금을 많이 하는 기법을 배우는 것이기에 대표들이 처음에는 흔쾌히 수락하고 직원을 보냈지만 지금은 사정이 다르다. "기껏 보냈더니 머리만 커지고 우리 단체의 문제점만 지적하니 골치 아파서 이제는 안 보내요!"라고 말한다. 교육 내용 중에 모금가의 윤리 문제, 심지어는 운영진과 이사회의 구조적 문제까지 다루니 자연히 단체 리더의 잘못된 부분이 보이기 마련이다. 리더 입장에서는 직원이 말대답하고 따지기 시작하니 골치 아파서 교육이 단체에 별 도움이 안 된다고 여긴다. 모르면 시키는 대로 열심히 하는데 어설프게 알면 이 핑계 저 핑계 대며 모금은 하지 않고 남의 탓으로만 돌린다고 생각한다. 마치 인문학을 배우면 사회의 먼지가 보여 오히려 괴롭다는 말과 같은 맥락일 것이다. 그래서 단체의 모금 능력은 단체장의 모금 능력을 벗어나지 못한다는 말이 있다. 모금은 결국 자신과의 싸움이다. 요청하기를 두려워하는 겁쟁이인 자신과 정의롭고 용감한 자신 사이를 오가며 외로운 싸움을 하는 것이다.

기부도 '주고받음'의 공리 안에 존재한다. 하지만 그 과정에서 생각지 못한 어두운 면을 목격하고 듣게 되며, 또한 알게 된다. 기부에 관심이 있는 사람들은 크게 두 부류로 나눌 수 있다. 하나는 필란트로피에 관심이 있어 가능하다면 참여해보고 싶다고 생각하는 사람이고, 또 하나는 기부 산업을 통해 자신의 꿈을 확장시키고 싶어 하는 사람들이다. 학계에서는 다른 각도에서 이 두 부류를 나누기도 한다. 기부란 사회적 교환으로 서로 주고받는 것이라고 여기는 부류와 순수한 이타주의만이 기부라고 고집하는 부류다. 기부를 어떻게 바라보든 상관없이 대체로 사람들은 기부에 발을 들여놓는 순간 마치 판도라의 상자를 연 것처럼 예상치 못한 일들이 발생하면 당황하게 되고, 곧 실망을 느낀 나머지 뚜껑을 급히 닫고는 희망의 카드를 맛보기도 전에 포기하고 만다.

두 가지 부류 중 첫째는 어느 정도 부를 가진 사람들이 단체를 설립해서 운영하다 보니 자신이 생각한 것보다 비용이 너무 많이 들어갈 뿐 아니라 다른 사람들의 참여를 기대했지만 참여도가 낮아 부담을 느끼게 되면서 저자를 만나 모금을 의뢰한 경우를 예로 들 수 있다. 둘째는 모금을 해야 하는 자리인 줄 모르고 단체장을 맡았다가 모금활동이 힘에 부치자 남에게는 말도 못 하고 저자에게 의뢰한 경우를 예로 들 수 있다. 이러한 경우들에서 문제해결의 실마리는 모금의 권력 분배(power sharing)를 이해하는 순간에 풀릴 것이다. 내 것을 내주지 않고 남의 것을 내놓으라고 하는 것은 쉽지 않은 일이다. 모든 계획을 세우는 데 있어 자기중심적인 생각과 가치가 타인과 사회 중심으로 전환되어야만 모금활동이 가능하다는 사실을 인정할 때 해답의 문이 열리기 시작한다. 변화가 두려워 요지부동하면 시작조차 무의미해지고, 결국 실패로 끝나고 만다.

경영학의 대가 짐 콜린스는 암벽등반을 하다 보면 직면하게 되는 한계 상황에서 그대로 포기하고 내려오는 것은 '실패(failure)'로, 마지막 순간까지 오르려고 시도하다가 떨어져 로프에 매달려 내려오게 되는 것은 '떨어짐(fallure)'으로 구별해 부른다. 콜린스는 '떨어짐'의 미덕을 강조한다. 다시 말해 떨어짐은 코스를 완주하지 못한 경우라도 최선을 다해 자신의 한계를 테스트했기 때문에 아쉬움이 남지 않는다는 것이다. 대부분 모금의 실패는 전자에 해당하기에 판도라의 상자에 무엇이 들어 있는지 앎으로써 스스로 포기하는 것을 막아야 한다.

모금에서 가장 중요한 것은 '기대와 가치'다. 우리는 각기 다른 기대와 가치를 가지고 있으므로 기부의 과정에서 사람들의 기대와 가치가 조화되지 않으면 갈등이 생긴다. 한국에 온 이후 기부에 관심 있는 사회적 리더들의 컨설팅 의뢰를 많이 받았는데, 대화하면서 느낀 점은 그들이 기부에 대해 자신만의 독특한 가치와 기대를 갖고 있기는 하지만 대중을 상대로 모금을 하거나 비전을 공유하는 데 있어서 서툰 면이 많다는 것이었다.

기부자의 가치 창출이란 기부자들이 소셜미디어에 남긴 모금 상품에 대한 의견을 분석하여 신상품 개발뿐 아니라 비영리단체 경영 활동에 기부자의 의견을 반영함으로써 새로운 가치를 창출하는 것이다. 딜레마는 여기서 생긴다. 기부자의 의견이 반영되는 것은 좋으나 단체의 기존 미션의 범위를 벗어날 가능성이 높다. 제품을 사는 고객의 의견을 들어야 하는 영리회사와는 다른 비영리 차원의 가치를 가져야 하기 때문이다.

하지만 우리는 아직도 가치와 기대에 대한 정립이 부실하여 기부에 총체적인 혼돈이 오기에 가이드라인을 만들기가 쉽지 않다. 한국 사회가 따라가서 배우기만 하면 되는 쓸 만한 기부 모델이 없어 고민한 지가 오래됐다. 일반적으로 모금이나 기부 관련 정책은 원칙에 바탕을 두고, 원칙은 가치에 바탕을 두어야 한다. 하지만 오래전부터 한국은 서구의 제도를 도입하면서 한국 사회가 추구하는 가치, 특히 '나눔'을 충분히 논하지 못했다. 제도와 정책은 추구하는 가치의 표현이지만, 제도와 정책을 도입하면서 그 가치를 제대로 체계화하지 못했거나 내재하는 가치와는 다른 제도와 정책을 도입해온 것이다. 추구하는 가치가 무엇인지를 명시하고, 거기에 맞춰 원칙을 정하고 정책 목표를 제시하는 것이 서구식 비영리단체의 설립 및 운영의 사고방식이다. 서구에서는 17~18세기부터 자유주의·공리주의·사회주의 등의 사상이 출현했고, 이에 대한 사회적 토론이 깊어지면서 관련 제도와 정책도 이러한 가치를 추구하기 위해 모양을 갖추고 뿌리를 내리기 시작했다. 한편 한국의 복지, 기부 정책 등이 일관성이 부족하고 방향이 자주 바뀌는 것도 한국 사회가 공유하는 기부의 가치와 철학의 뿌리가 깊지 못하기 때문일 것이다.

선진국의 기부 문화는 사회적 변혁 과정을 겪으면서 토론과 설득, 조정을 거쳐 공유하게 된 그 사회의 철학과 가치관에 기반을 두고 있다. 마찬가지로 한국의 기부 문화도 한국 사회 고유의 가치를 기반으로, 그리고 나눔 관계의 등장인물들이 공유하는 기대를 기반으로 정립되어야 한다. 서구 문화 모델은 사실은 아직 검증 중이기에 우선 우리의 문제를 발견하고 해결하기 위해 첫 뿌리인 나눔의 판도라 상자를 여는 것부터 시작해야 한다. 그런 다음 나눔을 먼저 행한 선배들이 어떻게 반응하고, 고민하고, 해결하고 있는가를 느끼고, 이해하고, 배우고, 행동으로 옮겨야 한다.

모금의 '판도라 상자'를 열다

01

기부와 모금의 탄생

그리스 신화에 등장하는 프로메테우스(Prometheus)는 올림포스 산에서 불(문명을 일으키는 지혜·기술·과학·예술을 의미한다)을 훔쳐서 인간에게 줌으로써 동굴에서 동물처럼 살던 사람을 인간답게 만들어준 최초의 필란트로피스트로 묘사되어 있다. 희망 혹은 낙관주의를 선물하여 인간의 삶의 질을 향상시키는 데 동기를 부여한 것이다. 고대 그리스의 플라톤은 '인간답게 살기 위해 습관화되어 있는 교육된 상태'를 뜻하는 그리스어 'philanthropia'를 최고의 교육 목적으로 삼았다. 이 말은 훗날 라틴어 'humanitas'로 번역되었고, 이는 오늘날까지 이어져 대학에서 가르치는 인문학의 근간을 이루었다. 중세에는 구제 또는 욕심 없는 희생을 의미하는 'caritas'라는 말이 쓰였는데, 근대에 탄생한 필란트로피(philanthropy, 인간의 삶에 있어서 근본적 문제의 해결점을 찾으려는 개인의 노력)라는 개념은 이런 전통 속에서 탄생되었다. 여기에 오래전부터 내려오던 기독교 전통의 구제(charity, 인간의 아픔을 해소하려는 노력)가 융합되면서 현대의 기부와 모금이 시작되었다고 할 수 있다.

현대의 비영리단체(NPO, Non-Profit Organization)는 다양한 미션(소수 그룹의 이익 포함)을 바탕으로 설립되어 비록 11퍼센트 정도만 필란트로피에 근거를 두고 있지만, 불특정 다수를 상대로 하는 비영리단체의 모금은 그 명분이 필란트로피에 바탕을 둔 경우가 대부분이다.

판도라의 상자를 연다는 것

기부를 요청하는 것은 그리스 신화에 등장하는 판도라의 상자를 여는 것과 같다. 판도라의 상자는 제우스가 불을 훔친 프로메테우스에게 복수하고자 세상의 첫 여성인 판도라에게 준 선물이다. 신화 속 이야기에 따르면, 판도라가 호기심으로 그 상자를 연 순간 온갖 재앙이 튀어나와 세상에 퍼지게 되었다고 한다.

기부 요청은 예전에는 왕이나 황제의 권한이었지만 지금은 누구나 할 수 있는 세상이 되었다. 그렇기에 호기심으로 상자의 뚜껑을 여는 순간 예기치 않은 문제가 한꺼번에 쏟아져 나오거나 그동안 바닥에 쌓여 있던 먼지가 공중으로 퍼져 나가기도 한다. 착한 요청은 '구걸'이라는 이미지로 퍼져 나가고, 후원금 요청은 뇌물 또는 비자금 조성을 위한 요청이 되어 사람들과 뒤섞여 퍼져 나간다. 또한 대중을 상대로 하는 기부 홍보는 스팸 메일에 뒤섞여 구분하기 힘들어지고, 사익을 챙기려는 사람뿐 아니라 직원의 경조사 또는 리더의 파워와 너그러움의 상징으로 여기는 '판공비'라는 명분 아래 슬그머니 모금이라는 행위에 끼어들어 배임 및 횡령으로 변질되기도 한다.

대중은 이런 문제에서 선악을 구분하는 데 오랜 시간을 소비하기를 원치 않는다. 요청을 거절할 구실로 삼기 위해 가능하면 마찰이 적은 쪽을 선택하기 때문에 종종 진실한 요청자가 희생되기도 한다. 예기치 않은 불청객 때문에 당황하는 사람들이 많아지면 정부는 서둘러 이해되지 않는 법률을 만들어 기부 요청을 중단시키지만, 이를 이겨내고 받아들이는 사람이 사회의 리더가 된다. 국가적으로 보면 판도라 상자 안의 먼지를 이해하고 극복하는 나라가 선진국이 된다. 긍정적으로 생각하자면, 모금의 판도라 상자는 모든 인간 본성의 총천연색을 탐구하고자 하는 미래의 리더에게는 좋은 실험 대상이자 선생이 될 수 있다. 결국에는 살아 있는 교육에 대한 희망을 담은 교과서가 모금 상자 안에 남아 있음을 보게 된다. 그래서 모금은 충분히 도전해볼 만한 일이다.

나눔 세계에서의 야누스의 얼굴

비영리의 나눔 세계로 들어가기 전, 문설주 위에 야누스의 네 얼굴이 새겨져 있다. 나눔 안에 숨어 있는 힘이 존재하는데, 그 힘이 네 가지 얼굴을 만들어낸다. 정면, 두 개의 측면, 뒷면이 있는데 어느 방향에 서서 어떤 면을 보는가에 따라 느낌이 다르다. 야누스의 얼굴처럼 다중 성격을 가진 힘을 보여주기도 한다. 나눔은 어느 특정 이타주의 세계를 말하는 것만이 아니다. 인간의 본능, 욕망, 힘의 논리, 질투, 시기가 공존하는 세계다. 만약 내가 1만 명의 생명에 영향을 미칠 만한 힘을 갖고 있다면 누구나 자신의 힘을 시험해보고 싶고, 과시하고도 싶고, 최소한 다른 사람이 알아주기를 바랄 것이다. 나눔의 전문가는 이런 다중 성격을 가진 나눔의 본질적인 힘을 이해하고 조정할 수 있는 힘을 키우는 사람을 말한다.

1) 조직을 변화시키는 힘

앞에서 보이는 나눔의 모습이다. 모금을 하기로 결정한 리더들은 팔뚝에 붉은 완장을 찬 것과 같은 힘을 갖게 된다. 단체의 발전을 위해 변화를 시도한다면 나눔은 변화를 추구하는 촉진자(changing agent)로서의 힘을 갖고 단체의 기금을 만들어내어 사회의 변화를 이루는 데 결정적인 촉매 역할을 한다.

2) 정치적인 힘

왼쪽 옆모습이다. 나눔 세계에는 정치적인 힘과 권력이 있다. 필란트로피의 p와 '정치적(politic)'의 p는 사촌 간이다. 많은 경우 명분보다 정치적인 영향이 더 중요하다. 문제가 생기면 정치적으로 해결하기도 한다. 국제구호기구의 수장도 이타주의가 강한 사람보다 정치적인 감각이 있는 사람이 선정된다. 예컨대 영향력 있는 정치인의 출판 기념회에 사람이 몰린다. 기부자가 어느 단체에 자신의 이름을 걸고 20억 원을 기부했는데 단체의 이사장이 100억 원을 매칭하여 120억 원짜리 건물을 지었다고 할 때 기부자는 기분이 그리 썩 좋지만은 않다. 왜 그럴까? 기부자는 자신 덕분에 건물이 지어지기를 바란다. 종종 모금을 장사로 하는 사람들이 기금에 목말라하는 힘없는 단체와 계약하고 모금을 한 뒤 회사가 90퍼센트를 갖고 나머지를 단체에 주는 경우가 있다. 미국에서는 이런 경우를 이솝 우화에 나오는 '사자의 몫(lion's share)'에 비유한다. 절대 강자와 파트너십을 맺으면 나중에 상금을 나눌 때 문제가 되며, 비영리의 연합도 세력이 비슷한 단체끼리 모여야 공정하게 분배된다는 말이다. 배분에는 정치적인 힘이 작용하고, 후임자 선정에도 정치적인 배경이 있기 마련이다.

3) 우아함을 자랑하는 힘

오른쪽 옆모습이다. 나눔에는 엘레강스한 면이 있다. 특권 의식이 있고, 우아함을 자랑하기도 하며, 한편으로는 교만하기도 하다. 나눔은 사회적 위치를 보여주는 품격의 상징이 되기도 한다. 자동차를 구입할 때 차를 이동 수단으로만 보지 않고 색상과 브랜드를 보고 사듯이, 기부도 단체라는 브랜드와의 관계에 의해 단순히 남을 돕는 기능을 넘어선다. 갑과 을의 관계로서 기부자는 칼자루를 잡고 있다고 생각하고, 기금을 주는 재단은 그 영향력을 행사하려 한다. 기부가 곧 '작업 명령서'라고 보는 기부자도 있다. 그래서 수혜자의 입장은 늘 배제되고 기부자가 엘레강스한 모습으로 비쳐지기도 한다. 어느 단체에 기금을 주고는 이래라저래라 해서 갈등이 생겨 결국 법적 소송으로 가는 경우도 있다.

4) 비민주적인 힘

뒷모습이다. 나눔이라고 해서 반드시 민주주의는 아니다. 하지만 나눔이 민주적일 것이라는 기대 때문에 그렇지 못한 현실에서는 늘 갈등이 생긴다. 이사회의 회원이 투표로 선출되는 것도 아니고, 여러 사안이 모두 민주적으로 결정되지도 않는다. 로마의 시민권처럼, 아무나 회원이 되는 것이 아니라 기금을 내야 취득할 수 있다. 단체 관계자들의 동의를 다 얻을 필요는 없다. 회원이 되기 위해 많은 사람이 더욱 힘을 갖고 영향력을 행사한다. 기부자라고 해서 모두 다 한 표를 행사할 수는 없다. 대우도 다르고 감사도 다르다. 하지만 소액 기부자도 배제되지 않아야 하고, 수혜자도 기금이 어떻게 쓰이는지 참여할 수 있어야 한다.

기부금과 비자금의 미묘한 차이

우리는 대중매체를 통해 모금과 관련된 비리 고발 소식을 자주 접하게 된다. 발전기금이라는 명목으로 모금을 한다지만 본래의 명분은 사라지고 뇌물이나 비자금의 통로가 되거나 공금횡령의 수단으로 쓰이는 일이 많았기에 모금에 대한 사람들의 시선은 좋지 않으며 그 부정적인 이미지를 바꾸기도 쉽지 않다. 한국의 일부 인사들은 발전기금과 뇌물의 차이를 습자지 한 장 정도로 아주 미미하게 여긴다. 미국에서는 그나마 전화번호부 두께 정도로 생각한다는 것이 한국과 다르다.

'아래'에서 '위'에 드리는 요청과 함께 보내는 선물은 뇌물로 오인되어 청탁으로 받아들여지고, '위'에서 '아래'로 하는 요청은 권위와 자존심을 무너뜨리는 일로 여겨진다. 거부하면 불이익이 돌아올지 모르기 때문에 울며 겨자 먹기 식으로 협박에 의한 강제 증여나 하기 싫은 공물을 주는 것으로 오해를 받기 쉽다. 부정한 생각을 하는 사람에게 발전기금이라는 명분과 개념은 개인의 이익을 챙기는 데 그야말로 기막힌 호재다. 부정한 행위를 발전

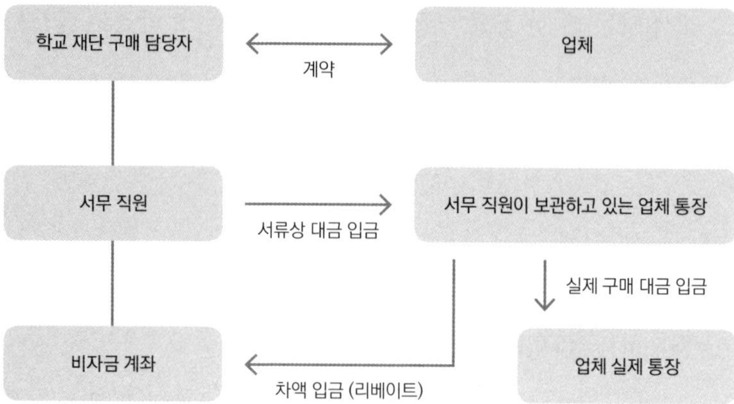

비자금 조성 수법

기금이라는 명분으로 포장함으로써 자신의 행위를 정당화하고 죄책감도 없앨 수 있기 때문이다. 운이 좋으면 넘어가고, 운이 없으면 '회계 처리 미숙'이라고 변명하면 된다고 생각하는 것이다. 한국에는 원래 발전기금이라는 개념이 정서상 존재하지 않았다. 그러던 것이 갑자기 들어오자 마치 어린아이에게 자동차 열쇠를 쥐어주고 운전을 해보라는 것과 마찬가지인 상황이 되어버렸다. 공익이라는 윤리와 사익의 욕망이 혼합되어 함께 들어온 것이다. 기부와 모금의 윤리관에 생긴 혼돈은 그렇게 초래되었다.

위의 그림과 같은 비자금 조성 수법을 보면 놀랍게도 기부금 전달 과정과 그다지 차이가 없음을 알 수 있다. 학교 발전기금이나 기부금을 받으면 교육청에 신고한 뒤 학교 공식 계좌에 즉시 돈을 입금하고 기부자에게는 세금 영수증을 발행하도록 되어 있지만 이를 지키는 경우는 그리 많지 않다.

기금이나 비자금의 이동 경로를 살펴보면 기금을 받는 개인이나 단체의 진정성에 대해 조금이나마 파악할 수 있다. 이를 '기부금의 내부적 통로(gift flow chart)'라고 하는데, 가능하다면 머무는 시간까지 계산해 단체 내의 기금 조성 매뉴얼에 포함시켜야 한다. 진정한 모금가는 기부자가 기부금을 입금하는 순간부터 기부금이 수혜자에게 전달될 때까지의 모든 과정을 알아야 하며, 소유권의 시간별 이전 과정을 보여주는 형식의 서류로 남겨야 한다. 혼돈을 막으려면 공직자나 모금 리더는 교육과 공증을 받고 난 뒤에 일을 시작함으로써 변명의 여지를 없애야 한다.

혹시 기부가 부도덕한 행위의 면죄부가 되는 일은 없을까? 학술지 〈심리과학(Psychological Science)〉에 친환경 제품을 구입한 사람이 오히려 이타주의적인 행동을 덜 보인다는 내용의 논문이 실린 적이 있다. 친환경 제품 구입이 마음속에 도덕적 신뢰를 주어 이기적 행동에 면죄부를 줄 수도 있다는 것이다. 이와 마찬가지로 기부가 부도덕한 행위에 대한 '손 씻기' 또는 윤리적 기준을 어긴 행동에 대한 면죄부로 여겨지는 것은 아닌지 모르겠다. 도덕적인 일을 한 가지 했다고 해서 그 다음에 더 도덕적인 일을 할 것이라는 보장은 없다.

사람을 살리는 칼인가,
죽이는 칼인가?

모금은 칼과 같다. 모금 전문가는 칼을 만드는 장인이다. 장인의 성실성과 기술이 칼의 질과 등급을 결정한다. 불성실한 태도로 만든 것은 겉으로는 비슷해 보여도 결국 부족한 점이 발견되어 오래가지 못하고 폐기된다. 본래 칼에는 그 용도의 좋고 나쁨이 따로 없다. 그저 인간의 삶을 윤택하게 하고자 만든 도구일 뿐인 것이다. 하지만 장인이 만든 의도에 따라 그 칼은 음식을 만드는 칼이 되기도 하고 사람을 죽이는 칼이 되기도 한다. 때로는 부엌칼이 무기로 사용될 수도 있겠지만 용도에 맞게 사용하지 않았을 때는 그다지 효과적이지 못하다. 부엌칼이 무기로 쓰였다고 해서 부엌칼의 생산을 중단하지는 않듯, 모든 문제는 칼에 있는 것이 아니라 칼을 쓰는 사람의 목적에 달려 있다. 인류의 역사를 보면 한때 몇몇 사람들이 칼을 오용해 문제를 일으킨다고 해서 칼의 생산과 사용을 금했던 암흑기가 있었다. 마틴 루터도 모금 문제를 건드려 종교개혁까지 가게 될지는 상상도 하지 못했을 것이다. 중세를 거쳐 르네상스 시대까지 일반 모금은 금지되어 왔던 것처럼 말이다. 현대에 와서도 종종 모금이 잘못돼 횡령과 부정이 있다고 전체를 법으로 금지시키는 잔재는 그대로 남아 있다.

직업적인 모금 전문가는 용도에 맞게, 그리고 가장 효과적인 기능을 할 수 있도록 칼을 만드는 사람이다. 주문한 사람의 용도에 따라 잘 쓰이기를 바라며 칼을 만들지만, 주문한 사람이 쓰는 데 서툴거나 오용하면 여러 사람이 다치는 경우가 생길 수도 있다. 이때 칼을 만든 사람도 함께 잘못한 것으로 여겨져 추궁당하는지 아닌지를 보면 그 사회의 모금 문화를 알 수 있다. 상식적으로 생각하면 만드는 사람은 관계가 없지만 종종 도의적 책임을 덮어씌우는 경우도 벌어지는 것이다. 모금가는 어떤 재질의 소재를 쓰고 담금질을 어떻게 해서 최고의 칼을 만들 것인지 우선적으로 신경 써야 한다.

어떤 이유로도 칼의 생산을 중지시키지 않듯, 관리하기가 힘들고 부작용이 많다고 해서 모금을 중단해서는 안 된다. 칼이란 인간이 만든 가장 훌륭한 도구 중 하나이므로 생산이 중단되어서는 안 되는 것과 같은 이치다.

사람들은 프레임에 따라 칼을 귀중한 것으로 보기도 하고 흉측한 무기로 보기도 한다. 이와 마찬가지로 모금 자체가 기부문화를 담은 그릇이라 여기며 '사회적 투자'로 보는 긍정적인 사람이 있는가 하면, 반대로 모금가를 돈을 뜯어내는 이로 보는 사람도 있다. 전자인 사람이 리더가 된다면 기부문화가 살아나겠지만, 후자인 사람이 리더가 되면 암흑기를 맞이할 것이다. 재미있는 현상은 선진국일수록 전자가 많고 개발도상국일수록 후자가 많다는 것, 그리고 때로는 대중매체가 오히려 부정적인 여론을 조장하기도 한다는 것이다. 아마도 지식의 많고 적음을 떠나 모금에 대한 개인적인 경험이 평생을 좌우하는 것 같다. 어린 시절부터 칼을 만지던 경험이 있는 사람은 그와 관련된 일에 쉽게 접근하지만, 그렇지 못하면 칼은 혐오의 대상이 된다. 이 두 그룹이 섞여 논쟁을 벌인다면 각자의 프레임을 벗어나지 못하기 때문에 건강하고 생산적인 결론을 기대하기 힘들 것이다.

오늘날의 리더는 칼을 좋은 일에 유용하게 쓸 줄 아는 사람 중에서 나오는 추세다. 칼을 직접 만들어 쓸 줄 아는 사람이라면 금상첨화다. 엘리트를 키우는 학교에서는 바로 그 칼을 만드는 기술과 쓰는 방법을 일찍부터 경험하게 한다. 만약 사회 지도층이 칼 쓰기를 두려워한다면 그 부작용은 엄청날 것이다. 더욱이 칼에 대한 개념이 부정적이라면 이는 거의 사회적 재앙이라 할 수 있다. 한국의 현 지도층 대부분은 "내가 칼을 쓰기 싫어서 이 자리에 왔는데 왜 나보고 쓰라고 하는가?" 하고 반문한다. 칼을 혐오하는 사람이 주방장이 되었을 때 그가 만든 음식이 과연 어떤 맛을 낼지는 쉽게 짐작된다. 현대사회가 요구하는 리더란 칼을 직접 만들 줄 알고, 제대로 쓸 줄 알며, 또한 관리도 할 줄 아는 사람이다.

결국 리더는 칼자루를 쥐고 있는 사람을 말한다. 무리 중에 있는 약자의 간청을 듣고, 강자에게 요청하는 것이 바로 진정한 칼을 만드는 기술이며 칼을 쓰는 방법이다. 본인이 잘할 수 없다면 최소한 칼을 잘 알고 잘 만드는 장인을 필요에 따라 쓸 줄도 알아야 하며, 그 장인에게는 적절한 보상으로 인정해줌으로써 훌륭한 칼이 나올 수 있도록 해야 한다. 그렇게 한다면 칼은 쓰는 사람과 한 몸이 되어 꿈꾸는 미션을 위한 도구로 제 역할을 할 것이다.

'우'리의 '문'제는
'현'장에 '답'이 있다

멀리서 바라보는 산은 멋있어 보이고 낭만적이지만 막상 산속으로 들어가보면 쓰러진 나무나 동물의 사체를 보게 될 수도 있다. 또한 산에서 야영을 하려면 온갖 벌레와 싸워야 한다. 그런 어려움을 이해하고 즐길 수 있을 때에야 진정한 산사람이 된다. 이처럼 현장은 책상머리에서 생각하고 기획했던 것과는 다르다. 따라서 답을 찾기 위한 노력은 현장에서 이루어져야 한다. 실제 현장에서 만나는 나눔의 세계는 책 속의 이론과는 많이 다르다. 세상에는 좋은 사람도 있고 나쁜 사람도 있지만, 좋은 기부자는 있어도 나쁜 기부자는 없다고들 한다. 다만 공개적으로 말하지 못하는 골치 아픈 '밉상' 기부자가 있다는 사실은 현장을 통하지 않으면 알 길이 없다. 기부자가 다들 신사적이고 마음이 온순하기만 한 것은 아니다. 과도한 대우를 받으려는 이부터 관리 비용이 많이 드는 이까지 이런저런 기부자들 때문에 밖에다 말하지 못할 고민을 안고 있는 단체들도 많다. 좋은 기부자가 어떤 이유로 단체를 떠나게 된 경우에는 자원경영(resource management) 차원에서, 골치 아팠던 기부자가 떠나는 경우에는 위험경영(risk management) 차원에서 기부자 리스트를 관리해야 한다. 이러한 문제는 현장을 통해 답을 찾아낼 수 있다.

어느 대학의 모금 담당자가 겪은 일이다. 평소 모금 캠페인에 협조를 잘 하던 교수가 찾아와 화를 내며 자신이 처한 난감한 상황을 전했다고 한다. "우리 학과를 졸업한 어느 기업 회장에게 지난번에 신축한 건물 8층에 그분의 이름을 명명하기로 하고서 어렵게 기부금을 요청해 받은 적이 있는데, 2년이 지나도록 8층에서는 보수 공사만 하고 있고 아직까지도 소식이 없습니다. 완공을 하지 못하는 이유도 몰라 그분 뵐 면목도 없고, 나만 실없는 사람을 만드니 다시는 모금에 협조하지 않을 생각입니다." 나눔의 현장에서는 이와 같은 일이 매일 벌어진다.

기부자와 단체 사이에 생기는 가장 큰 갈등은 기부자의 의도와 단체의 미션이 일치하지 않았을 때 생긴다. 기부자는 자신의 '주문(order)'에 반응이 없거나 엉뚱한 물건 또는 서비스를 제공받았을 때 실망하게 된다. 기부가 꾸준하게 유지되지 않는 이유는 기부자가 그런 사실을 뒤늦게 알게 되기 때문이다. 또 다른 갈등은 단체가 내세우는 명분과 자신들의 능력이 일치되지 않았을 때 일어난다. 명분보다 중요한 것은 그 명분을 해결할 수 있는 현장의 능력과 신뢰다. 나눔 그 자체보다 지속 가능한 나눔이 더 중요하므로 나눔이 지속되려면 현장의 문제를 그냥 넘겨서는 안 된다. 또한 기부금을 요청하는 자와 기부자에 대한 예우를 집행하는 자가 달라 서로의 가치가 일치하지 않으면 모금이 잘 이루어지지 않는다. 기부자는 요청할 때는 무엇이든 들어줄 것처럼 하더니 기부금을 받은 뒤에는 마음이 바뀌었다고 생각할 것이다. 심한 경우에는 배신감까지 느낀다고 하는데, 문제는 모금 집행부가 책무성을 가지려는 의지가 처음부터 있었는가 하는 것이다. 모금가와 집행부의 생각이 일치되지 않는 조직에서는 기부를 요청하기가 힘들다.

비영리단체 경영의 목표는 최소한의 경비와 위험부담으로 수혜자에게 최대한의 이익과 만족을 주는 것이다. 경제 원칙상 투자가 있어야 최대의 이익이 온다고 하지만, 비영리의 특성상 모금에 투자하는 것은 불필요한 경비를 쓰는 것으로 기부자의 오인을 받기에 과감히 투자하지 못하는 딜레마에 빠진다. 만약 약속대로 예우를 집행하지 못하게 될 경우에는 기부자에게 정당한 이유를 설명하고 정기적으로 소통하며 양해를 구해야 한다. 그리고 그 이유가 천재지변으로 인한 것이면 가급적 근사(近似)의 원칙(cy-pres doctrine)으로 대체할 수 있는 법률 규정이 있음을 상기해야 한다. 아무리 모금가가 기부자 예우 프로그램을 잘 만들었다고 해도 집행부가 이를 실행할 의지와 능력이 있는지 미리 살펴야 한다. 나눔의 현실적 문제는 현장에서 찾아야 하며, 그 답은 현장에 이미 존재한다.

비영리 패러독스

02

모금의 판도라 상자를 여는 순간, 우리는 가장 먼저 '비영리의 패러독스'를 직면하게 된다. 영어 속담에 "The shoemaker's children go barefoot"이란 말이 있다. 구두 장인이 남을 위한 구두는 만들어도 정작 제 자식 것은 챙기지 못하는 역설(paradox)적인 상황을 묘사한 속담이다. 비영리기관도 바깥에 있는 수혜자의 삶의 질에 관한 문제들은 해결하려고 나서지만, 정작 내부에서 발생하는 문제는 해결하지 못해 포기하거나 방치한다. 비영리의 태생적 또는 구조적 상황에서 자연스럽게 발생할 수 있는 갈등의 덫에서 헤어나지 못해 오히려 구제의 대상이 되고 마는 상황, 이것이 바로 전형적인 '비영리의 패러독스'다.

비영리 종사자의 78퍼센트가 영리기업에 자리가 있다면 이직하고 싶어 한다는 설문조사 결과는 비영리 시장 상황이 가장 좋다는 미국에서조차 모금이 어려운 현실임을 단적으로 보여준다. 그들이 이직을 원하는 가장 큰 이유는 '모금하기 싫어서', 그리고 '보상과 장래 문제' 때문이라고 한다. 그나마 가장 좋은 대우를 받는 비영리 임원(executive director) 직마저도 '고사하겠다'는 조사 결과를 놓고 전문가들의 반응은 시큰둥하다. 아무 생각 없이 비영리 분야에 뛰어들었다가 뒤늦게 근본적인 문제를 인지한 뒤 이직하는 경우도 있을 것이다. 하지만 영리 분야에서 하던 일을 잠시 멈추고 비영리 분야에 임시 거처를 마련한 경우가 대부분이다. 그만큼 비영리 분야 종사자 중 지금 있는 곳을 영리 분야로 다시 가기 위한 일종의 쉼터로 여기는 이가 많다는 것이다.

한국에서도 비영리 패러독스에 대한 예를 찾는 것은 그리 어렵지 않다. 사회복지사 두 사람이 결혼하면 빈곤층이라는 웃지 못할 이야기, 영리기업에서 잘나가던 CEO가 비영리조직에서는 6개월도 못 버티고 실업자가 되는 사례, 대학에 모금 전문가가 설 자리는 없고 임시 순환 보직자들로만 모금 부서를 채우고 있는 상황 등을 들 수 있다.

모금은 비영리 생태계 속에서만 숨을 쉴 수 있으며, 밖으로 나오는 순간 다른 형태로 변질된다. 그래서 모금하는 사람들이 비영리조직 안에서 생기는 패러독스의 특성을 인지하지 못하고 그에 맞는 성공 전략이나 생존에 대한 내성을 쌓지 못하면 모금이라는 행위는 '부패'의 온상으로 오인받을 수 있다.

예전에는 비영리 모금이 '필란트로피'라는 울타리 안에서 성의만 다하면 어느 정도까지는 원활히 진행되었지만 요즘은 상황이 매우 다르다. 비영리 서비스와 생산품은 아무리 잘해봐야 영리와의 경쟁에서 밀려나 서서히 말라죽고 만다. 또한 비슷한 종류의 비영리기관 간의 경쟁과 어쩔 수 없는 내부적 비영리 패러독스 때문에 '알아서 재주껏' 스스로 경쟁에서 살아남아야 하는 분위기로 내몰려 있는 상태라 할 수 있다.

아무래도 기부자들은 승승장구하는 듯 보이는 단체에 더 몰린다. 그래서 비영리단체들 사이에서는 외형 부풀리기 등 눈에 보이는 성과에 집착하는 현상이 벌어진다. 예를 들어 의약품 기부를 부풀리고 수혜자에게 전달되는 물품의 가치를 과장하는 것 등은 모두 기부자들에게 잘 보이려는 심리에서 기인한다고 볼 수 있다. 하지만 웹사이트와 광고상으로는 화려해 보일지라도 막상 현장을 들여다보면 많은 차이를 느낄 수 있다. '비영리'라는 말 그대로 소박한 모습을 보여주면 기부라는 행동으로 잘 연결되지 않으므로 과장된 상황을 설정해서라도 기부자의 마음을 움직여야 한다는 비영리단체들의 부자연스러운 심리가 비영리 패러독스를 더욱 부추기기도 한다. 비영리 경영의 전략을 짜고 내공을 키우기 전에 비영리 패러독스의 존재를 인정하는 것이 선행되어야 한다. 비영리 패러독스를 이해하고 모금 세계에 들어가는 것과 전혀 모르고 들어가는 것의 결과는 하늘과 땅 차이이다.

비영리의 애환

많은 비영리단체가 문을 닫는다. 성공 확률이 동네 빵집 성공률보다도 낮다. 단체의 예산이 아프리카의 어느 한 국가와 맞먹는 단체부터 동네 빵집 정도 규모의 단체까지 그 격차도 크다. 그러나 그 규모와 상관없이 모두 같은 약점을 가지고 태어난다. 비영리단체가 갖고 있는 태생적이고 신체적인 결함도 물론 있지만, 리더십의 부재와 인력의 부재라는 약점이 더욱 문제다. 이는 전 세계적인 추세이기도 하다. 누군가 나에게 한국 사회가 당면한 가장 큰 문제가 무엇이냐고 묻는다면, 앞으로 해결해야 할 사회적 문제가 산적해 있는데도 비영리 분야에서 역할을 해야 할 리더의 숫자가 절대적으로 부족하다는 점이라고 망설임 없이 말할 것이다.

열정과 능력을 겸비한 리더가 부족하다. 교육을 통해 매니저만 키웠을 뿐 리더를 발굴해 키우지 못한 탓이기도 하다. 역할을 할 만한 리더는 겨우 있을 만하면 이내 실망하고 다른 곳, 즉 영리 분야로 옮겨간다. 그 이유를 살펴보면 대략 다음과 같다.

1) 전술이 전략보다 앞서 있다

리더에게는 전략이, 매니저에게는 전술이 필요한데 하루하루 겨우 수지 맞추기에 급급한 것이 문제다. 물론 전술도 필요하지만, 올바른 전략 안에서 실행되어야 하는데 전술만 앞서 나간다.

2) 단체의 리더십이 사회의 필요보다 돈을 좇고 있다

사회의 필요는 뒷전이고 돈 되는 프로젝트만 좇고 있다. 모금이 단체의 회계 문제를 해결하기 위한 수단으로 쓰이는 안타까운 현상이 많이 벌어진다. 회계기획(financial plan)과 모금기획(fundraising plan)을 혼동하고 있다.

3) 영리가 비영리의 영역을 침범한다

영리와 비영리의 영역이 애매모호하다. 비영리와 영리의 구별이 명확하지 않고 서로의 경계가 사라지고 있어 영리가 비영리의 영역을 침범해 비영리가 설 땅을 점점 잃어가고 있다. 이미 영리에서는 교육, 건강관리, 일반 사회복지 분야에서 이익을 남기고 있고, 그 이익이 재투자되어 제품과 서비스의 경쟁력을 더욱 높이고 있다. 가끔 서로를 적대시하기도 하지만 자신의 영역을 지킨다는 이념에는 관심이 없어졌다. 비영리는 영리의 개념으로 운영해야 살아남고, 영리는 비영리적 성격의 사회 공헌을 윤리적 경영이라는 의미로 받아들이고 이용한다. 서로의 장점을 필요로 할 때는 간판 바꿔 달기를 주저하지 않는다. 제2섹터인 영리회사가 제3섹터인 비영리 영역으로 가기도 하고, 비영리단체가 제2섹터로 가기도 한다. 또한 제4섹터인 '사회적 기업'이라는 형태로 나오기도 하고, 기존 영리회사가 추구하던 공익에 의미를 더한 '베네핏 기업(benefit corporation)'이라는 새로운 형태의 회사도 생기고 있다. 특히 모금은 여러 섹터에서 해야 살아남기에 점점 경쟁이 심화되고 있다. 모금 전체의 양을 늘려야 함에도 좀처럼 늘지 않고 있으며, 각 단체의 모금의 양은 점점 줄어들고 있다. 최선의 전략은 다른 섹터와 파트너십을 맺어 전략적 제휴를 자유롭게 하는 문화를 만들어야 하는 것인데도 소리 없는 전쟁이 물밑에서 벌어지고 있다.

4) 타성이 단체를 통치한다

오랫동안 약자를 돕다 보니 수동적으로 변해 움직이려 하지 않고 변화하기를 주저한다. 그렇게 한자리에 앉아 있다 보면 자기도 모르는 사이에 모래 수렁에 빠져서 나오지 못하게 된다. 다른 단체와 합병도 하고 협조도 해야 하는데 영리조직보다 더 협동하지 않고 서로를 향해 벽만 높이 쌓고 있다.

5) 평가가 너무나도 약하다

지난 수십 년 동안 영양 결핍부터 인권 문제에 이르기까지 글로벌 과제들을 해결하겠다는 선의의 공약이 쏟아져 나왔으나 일의 진행 상황을 측정하는 로드맵이 없는 경우가 태반이었다. 비영리 세계에는 위험들에 대한 광범위한 영향력을 수량화함으로써 문제를 해결하는 데 도움을 주는 측정 시스템이 절실하게 필요하다. 비영리에서는 평가하는 방법이 서툴고, 실제로 방법 개발을 게을리했다. 물론 비영리의 특성상 기부금이 사회에 미치는 변화를 숫자로 측정하기는 힘들지만, 더 큰 문제는 일반 대중 기부자들도 자신의 기부금이 사회에 큰 영향을 미치지 못할 것이라는 낮은 기대에 단체에 요구도 하지 않는다는 것이다.

사례 연구 : 미국 모금계에 일어난 대지진

2011년에 일어난 NPR(미국 공영 라디오 방송)의 몰래카메라 스캔들이 미국 모금계를 뒤흔들었다. 미국의 대표적인 라디오방송국으로, 공정한 방송을 위해 광고를 하지 않는 것으로 유명한 NPR은 1년 예산 중 겨우 2퍼센트 정도만 연방 정부로부터 지원받고 나머지는 기업이나 단체 또는 개인의 기부금으로 충당하고 있다. 이런 상황에서 NPR의 모금 담당 임원이자 부사장인 론 실러(Ron Schiller)에게 500만 달러라는 거액을 기부하겠다고 나선 '거짓 후원자'가 파놓은 함정은 피할 수 없는 유혹이었다.

평소 NPR의 진보적 성향에 대해 불만이 많았던 보수적 성향의 몰래카메라 전문 촬영가 제임스 오키피는 두 명의 무슬림을 고용한 뒤 NPR에 500만 달러라는 거액의 기부금을 지원하겠다고 속이며 론 실러를 만나라고 지시했다. 이날 만남에서 론 실러는 사견임을 전제로 미국 보수주의 유권자 단체인 '티파티'와 공화당에 대해 비판적인 발언을 했다. 론 실러는 "지금의 공화당은 진정한 공화당이 아니며, 외국인 혐오주의자들인 티파티 운동 지지자들에게 납치된 상태"라고 비판하면서 "공화당은 반지성적"이라고 지적했다. 또 티파티 운동 지지자들에 대해서는 "인종주의 성향이 정말 심한 사람들"이라고 말했다. 론 실러와 두 명의 가짜 기부자가 사석에서 나눈 대화는 고스란히 몰래카메라로 촬영되어 인터넷에 공개되었다. 보수주의 정치인이 계획한 몰래카메라 때문에 NPR에 대한 보수 진영의 비난이 빗발치자 론 실러는 결국 사임하고 말았다. 전설적인 모금가가 하루아침에 일자리를 잃으며 미국 모금계에 경고를 내린 것이다.

경제는 힘들고 기부금은 줄어드는데 모금가 입장에서는 워낙 기부금이 거액이었기에 아마도 이러한 실수를 한 것으로 보인다. 단기간에 마련해야 하는 기금 때문에 엄청난 압박을 받고 있는 단체들이라면 누구에게나, 또한 어디에서나, 특히 베테랑 모금가에게도 일어날 수 있는 일이다. 단층이 압력을 이기지 못하고 어긋나면 한순간에 대지진이 일어나듯이 모금계 전체가 흔들리고 있는 형국이다. 이에 긴장한 다른 모금 단체들도 누군가의 '함정에 빠뜨리려는 작전'에 휘말리지 않도록 대비책을 마련하고자 전전긍긍하고 있다. 다음 희생자는 누가 될 것이라는 소문이 무성해지자 일선에서는 선의의 기부자와 대화하기를 꺼린다는 말까지 나오는 상황이다.

2001년에도 큰 소동이 있었다. 미국의 영리회사 엔론(Enron)

회계 부정 사건의 결말은 비영리단체의 책무성(accountability)에까지 결정적인 영향을 끼친 사베인스-옥슬리법(Sarbanes-Oxley Act)의 탄생으로 이어졌다. 책무성 문제는 이사회의 재정적 책임과 조직을 재정비하게 하는 큰 사건이었으며, 전 세계의 비영리 분야에 서서히 영향을 미쳤다.

한편 NPR 사건으로 모금교육 분야에는 새로운 커리큘럼이 등장했다. 기부자와 나누는 대화가 몰래카메라에 찍힐 것으로 가정하고 공개되어도 괜찮을 말만 하도록 훈련하는 과정을 재정비한 것이다. 거액 모금가에게는 말조심이 생명이다. 그래서 일선 모금가는 기부자의 수표를 얻으려는 유혹 때문에 무조건 함께할 것처럼 말하면서 기부자의 입장과 영합해서는 안 된다. NPR 사건의 가장 큰 교훈은 모금가가 조직을 대변하기 때문에 항상 누가 엿들을 수 있음을 인지하고 언행을 조심해야 한다는 것이다.

비영리는 서자(庶子)

'비영리'라는 단어 자체가 이익을 내면 파렴치하다는 선입관을 줄 수도 있다는 점을 생각하면, 꼭 그 이름을 선택해야만 했는지 안타깝다. 영리든 비영리든 이익을 내야 살아남고 유지된다는 사실을 잊게 만들기에 '비영리'라는 이름으로 불리는 것 자체는 여러모로 불리하다.

비영리는 여러 가지 이유로 사회의 '억울한 프레임' 속에서 서자(庶子) 취급을 받고 있다. 예를 들어보면 다음과 같다.

첫째, 영리는 생산하는 가치에 따라 보상을 받지만 다른 사람을 도와줘야 할 비영리가 보상을 받는다는 것에 사람들은 이해할 수 없다는 반응을 보인다. 인기 있는 폭력적인 비디오게임을 만든 사람에게 수억 원을 주는 것은 당연시하지만, 수많은 소아백혈병 환자의 치료를 위해 약을 공급하고자 애쓰는 비영리단체에서 일하는 사람에게 보상하는 것에는 민감한 반응을 보인다. 좋은 일을 하고 받는 보상은 몰래 숨어서 받아야 하며, 보상받는다는 사실에 죄책감마저 갖게 만드는 불공평하고 불편한 사회적 풍토가 존재한다. 구호기관 종사자의 월급에 대해 규정하는 것 자체를 윤리적 명령(ethical imperative)이라 보는 것이다. 이러한 이유로 우수한 인재들이 비영리를 떠나고 있으며, 오는 것도 망설인다. 무언가 부족한 사람이거나 경쟁력이 떨어지는 사람들은 비영리로 가고 똑똑한 사람들은 영리로 간다는 인식으로 이분화되어 보상도 그 능력에 따라 받는다는 인식이 사람들의 뇌리에 각인되어 있다.

둘째, 광고와 마케팅에 대한 편견과 차별이다. 영리는 수입(세일즈볼륨) 시장에서 열 배 이상의 홍보비를 쓰고도 당당하다. 결과적으로 소비자는 비영리로부터 한 번의 메시지를 들을 때 영리로부터는 479번의 메시지를 듣게 된다. 영리가 마지막 남은 돈까지 홍보비로 쓰고도 이익을 남기지 못한다고 해서 그에 대해 논할 사람은 없지만, 비영리가 홍보에 돈을 쓰면 그 자체만으로 사람들은 눈살을 찌푸린다. 영리와 비영리의 효율을 계산하는 잣대는 서로 다르고 때로는 매우 이기적이기도 하다. 사실 홍보와 마케팅을 하면 할수록 결국은 수혜자를 돕는 것이지만, 사람들은 모든 기부금이 수혜자에게 돌아가기를 바란다. 그러면서도 자신이 한 기부가 더 많은 사회적 영향을 끼치기를 바라는데, 이는 사실 이율배반적이다. 홍보와 마케팅 비용을 줄이면 그 비용이 수혜자에게 돌아갈 것이라고만 생각하지 전체 양이 늘어나서 결과적으로 수혜자에게 더 많은 혜택이 돌아가게 된다는 것은 이해하지 못한다.

셋째, 기부자는 모금 시도가 모두 완벽하게 성공해야 한다는 고정관념을 갖고 있다. 영화 투자에 수백억 원을 쏟아부었다가 망했다고 해서 검찰청에서 조사를 하지는 않는다. 그러나 비영리 단체가 5억 원을 들여 이벤트를 벌였다가 손해를 본다면 여기저기서 난리가 날 것이다. 좋은 일을 하는 사람들은 완벽해야 하며, 실수가 용납되지 않는다. 그래서 단체장은 새롭고 창의적인 모금 방법이 있어도 시도조차 하려 하지 않는다. 여기저기서 잘된다는 방법만 찾아 복사해서는 누더기처럼 짜깁기하기 바쁘다. 구태여 책임질 필요 없이 '좋은 게 좋은 것'이라는 생각을 거스르지 않는 리더가 아이러니하게도 유능한 리더로 취급받는다.

넷째, 영리는 인내심을 갖고 기다려주지만 비영리는 조급하게 보챈다. 영리의 투자가들은 오랫동안 기다려주지만 비영리는 기다려주지 않고 단기간에 결과가 나오기를 원한다. 그렇지 않으면 무능력하다고 평가하며 끌어내린다. 기부금이 곧바로 전달되기를 바라며, 조금이라도 지연되면 재촉한다. 정부에서도 1년 단위로 세금 보고서를 통해 돈이 제대로 쓰였는지 따진다. 기다려주는 시간관념에 있어서 영리와 비영리가 다르다는 것을 사람들은 이해하지 못한다.

다섯째, 영리는 투자한 뒤에 보상이 따른다고 동기를 부여함으로써 막대한 자본을 끌어올 수 있으나 비영리는 문자 그대로 이익을 나누어줄 수 없다고 보기 때문에 모든 자본은 영리로 몰릴 수밖에 없다. 따라서 비영리는 자본을 기반으로 발전할 수 없게 되고, 계속적으로 빈곤의 악순환을 겪게 된다. 그러므로 비영리는 단체의 원활한 운영과 역량 강화를 위해 기금 확보에 대한 회계 기획을 선행해야 한다. 그러고 난 뒤에야 모금 기획도 가능하다.

사람들이 비영리의 세계를 머리로는 이해해도 가슴은 따라오지 못하고 있다. 몇몇 비영리의 리더들이 비영리에 대한 편견과 차별을 무릅쓰고 열정적으로 도전해보지만 비영리의 발전은 더디기만 하다.

비영리 패러독스에 등장하는 동물들

모금 패러독스를 설명할 때 자주 등장하는 대표적인 동물들이 있다. 성스러운 소(sacred cow), 하얀 코끼리(white elephant), 그리고 죽은 말(dead horse)이다. 영미권 문화에서 나온 개념이지만 모금을 경험한 사람들이 패러독스를 이해하는 데 도움을 준다.

1) 성스러운 소

어느 잡지에 국제구호단체 회장의 인터뷰가 실렸는데 "내 후계자를 정하려고 사무총장을 임명할 때 직원들의 의견을 들었다"라는 발언을 읽고 놀라움을 금치 못했다. 비영리 세계에서 '후계자'라는 말을 쓰는 것을 처음 들었기 때문이다. 물론 그는 투명성을 거론하면서 민주적 절차를 통해 직원들의 의견을 수렴하겠다는 취지로 말했겠지만, 후계자라는 단어는 왕이 권력을 이양하거나 영리기업의 재벌 2세가 기업을 대물림 받는 듯한 인상을 준다. 과연 이것이 기자의 잘못인지, 회장의 말실수인지, 아니면 진정으로 한국의 정서가 그런 것인지 혼란을 주는 대목이었다. 물론 사람들이 모여 있는 조직이라면 어디든 인사 문제는 민감한 부분이겠지만, 이처럼 공개적으로 발표된 것은 처음이었다. 다만 분명한 점은 비영리단체는 한 개인의 소유가 아니어서 후계자를 누가 정하는 것이 아니며, 단체를 설립하고 신고할 때 만든 정관에 있는 절차를 따라야 한다는 것이다. 비록 설립자라 할지라도 정관의 절차를 따르고 되도록 사견은 개입되지 않게 하는 것이 이해 충돌로 생기는 오해를 줄이는 방법이다. 한 단체 내에서 누구도 문제점을 거론조차 하지 못하는 경우를 비유할 때 성스러운 소, 즉 '성우(聖牛)'라는 표현을 쓴다. 성우가 전반적으로 사회 전체에 퍼져 있어서 어쩔 수 없이 이렇게 비영리 부분에도 들어와 있는 것이다.

성우는 창조적인 아이디어를 진리처럼 받아들이고 아무도 도전하지 않는 조직 성공 방식을 말한다. 단체에서 절대로 반대할 수 없는 경영 신조나 조직 통념 또는 조직 관행을 일컫는 것이다. 그렇다면 모금을 하는 비영리단체에서 말하는 성우는 무엇일까? 요즘 너도나도 모금의 중요성을 이야기하는 SNS(Social Network Service)가 아닐까? SNS가 소통의 문제를 모두 해결할 수는 없다. 만약 누군가 SNS의 문제점을 이야기한다면 성우를 건드리는 것과 같지 않을까? 단체의 이사들 모두가 반드시 모금 캠페인에 현금으로 참여해야 하는가? 만약 그러지 못하면 무능하다고 해서 이사회를 나가야만 하는가? 거론하는 것 자체가 성우를 건드리는 것이 될 수 있다.

2) 하얀 코끼리

어느 대학에서 교내 박물관에 전시하는 조건으로 민화 3000점을 기부 받았으나 관리 비용 때문에 몇 년째 전시하지 못하고 골머리를 썩이던 중 기부자 몰래 민화들을 팔려고 전문가에게 진품 감정과 가격 평가를 의뢰했다고 한다. 그 결과 기증받은 민화들의 가치가 높지 않다는 평가를 받았고, 오히려 지금까지 들어간 관리 비용이 민화들의 가치보다 더 많다는 계산이 나왔다고 한다. 이와 같이 많은 단체들이 잘 모르고 엉뚱한 기부를 받아 처리하지 못해 당황하는 경우를 자주 본다. 현물 기증품(부동산·예술품·자동차 등)은 받을 때는 기쁘지만 오히려 나중에 큰 걸림돌이 되기도 하는데, 이러한 기부 품목을 모금 전문가는 '하얀 코끼리'라고 부른다. 어원은 옛날 어느 왕이 선물로 받은 희귀 동물인 하얀 코끼리가 나중에는 유지하기도 어렵고 처리하기도 힘들어 이러지도 저러지도 못해 애물단지가 되었다는 이야기에서 비롯되었다.

현물 기부에는 두 가지 의도가 있다. 첫째, 기부자가 부담스러워서 갖고 있기 싫을 때 기부하는 것이다. 기부자는 단체가 현물을 더 유용하게 쓸 수 있을 것이라 생각하는 동시에 기부를 통해 세금도 감면받고 이번 기회에 성서에 나오는 '착한 사마리아인'도 되고 싶어 한다. 예를 들어 어떤 사람이 부동산을 보유하고 있는데 관리가 힘들고, 경제성도 떨어지며, 세금은 많이 나오고, 처분하기 힘들어서 기부를 결심하고는 이런저런 단체들에 전화를 걸어 기부가 가능한 곳을 찾아보고 있다고 하자. 이때 규모가 작은 단체라면 덜컥 그것을 받아들일 것이다. 둘째, 자신에게는 귀중하고 중요하다고 생각하는 물품이나 소장품을 기부하는 경우가 있다. 순수한 마음으로 단체에 도움이 될 것이라 판단하고서 기부하지만 사실은 단체에 부담이 되는 경우가 많다. 단체는 일단 받기는 해도 고민이 이만저만이 아니다. 또는 그 당시 판단으로는 충분히 가치가 있다고 봤으나 나중에 보면 경제성이 떨어지는 경우도 많다. 그러므로 전문성을 요구하는 물품들은 기부를 받기 전에 반드시 전문가의 조언을 받아볼 것을 권한다. 그리고 기부자도 기부하기 전에 단체에게 필요한 것이 무엇인지 먼저 의논한 뒤에 기부하는 것이 현명하다. 아무래도 현물을 처리하는 데 있어서 비영리단체가 기부자보다 더 나을 것이라는 착각을 하기 쉬운데, 대개 기부자가 처리하거나 다루기 힘들면 단체는 더 힘들어하기 마련이다.

모금가를 교육할 때 가장 힘든 것은 그러한 기증품을 과감히 거절할 수 있는 용기를 가르치는 것이다. 이런 사항을 단체의 기부금 수용 정책(gift acceptance policy)에 미리 명시할 필요가 있으며, 어떤 물품은 받고 어떤 물품을 받지 말아야 하는지를 명확히 해야 한다. 그래야 모금가가 거절할 때 정책을 핑계로 변명하기도 하고, 기부자에게 다른 대안을 제시할 수도 있다.

어떤 단체들에서는 모금 매니저가 주기적으로 단체가 보유하고 있는 '하얀 코끼리'들을 정리하려고 애쓰기도 한다. 물론 기부자에게 허락을 받아야 하지만, 가능하면 처리하는 것이 오히려 현명하다. 하지만 한국의 정서상 야박하게 경제성만 따져 기증품을 받을지 말지 따지기 힘들다는 것이 난점이다.

3) 죽은 말

'죽은 말'이란 환경이나 기부자들의 취향에 맞지 않아 더 이상 실효성이 없는 모금 사업을 말한다. 인디언 속담에 "자기가 탄 말이 죽었다는 것을 알았을 때는 빨리 내려와 다른 말을 타거나 걸어라"라고 하는 지극히 상식적인 말이 있다. 하지만 이런 지혜도 비영리단체에 적용하기는 쉽지 않다. 비영리단체를 상대로 컨설팅을 진행하다 보면 단체 내의 어떤 프로젝트는 '죽은 말'임이 분명한데도 운영진들은 이를 인정하려 하지 않는 경우를 자주 본다. 마치 어미 개가 자기 새끼가 죽은 줄도 모르고서 몇 날이고 껴안고 핥아주고 하는 슬픈 장면처럼 자신들이 만들고 공들인 프로젝트의 죽음을 인정하고 싶어 하지 않는 것이다. 애착, 자존심, 기대감 등 많은 이유로 자기 말이 죽었다는 것을 쉽사리 인정하지 못한다. 이는 '설립자 증후군(founder's syndrome)'의 한 예도 될 수 있다. 사업에 실효성이 없다고 판단되면 얼른 사업을 중단하는 결단이 필요한데 설립자가 감정에 치우쳐 그 사업을 계속 진행한다면 낭비가 심해지고, 그 때문에 생긴 상처가 썩어서 온몸에 퍼지면 단체의 수명을 단축시키기도 하는 것이다.

그들이 죽은 말을 취급하는 태도를 열거하면 다음과 같다.

- 혹시나 하는 마음으로 말 타는 사람을 교체하려 한다.
- 더 강한 채찍을 사서 세게 후려친다.

- 아무것도 하지 않고 그냥 평소에 하던 방법으로 하고 있다고 고집 피운다.
- 외부에서 벤치마킹할 수 있을 만한 사례를 찾아본다.
- 혹시 가벼운 사람을 태우면 말이 잘 달릴 수 있을까 하는 마음에 연구팀을 꾸려 생산성에 관한 연구를 한다.
- 외부 대행업자(contractor)를 고용해 타보게 한다.
- 여러 마리의 죽은 말들을 모아 같이 달려보게 해놓고 혹시나 하며 기대해본다.
- 죽은 말의 기량 회복을 위해 기금을 더 투자하거나 훈련의 강도를 높인다.
- 호랑이형 위원회를 구성해 진짜 죽었는지 연구하게 한다.
- 죽은 말을 '살아 있기는 하지만 잠시 장애가 있는 말'로 규정하고 스스로 위안을 삼는다.
- 죽은 말에 관련된 기준이나 정책을 좀 더 강하게 고친다.
- 죽은 말을 연말 전략회의의 안건으로 내놓고 새로이 발전시킨다.

솔직하고 유능한 컨설턴트는 욕을 먹는 한이 있더라도 죽은 말을 살리기보다는 말이 죽었음을 선언하고 빨리 내려오도록 한다. 하지만 비영리단체의 정서상 스스로 말이 죽었음을 선언할 수 있는 사람은 드물다. 외부에서 누가 선언을 해주어야 한다. 그렇게 해도 어려움은 남는다. "당신의 사업은 죽은 말이다"라고 컨설턴트로서 선언을 해주었지만 설립자들의 고집 탓에 사업을 중단시키는 데 오랜 시간이 걸려서 결국 단체가 큰 어려움에 직면한 경우를 많이 목격했다. 설립자들은 때때로 내려놓을 줄 알아야 단체가 장기적으로 존립할 수 있음을 명심해야 한다.

사례 연구 : 미국 HCA 병원 사례

미주리 주에서 판사가 미국 내에서 가장 큰 영리병원 체인인 HCA(Hospital Corporation of America) 측에 1억6200만 달러의 벌금을 선고했다. HCA는 10년 전에 캔자스 시로부터 비영리법인 병원을 사들인 바 있는데, 그동안 오래된 병원 건물과 시설을 보수하고 구제에 힘쓰기로 한 약속을 지키지 않았다는 이유로 지역 재단으로부터 고소를 당한 것이다. 법원은 HCA가 애초의 약속대로 공익을 위해 기여한 것이 있는지 조사해온 끝에 벌금형을 선고했고, HCA 측은 지역 주민들과 관계가 좋다며 억울함을 표명하고 상고할 계획임을 밝혔다. 현재 많은 비영리병원이 이른바 잘나가는 영리병원 법인들에게 팔리고 있는 추세인데, 대개는 지역사회에 공헌하겠다는 조건으로 팔리지만 기대에 미치지 못해 이와 같은 갈등이 생기고 있다.

David Eulitt / The Kansas City Star

캔자스시티에 있는 HCA 소유의 병원.
2003년에 만든 협약을 지키지 않았다는 이유로 지역 재단으로부터 소송을 당했다.

모금의 불확실성

03

모금은 불확실성 속에서 이루어진다

모금의 기본 법칙 중에 '불확실성의 법칙(the law of uncertainty)'이 있다. 이 법칙은 내부적으로는 인간 본성 자체에 대한 불확실성과 외부적으로는 주위 환경에 대한 불확실성으로 구분할 수 있다. 이 둘은 독립적이지만 때로는 서로 상관관계가 있기도 하다. 모금이란 비영리단체와 기부자 사이의 관계를 정립하고 강화시키는 것이며, 여기에는 과학적이고 예술적인 법칙이 존재한다. 과학에도 불확실성이 존재하는데, 하물며 예술적이라는 측면을 생각하면 모금에 더 많은 불확실성이 존재함을 알 수 있다.

아무리 이론적 조건과 환경이 잘 갖추어져 있더라도 인간 자체가 불확실한 존재이기에 기부자는 자신이 원하는 방향에 따라 예측에서 벗어나는 결정을 내리기도 한다. 따라서 불확실성의 법칙을 이해하는 모금가는 예상치 못했던 기부를 이해하고 적극적으로 그 이유를 알아낸 뒤 결과를 담담하게 수용한다. 사실 우리를 둘러싸고 있는 외부의 모금 환경과 조건은 교과서에 나와 있는 이론처럼 확실성 안에 있지 않다. 특히 한국뿐 아니라 세계의 경제 상황을 보면 모금의 주위 환경도 '비정상적인 불확실성(unusually uncertainty)' 안에 있다고들 한다. 우리는 본능적으로 모든 조건이 확실하고 그 결과에 확신이 설 때 행동으로 옮기기를 원한다. 그러나 모금을 하는 사람마다 불확실성을 다루는 태도와 능력 차이에 있어 확연히 다름을 목격하게 된다. 인생의 모든 일이 그렇겠지만, 모금도 결과가 예측되지 않을 때 어떻게 대처해나가느냐에 승패가 달려 있다. 처음 모금을 배울 때는 규격화된 교육을 통해 '모금의 결과를 어떻게 예측하고 진행하는가?'에 대한 방법을 배우지만, 현실에서는 그런 이론과 예측이 전혀 통하지 않을 때도 많다. 이는 마치 태권도를 배워 실전 싸움에 적용하려는 것과 비슷하다. 규격화된 태권도의 품세를 배우면 기초 체력과 정신력을 기르는 데는 도움이 되지만, 막상 실전 싸움에 임하면 그런 모든 것은 잊어버린 채 본능적이고 물리적인 몸부림만 칠 때가 많다.

그러면 불확실성을 어떻게 다루어야 하는가? 먼저 불확실성에서 벗어나려고 애쓰는 수고를 하지 말아야 한다. 가끔 보면 모든 것을 컨트롤해야만 직성이 풀리는 사람들이 있는데 그런 사람들은 오히려 불확실한 상황 아래에서 그 모든 상황을 컨트롤하는 것은 거의 불가능에 가깝다는 것을 깨닫게 될 것이다. 불확실성은 시대를 초월해서 늘 존재해왔다. 그러므로 불확실성은 피할 것이 아니라 맞서서 대응해야 한다. 대응 방법은 우리를 둘러싸고 있는 조건과 환경을 조절하려 들지 말고 예측하기 어려운 결과에 나 자신을 맞춰 조절하는 것이다. 사람들이 모금 환경에서 불확실한 상황에 잘 적응하지 못하는 이유는 부정적인 생각 때문이다. 결과를 예측하지 못하면 누구나 부정적인 생각을 하는 것이 당연하다. 그러나 그러한 생각들이 그룹 전체로 퍼지면 팀 전체에 좋지 않은 분위기를 가져오게 되어 모금하기 힘들어진다. 불확실성을 모금의 일부분으로 인정하고 빠른 시일 내에 긍정적인 마음으로 전환시켜야 마음이 편해진다. 그러므로 지금의 모금 환경에서는 예측보다 현실에 대처할 능력을 향상시키기 위한 노력이 선행되어야 한다.

모금 이론과 개념에 대한 불확실성

1) 인과관계를 정확히 규명해야 한다(원인은 반드시 결과 전에 일어난다)

만약 모금에 문제가 생겼다면 최초의 원인을 찾아내는 것이 매우 중요하다. 실패라는 결과에는 반드시 원인이 있다. 그리고 그 원인 뒤에는 또 하나의 원인이 있을 수 있는데, 그렇다면 결국 그 원인은 원인이 아니라 하나의 결과일 뿐이다. 즉 원인은 결과에 선행한다. 근본적인 원인을 찾아내지 못하면 문제 해결이 묘연해진다. 바로 이 점을 혼동해 엉뚱한 문제를 붙잡고 있는 경우가 허다하다. 실패의 원인을 잘못 판단하면 문제가 해결된 듯해도 근본적인 원인이 간과되어 또 다른 잘못된 결과를 낳을 수 있다. 또한 문제 해결을 위해 대안을 모색할 때 아이디어 내부에서 인과관계상의 시간적 순서를 염두에 두는 것은 매우 중요하다. 모금 아이디어의 첫 단계가 바로 인과관계 설정인데, 가령 기부자들의 기부가 줄어서 단체 운영에 영향을 준다면 기부자들의 기부금 감소는 원인이 아니라 결과다. 그 원인은 아마도 그전에 있었던 기부자들에게 영향을 줄 수 있는 부정적 변수들, 예를 들어 단체에 관한 매스컴의 부정적인 보도 내용이나 경제 침체로 인한 소비 위축 등과 같은 근본적인 무엇이었을 것이다. 기부금이 감소한 사건 자체에만 초점을 맞추지 말고 시간적 순서인 원인과 결과가 각각 무엇인지를 정확히 파악하여 전체적인 틀을 조망하며 분석해야 한다.

2) 상관관계가 있더라도 인과관계는 없을 수 있다

두 개의 사건(문제) 사이에는 상관관계가 있는 경우가 많지만, 상관관계가 있다고 해서 반드시 인과관계가 있는 것은 아니다. 과학적인 조사들은 인과관계를 밝혀내는 것을 목적으로 하지만 대다수가 상관관계만을 밝혀낼 수 있을 뿐이다. 예를 들어 일부에서 모금 전담자를 추적 조사했더니 명문대 출신에 연봉이 높음을 밝히면서 출신 대학이 임금을 좌우한다고 결론짓는 경우가 있었다. 명문대 출신이어서 연봉이 높다는 것과 연봉이 높은 사람이 명문대 출신이었다는 것은 분명히 다른 이야기다. 통계 자료는 명문대 출신이 연봉이 높다고 이야기하고 있는데 그것은 능력을 인정받았기 때문에 높은 연봉을 받는 것이고, 그런 능력 있는 사람들은 이미 어릴 때부터 남달라서 대부분 명문대를 가는 경향이 있을 것이라고 하는 것이 더 개연성 있는 추론일 것이다. 만약 능력 외에 출신 학교가 영향을 미치는지를 알고 싶었다면 다른 분석 방법이 필요할 것이다.

3) 성공 또는 실패 사례를 너무 믿지 말라

여기저기서 성공 사례를 지나치게 맹신하는 경우가 있다. 항간에 떠도는 모금 성공 사례의 경우, 그 프로젝트에 참여한 사람으로서 내가 봐도 내용이 다소 왜곡되거나 과장되어 있는 부분이 제법 있었다. 성공 사례를 취재하는 과정에서 기자들은 이미 자기가 만들어놓은 제목 안에 성공의 요소만을 선택적·인위적으로 짜 맞추는 경향이 있다. 그리고 성공 사례에 참여한 사람들의 이야기는 부정확한 기억이나 성공에 위배되는 요소들은 말하지 않으려는 경향 때문에 정확성을 담보하기 어려운 경우가 많다. 타인의 성공 사례 원리를 액면 그대로 따라 해서는 실제로 효과를 보기 어려운 이유가 여기에 있다. 성공 뒤편에 숨어 있는 수많은 다른 요인을 더 확인해야 하며, 과연 그것이 진정한 성공인지도 잘 따져봐야 한다. 성공 사례를 맹신하거나 무조건 벤치마킹하는 것은 금물이다. 건강한 의심이 필요하다.

4) 모금의 대가(大家)의 말이나 혁신적인 이론은 의심해보라

굉장한 모금 아이디어는 어느 한 천재의 뛰어난 두뇌에서 나온 것이라기보다는 예전에 이미 있었던 아이디어를 성실하고 현명한 사람들이 조금씩 발전시킨 경우가 많다. 이른바 집단지성(collective intelligence)이라는 것은 수년에 걸쳐 형성된 것이 대부분이다.

모금 분야의 대가의 말이라 하더라도 과거의 역사와 지혜에 비추어 되짚어볼 필요가 있다. 당대의 천재적인 인물이었던 옛 성현조차 '온고이지신(溫故而知新)'이라 하지 않았는가! 새로운 지혜는 알고 보면 1920~30년대에 효과를 거둔 이론들이 많다. 그리고 그 이론들은 이미 수백 년 전에 인문학적 배경으로 나왔던 이론을 기반으로 새로운 영감을 받아 나온 것에 뿌리를 두고 있다. 한마디로 하늘에서 갑자기 뚝 떨어진 이론은 거의 없다는 것이다. 많은 사람들이 자신의 아이디어가 어디에서 나온 것인지 밝히지 않고는 무조건 새롭고 혁신적이라고 한다. 하지만 자세히 살펴보면 그 이론은 그 전에 나와서 실패했다가 다시 살린 작업인 경우가 대부분이다. 한 번쯤 그 아이디어가 어디서 왔는지 살펴볼 필요가 있다.

5) 이론과 이데올로기에 너무 집착하지 말라

자신이 믿고 있는 모금 또는 필란트로피의 개념에 너무 집착한 나머지 다른 사람의 생각은 수용하지 않으려는 경향을 보이는 사람들이 더러 있다. 사람은 자신이 듣고 싶은 이야기만 듣고 나머지는 버리려고 한다. 증거와 데이터에 의거하지 않은 이데올로기에 집착하게 되면 모금을 배우기가 힘들어진다. 모금 이론은 시대와 상황에 따라 달라질 수 있다. 그리고 시대의 정서와 문화의 차이에 따라 기부자에게 기금을 요청하는 방법, 기부자에게 다가가는 방식도 다를 수 있음을 알아야 한다. 모금의 이론은 유기적이고 역동적이며 과학적인 데다가 예술성까지 가미되어 있다. 그러나 현장 경험을 통해 입수된 데이터에 의존하므로 과학이나 수학 이론보다는 불확실성이 크다. 그런 이유로 한 곳에서는 이미 성공적으로 적용된 이론도 다른 곳에서는 이해할 수 없는 이유로 실패하기도 한다. 그 이유는 모금이 '복잡계(complex system)' 안에 있기 때문이다. 모금은 복잡한 인과관계로 이루어져 있기에 결과를 재연하기 어렵다. 한마디로 이렇다고 규명하기도 힘들고, 완전한 이론이나 아이디어는 존재하지 않으므로 조금씩 문제점을 수정해가면서 변화하고 발전해나가는 수밖에 없다.

모금 이론과 실행의 패러독스

'모금 기획'에는 단체의 설립 취지와 합리적인 목적성, 편리성, 내부적인 실행 가능성, 외부적으로 보여주는 이미지, 실행으로 얻는 경제성, 심지어 민족의 전통적인 정서까지 포함되어 있어야 한다. 요즘은 환경보호도 하나 더 추가되었다. 이렇게 모금에는 수많은 문제가 각기 다른 전문 분야를 넘나들며 서로 얽혀 있기 때문에 예술이나 철학, 인문학, 사회과학 등과 같은 다른 분야의 전문성과 융합해야 한다.

한 비영리단체에서 모금을 계획한다고 가정해보자. 때에 따라서는 본의 아니게 정치적인 면이 아주 크게 부각될 수도 있을 것이다. 모금의 목적에 따라 찬성하거나 반대하는 사람 모두 그럴 만한 이유가 있을 것이다. 성공적인 모금 결과물의 해결책이 혹시 인근 주택을 철거하는 것이라면, 혹은 누군가 손해를 봐야 하고 희생을 강요당한다면 큰 파장을 불러올 것이다. 또 다른 예를 들어보자면, 저소득층을 상대로 무료 혹은 소액의 수업료로 영어를 가르칠 계획을 세우고 모금을 벌일 경우 당장 그 지역에서 영어학원을 운영하는 사람들은 불만을 가질 것이다. 또 중고품을 모아 재활용과 직업 창출을 목적으로 모금을 한다면 그 지역의 중고품 파는 가게들이 불만을 가질 것이다. 이처럼 모금과 필란트로피에는 양날의 검 같은 측면이 있음을 주지해야 한다. 이런 문제를 사전에 모두 감안 또는 해결하고서 모금운동을 한다는 결정이 났다고 하자. 이번에는 단순한 목적 중심의 모금을 할 것인가, 아니면 어떤 식으로 기부자들에게 비추어질 것인가의 문제가 생긴다. 여러 사람이 아우르는 계획이 필수이기에 여러 분야의 전문성이 필요하다. 모금의 근본은 분명히 과학적인 일이지만, 사실은 여러 분야와 관련되어 있어 복잡하다.

모금 기획에는 분명한 목적이 있다. 목적은 '기능' 또는 '활용'이라 불러도 된다. '목적에 잘 부합하는가?'가 기획을 판단하는 기준이 된다. 가령 전문 모금가에게 비영리단체의 어떤 목적에 부합되는 모금 기획을 요청했더니 고심 끝에 아주 세심하고 훌륭한 기획을 만들어냈지만 실행 비용이 많이 든다면 그것은 좋은 기획이라 할 수 없다.

모금운동 진행 상황이나 결과에 실패가 발생하면 모금 실무자들은 왜 그런 일이 일어났는지를 연구하고 새로운 해법을 찾아낸다. 여기서 모순이 생긴다. 실패가 오히려 성공이 되고 성공이 오히려 실패가 되는 것이다. 어떤 모금 기획과 실행이 너무나 성공적이어서 후세 사람들이 그것을 모델 삼아 똑같은 방법으로 반복하다 보면 결국 한계 상황을 맞아 실패하게 된다. 처음의 성공이 나중에는 실패로 변하는 것이다. 모금의 성공은 그것이 성공했다는 것 외에는 별다른 교훈이 없다는 점에서 한계가 있다. 모금의 성공과 실패는 계속 순환하는 것이며, 따라서 생각의 변화와 시도의 혁신은 끝없이 계속된다. 모금의 성공 스토리에 목을 매는 모금가에게 줄 수 있는 교훈은 바로 그 점이다. 다른 이의 성공 스토리는 마치 한 편의 영화 속 성공적인 로맨스와 같다. 하지만 실제 나의 상황은 영화의 상황과 너무나 다르다.

이런 패러독스가 있기 때문에 모금가는 단체 내에서 남들과 다른 시각으로 가능성이 없거나 잘못된 프로젝트에 대해서는 과감하게 발언해야 한다. 모금가들이 좀 더 용기를 갖고 자신의 목소리를 낼 수 있는 문화가 만들어져야 한다.

비영리 모금의 3대 악순환

모금의 여정을 걸어가다 보면 때로는 피할 수 없는 거대한 악순환의 소용돌이에 빠져 있음을 느끼게 된다. 이러한 악순환을 알지 못하거나 악순환의 고리를 깨지 못하면 단체는 헤어나지 못하고 결국에는 서서히 침몰하고 만다. 일반적으로 시스템상의 작은 오류는 조언(feedback loop)을 통해 자정적인 치유를 거침으로써 제 균형을 다시 찾을 수 있지만, 이런 악순환의 경우에는 외부의 충격 없이는 균형을 잡지 못하게 된다. 사실 그동안 모금 전문가들은 순환론(circular reasoning)적 사고에 빠져 있어서 이런 악순환을 해결하지 못했다. 한때는 필자도 모금 생태계의 등장인물 간에 생기는 서로 다른 '가정(assumption)'의 충돌로 인한 간헐적인 악순환인가, 아니면 이전 세대에서 만들어진 시스템상의 태생적 결함으로 인한 악순환인가를 고민하며 허탈함을 느껴 포기하기를 반복해왔다. 하지만 악순환을 자세히 살펴보면 해결점을 충분히 찾아낼 수 있고, 그 악순환의 고리에 누군가 한 가지라도 변화를 준다면 오히려 악순환이 선순환(virtuous cycle)으로 바뀔 수 있다는 믿음이 있다.

1) 모금가의 회전문 현상

여기저기서 모금가를 구하는 광고가 나온다. 모금가, 특히 모금 책임자는 길어야 2~3년 일하고 다른 곳으로 옮기는 악순환에 봉착해 있다. 한국에서는 모금가 자체가 아직 직업군으로 형성되어 있지 않아 아직은 피부에 와 닿지 않지만, 미국은 좋은 모금가를 구하기 힘들다고 아우성이다. 이는 서로의 기대와 필요에 차이가 있어서 모금가도 단체에 만족하지 못하고 단체 운영진도 모금가에게 만족하지 못하고 있는 상황이다. 모금가는 단체의 리더십과 자원 부족, 보상 문제 때문에 불만이고, 단체의 리더십은 모금가의 자질과 역량에 불만을 갖고 있다. 모금이 잘되지 않는 이유는 모금가의 자질이나 역량 외에도 여러 가지가 있을 수 있는데, 그 책임을 모금가 개인에게 돌려 그들을 희생양으로 만든다. 이러한 악순환 때문에 모금가는 단체를 떠나게 되며, 리더십 부족으로 인해 새로운 모금 인력은 충분히 적응할 시간적 여유도 없이 성공에 필요한 요소를 다시 개발해야 하는 어려움에 처하게 된다.

2) 비현실적인 기부자의 기대

기부자는 자신의 기부금이 단체의 비용, 특히 모금 비용으로 쓰이는 것을 원치 않는다. 그래서 모금가는 마치 브레이크와 액셀을 동시에 밟아야 하는, 이러지도 저러지도 못하는 상황에 처한다. 부족한 간접비용과 모금 비용은 단체의 역량에 근본적인 지장을 주게 되고, 결국 단체는 기부자의 눈을 피해 모금 비용으로 쓴 돈을 다른 비용으로 보고하게 된다. 펀드를 주는 재단에서도 비현실적인 기대로 요구 사항이 많아 수혜 단체가 프로그램을 제대로 진행하는 데 지장을 받는 경우가 허다하다. 게다가 투명성과 책무성에 대한 요구, 실제 영향력에 대한 보고 등 예전과는 다른 요구사항이 많아져 더 많은 비용이 발생하고 있다. 이런 이유들로 단체는 '빈곤의 악순환'에서 헤어 나오지 못하게 된다. 이러한 악순환의 고리를 깨려면 기부자와의 대화를 통해 간접비용의 정당성을 당당히 알리고 이해를 구해야 한다. 그와 동시에 단체의 건강한 미래를 위해 역량적 자산(capacity capital)을 따로 마련해야 한다.

3) 새로운 기부자를 만드는 데 드는 비용 > 평생가치(LTV, Life Time Value)

모금은 태생적으로 새로운 기부자를 만드는 비용이 그로 인해 들어오는 기부금보다 더 들기 마련이다. 모금기관 사이의 경쟁도 심해졌고 기부자의 요구는 더 까다로워졌다. 이른바 모금액과 비용대비(F/R, Fundraising Ratio)가 높아 리더가 새로운 모금 투자를 꺼려해서 모금이 오래 유지되기가 힘들다. 그래서 기존 기부자의 기부 연장이나 기부금 증가를 통해 비용을 맞추어야 한다. 모금가는 새로운 기부자의 유입 비율, 기부자를 잃어버리는 비율, 기부자가 남아 있는 비율에 대해 항상 신경 써서 단체의 생명을 연장시킨다. 그래서 기부자를 단순히 단기 ATM 기계로 보는 것이 아니라 장기적 충성도를 높이는 방법을 도입해야 한다. 또 다른 방법은 이사회를 설득해서 LTV 개념을 도입하고 그들에게 그것을 이해시켜 비용을 높이는 방법, 그리고 획기적이고 효과적인 전략과 IT 기술을 접목해 모금 비용을 줄이는 방법이 있을 것이다.

위의 세 가지 악순환의 공통점은 결국 사람과 돈이 문제의 중심에 있다는 점에서 아이러니하다는 것이다. 기부금을 모으기 위해 모금하는 단체가 돈으로 인해 문제가 된다니 말이다. 모금의 선순환을 촉진하고 길게 살아남는 것이 모든 비영리기관의 존재 목적인데, 악순환을 선순환으로 바꾸는 방법 중에 진정한 소통이 가장 좋은 방법임은 두말할 나위도 없다.

높은 기부 가치 = 현명한 기부?

영리단체가 이익을 성과 지표로 삼는 것과 달리 비영리단체는 성과를 측정하기 힘들다. 이익은 간단히 수치로 보여줄 수 있지만, 기부의 성과는 수치 표기가 불가능한 경우가 많기 때문이다. 그래서 때때로 기부금에 대한 기대가치(EV, Expected Value)를 측정하여 기부를 결정하는 지표로 삼는다. 비록 수치 표기가 가능하다 해도 그것이 과연 기부의 판단 기준인가에 대한 논란의 여지가 남아 있다. 하지만 구호 단체가 기부를 요청할 때 주로 명분이라는 미명 아래 이런 기대가치로 기부 결정을 유도하는 것은 '파스칼의 노상강도(Pascal's mugging)'식의 방법을 쓰게 되어 상식을 벗어나게 된다는 기부 전문가들의 반론도 만만치 않다. 기부가치 기준을 인간의 생명 살리기 숫자에 그대로 적용할 수 없다는 것과 기대 확률의 과장된 부풀리기가 있다는 것이다. 한 예로 어떤 사람이 1000달러짜리 옷을 입고 있었는데 한 아이가 물에 빠진 것을 보게 되어 물속으로 뛰어 들어가 구하게 되었다고 했을 때, 그 아이를 살리기 위해 1000달러짜리 옷을 버리는 것보다 옷을 팔아 1000달러를 백신 연구에 사용해서 두 명의 아이를 살리는 것이 더 낫다는 계산이 나온다는 논리는 기부가치 기준을 '누구의 생명을 살리는가?'로 결정한다는 것이다. 과연 그것이 현명한 기부인가는 논란의 대상이다.

파스칼이 제시한 예를 보자. 강도가 지나가는 사람에게 "나한테 10달러를 주면 나의 초능력적인 마술 같은 능력으로 나중에 100배로 부풀려서 갚아주겠다"라고 했다. 그 말에 지나가는 사람이 말도 안 된다고 하면서 "그럼 당신이 그 돈을 내게 갚을 확률이 얼마나 된다고 생각하시오?" 하고 물었다. 강도가 "1/1000"이라고 대답하니까 그 사람은 "그러면 내가 준 돈보다 기대치가 작아서 줄 수 없소"라고 말했다. 그런데 만약 강도가 "1만 배로 갚아주겠다"라고 한다면, 비록 실현 가능성은 희박하지만 너무나 큰 보상을 말하기에 상식에 벗어난다 하더라도 비용 효과적인(cost-effectiveness) 계산상으로나 논리적으로 보면 안 줄 수가 없다는 말이다. 이처럼 단지 더 높게 추측된 기대가치만 보고 기부를 결정하는 것은 현명한 기부라 할 수 없다. 기부자가 거절할 수 없게 하는 옳지 않은 확률을 기반으로 기대치를 높임으로써 기부를 하게 만드는 위험성에 노출된다는 것이다.

모금의 부익부 빈익빈 현상

요즘 같은 불경기의 사회 현상을 다룬 글을 보면 '마태 효과(Matthew effect)'라는 말이 자주 등장한다. 마태 효과는 사회학자인 머튼(Robert K. Merton)이 1968년에 처음으로 쓰기 시작했는데, 성경의 마태복음 25장 29절에 "무릇 있는 자는 받아 풍족하게 되고 없는 자는 그 있는 것까지도 빼앗기리라"라는 내용에서 유래된 말이다. 본래는 적극적이고 긍정적인 신앙을 강조한 비유이지만, 내용을 직역하면 '부익부 빈익빈'으로 해석되어 성경이 자본주의사회의 문제점을 지적한 것으로 인식되어왔다. 요즘 사회 현상을 빗대어 의역하자면 "권력이나 경제력 또는 사회적 지위를 가진 사람은 사회로부터 얻는 혜택이 누적되는 경향이 있다"는 말로도 해석된다. 머튼 이후에도 다른 여러 분야의 전문가들이 이러한 마태 효과와 그 사례를 찾아내는 데 노력을 기울여왔다. 이를테면 어느 대학의 유명한 교수가 대학원생들의 연구 결과물을 자신의 연구 결과물로 이용해서 혼자 상을 차지했다는 과학계 이야기, 그 외에도 팀이 같이 창작한 것이 유독 유명한 개인에게 공로가 돌아가는 예술계 등 그 예는 얼마든지 찾아낼 수 있다.

모금을 하면서 느낀 것은 NPO 및 모금 세계에도 이러한 효과가 그대로 적용되고 있다는 사실이다. 모금에는 투자가 필요하고 투자에 비례하여 결과를 보게 된다. 규모가 큰 단체나 유명인에게 이 원리가 그대로 적용되어 이미 확보한 브랜드 파워와 인적자원, 물량 투자 능력이 유입된 큰 단체는 모금의 블랙홀을 만들어내고, 반대로 영세한 단체는 기부금의 가뭄을 맛보게 된다. 또한 현재 유행하고 있는 소셜미디어의 네트워크 형성 과정과 그 효과에도 마태 효과로 인한 쏠림 현상이 그대로 적용된다. 유명인이 속해 있는 큰 조직에서는 인력 투자를 많이 해서 페이스북이나 트위터에 더 많은 링크(link)를 확보해 네트워크를 구축하는 데 성공하지만, 작은 곳은 그나마 기회를 잃게 된다. 많은 단체가 네트워크에 목을 매는 이유는 "연결이 현대의 새로운 통화다(Link is the new currency)"라는 말이 유행하는 것을 보면 금방 알 수 있다. 때때로 작은 단체는 그나마 초창기에 마태 효과가 적용되지 않는 새로운 개념과 창의적인 방법으로 모금을 시도해보지만, 이것마저도 작은 단체가 고생해서 만들어놓은 시장에 큰 단체가 개입함으로써 그들은 큰 효과를 보고 작은 단체는 탄력을 잃는 쓰라린 경험을 하게 된다. 하지만 어떤 단체가 승리자인지는 중요하지 않으며, 어떤 경로를 통하건 어쨌든 수혜자가 최대의 이익을 얻는다면 그나마 위로가 된다.

모금가의 애환

04

모금가를 보는 시각의 차이

모금가를 보는 일반적인 시각에서 미국과 한국은 현저한 차이를 보인다. 미국은 보수적인 측면과 전문성 측면으로 볼 때 영리의 펀드 매니저와 윤리적으로 소명의식이 있는 목회자의 중간쯤으로 보는 것 같다. 반면에 한국은 마치 장례지도사로 보는 듯하다. 장의사도 긍지와 의미가 있는 직업이지만, 아무리 명분을 치장해도 큰 보상이 보장되지 않으면 쉽게 선택하기 힘든 직업으로 취급받는다. 본능적으로 싫은 건 싫은 것이다. 아무리 좋은 의미를 부여해도 직업적 흥미를 끌기가 쉽지 않다는 것은 충분히 이해한다. 어느 대학의 부총장은 학교에서 일하는 조건으로 모금을 하지 않겠다는 다짐을 받았다고 자랑스럽게 이야기한다. 그만큼 사회 엘리트층들이 모금을 기피하며 가능하면 모금을 하지 않고도 단체를 유지하고 싶어 한다. 하지만 그것은 모금의 원리를 제대로 이해하지 못해서 그런 것이다. 모금은 단지 돈을 모으는 일이 아니라 기부자들을 학교의 발전에 참여시키고 궁극적으로는 주인의식을 나누는 행위이기에, 비영리단체가 모금을 포기하는 것은 사실 매우 이기적인 행위라고 할 수 있다. 진정한 모금가는 누구에게나 주인의식을 갖게 하지만 어설픈 주인 행세를 하는 것은 막는 사람이다. 기부금을 냈다고 해서 과도한 요구를 하는 기부자와 기관 사이에서 조율하는 위치에 있는 매우 의미 있는 존재라는 사실을 목이 쉬도록 이야기하지만 모금가를 보는 긍정적 시각의 변화에는 생각보다 시간이 많이 걸릴 것 같다.

간혹 적극적으로 모금가라는 직업에 관심을 보이는 사람들이 있다. 그 이유를 물어보면 대부분은 모금가의 실체를 잘못 이해하고 있는 경우가 많다. 요즘 외국 대중매체에서 하는 과장된 홍보 영향도 있을 것이고, 모금을 배워 자신이 꿈꾸는 영리적인 사업에 적용하고 싶은 사람, 모금가라는 완장을 차고 사회 유명인을 접촉할 수 있는 기회를 만들고자 하는 사람, 환상적인 할리우드에서 VIP 정치 모금 같은 것을 꿈꾸는 젊은이, 하나의 틈새 직업 시장으로 보는 생계형 취업 준비생 등 나름대로 다 이유가 있다. 하지만 그런 사람들은 머지않아 실망할 확률이 높다. 그런 사람들에게는 모금을 여러 번 경험해보라고 권한다. 그러고 나서 다시 이야기하자고 조언한다. 내 경험상 모금을 여러 번 해본 사람 중 90퍼센트는 모금계를 떠나고 10퍼센트 정도만 남아서 직업적으로 모금계에 관여하고 있는 것 같다. 하지만 모금을 한 번도 진지하게 해보지 않은 사람이 직업으로 선택하여 모금계에 남는 경우는 매우 드물다. 모금하는 일은 환상적이지도 않을뿐더러 오히려 마음이 상하는 일이 많다. 그러나 미국의 경우를 볼 때 재미있는 현상은 직종 전환률이 의사나 변호사보다 낮다고 한다. 한마디로 모금하는 일이 중독성이 강하다는 말 외에는 달리 설명할 길이 없다. 어느 의사가 모금가에 대해 관심을 보이기에 의사가 평생 동안 살릴 수 있는 사람은 수백 명에 불과하지만 의사이며 모금가인 사람은 수만 명 이상의 사람을 살릴 수 있다는 상투적인 이야기를 해주었다. 숫자가 중요한 것은 아니지만 사회에 대한 영향력과 삶의 깊이를 체험할 수 있다는 말에 크게 공감하는 것 같았다. 하지만 자신이 가진 것의 일부를 희생하면서 의사 일과 모금을 병행할 수 있을지는 미지수다. 모금 전문가는 이른바 너무 잘나가는 사람이나 그 반대인 사람들이 선택하기 힘든 직업이기는 하지만, 요즘 사회는 스토리를 가진 모금가를 원하고 있는 추세이니 그가 훌륭한 모금가가 되는 날이 오기를 기대해본다.

솔직한 나의 심정은 한국에서 일반 사람들을 전문 모금가로 양성하는 것에 지나친 욕심을 부리지 않았으면 한다. 아직 이 분야에 종사하는 사람들이 많지 않고 시장이 충분히 형성되어 있지 않기에 사실 누군가의 크나큰 희생을 요구하기 때문이다. 절대

첫술에 배부를 수 없다. 하지만 조금이라도 이 분야에 관심과 열정이 있는 사람이 있다면 미약한 걸음이나마 조금씩 뗄 수 있도록 도와주고 싶은 마음이다.

기적을 이루는 사람

비영리단체장들이 모금 전문가에게 갖는 커다란 오해가 한 가지 있다. 모금 전문가를 영업을 잘해서 실적이 우수한 사람 정도의 개념으로 알고 있다는 것이다.

미국에서는 아이들이 어려서부터 일상적으로 모금을 접하며 자란다. 미국 드라마, 영화, 만화 등을 보면 학교에서 아이들이 모금활동을 벌이는 장면을 심심치 않게 찾아볼 수 있다. 이처럼 미국의 경우에는 모금이 생활의 일부분으로 자리 잡고 있어서 직접적으로든 간접적으로든 모금 전문가가 어떤 사람이라는 것을 대부분 이해하고 있다.

그러나 한국에서는 모금 전문가가 하나의 직업군으로 형성되지 못했을 뿐 아니라 모금이 생활화되지 않은 정서 속에서 자라왔기 때문에 모금 전문가라고 하면 막연한 생각이 앞선다. 모금 전문가에 관심을 갖는 사람들은 모금을 좀 더 조직적으로 하려는 단체이거나, 모금을 해왔지만 결과가 만족스럽지 않아 외부 전문가를 통해 모금이라는 난제를 해결하고 싶어 하는 사람들이다. 그렇기 때문에 그들은 모금 전문가를 오랜 가뭄을 해소해줄 비를 뿌리는 주술 능력을 가진 사람(rainmaker)이라고 기대하게 된다. 말하자면 기적을 일으키는 사람 정도로 생각하는 것이다. 그러나 그런 기대는 어디까지나 오해에서 비롯된 것이며, 그로 인해 큰 실망만 안게 된다. 모금 전문가는 결코 주술사가 아니다.

모금 전문가를 주술사로 오해하는 데는 그들 나름대로 이유가 있다. 모금 전문가는 부유하고 사회에 영향력 있는 인사들을 개인적으로 많이 알고 있을 것이라는 일반적인 선입견이 큰 몫을 차지한다. 많은 사람들은 모금 전문가가 굉장히 많은 인맥을 가지고 있어서 잠재 기부자 명단을 수첩에 줄줄이 적어 가지고 다니며 전화 한 통만으로 대부분의 사람들을 섭외해 단체의 기부자로 만들 수 있을 것이라고 생각한다. 하지만 결코 그렇지 않으며, 그렇게 해서도 안 된다.

미국의 모금 전문가들이 가입되어 있는 AFP(Association of Professional Fundraiser)의 기본 윤리 강령을 보면, 모금 전문가가 다른 단체 등으로 이직할 경우 이전에 모금했던 모든 기부자 및 관계 데이터를 그 단체에 남겨두고 떠날 것을 강조한다. 그것은 어디까지나 단체의 재산이기 때문이다. 입장을 바꿔서 우리 단체에 소속해 있던 모금 전문가가 모금활동이 끝난 뒤 기부자 명단을 가지고 다른 단체로 가버린다고 상상해보라. 모금을 통해 얻은 개인적인 인맥과 정보 등 모든 것이 포함되어 있다면 더욱 큰 손해를 보게 된다. 한국에서 모금 전문가가 하나의 직업군으로 확실히 자리매김하게 되면 이런 문제는 미국 내에서 큰 이슈가 되었던 것처럼 한국에서도 또 한 번 이슈로 떠오르게 될 것이다.

또 다른 오해는 모금 전문가가 모금을 함에 있어 '비를 오게 하는' 어떤 대단한 기술과 방법이 있을 것이라는 기대다. 물론 모금 관계자들이 수십 년간 시행착오를 겪어오며 쌓은 경험과 학자들의 연구 결과를 정리해놓은 기본 모금 개념이 있다. 우리는 그 개념을 큰 위험부담이나 대가 없이 편하게 익힐 수 있음을 다행으로 여겨야 하며, 모금을 하려고 하는 사람이라면 반드시 그 과정부터 배워야 한다. 그 개념을 아는 것과 알지 못하는 것은 효율 면에서 엄청난 차이를 가져온다. 또한 이 개념을 이해하면 문제 해결에 있어 좀 더 지혜롭고 능숙하게 대처할 수 있으며, 모금에 대한 두려움이 줄어 긍정적이고 적극적으로 모금활동에 임할 수 있다.

그러나 이 또한 오지 않는 비를 부를 정도의 마술은 아니다. 모금 전문가는 비가 올 때까지 무턱대고 주문을 외우며 기다리는 사람이 아니라 물이 있을 만한 곳을 찾아내어 우물을 파서 물을 얻을 수 있는 방법을 고민하여 실질적인 도움을 주는 사람일 뿐이다. 만약 단체장이 모금 전문가에 대해 이러한 잘못된 인식을 가지고 있다면 모금의 결과는 불 보듯 뻔하다. 비가 오지 않으면 모금 전문가만 탓할 것이 아닌가!

더욱 위험한 것은 단체 내의 모금 담당자를 이른바 전문가

양성 과정이나 세미나에 참석시켜 교육을 받게 하면 모금 문제를 해결할 수 있다고 생각하는 것이다. 교육을 몇 번 받는다고 해서 누구나 모금 전문가가 될 수 있는 것이 아니기 때문이다. 어느 비영리단체의 사무총장이 "모금 전문가가 일하는 걸 봤는데 별것 아니더라"라고 말하는 것을 들은 적이 있다. 아마도 그는 모금 전문가에게 큰 기대를 하고 있었을 것이다. 그 기대는 모금 전문가를 향한 터무니없는 오해에서 비롯되었을 가능성이 크고, 오해에서 비롯된 기대 때문에 모금 전문가가 이룬 결과는 당연히 만족스럽지 않을 수밖에 없었을 것이다.

교육을 받은 사람이라도 경험이 많지 않은 모금가는 기대치를 현실 이상으로 부풀려 말하는 등 단체에 잘못된 인식을 심어줄 위험이 있다. 또한 자신이 마치 비를 내리게 하는 주술사가 된 듯한 착각에 빠질 수도 있다. 배운 대로 하면 금방 비를 내리게 할 수 있을 것 같은 무모한 자신감을 가질 수 있기 때문이다. 다른 단체가 모금운동에 성공했다고 해서 모든 경우에 그 방법이 통할 거라고 생각해서는 안 된다. 결과를 결정짓는 요소는 셀 수 없이 많기 때문에 자만하거나 장담은 금물이다.

모금 전문가를 평가하는 기준은 비를 오게 했느냐가 아니라 비가 오지 않아 모두 실망하고 포기하며 떠나는 것을 막는 '치어 리더'의 역할을 잘 수행했는가다. 그리고 오는 비를 잘 활용하여 다음에는 하늘에서 비가 내리기만을 무작정 기다리지 않아도 되는 시스템을 만들었는지도 중요한 평가 요소다.

실제로 현장에서 모금 전문가의 관심은 온통 모금 목표액에 쏠리기 마련이다. 하지만 그것보다 더 중요하게 생각하는 것이 있다. 바로 단체에서 할 수 있는 최대 모금 능력에 얼마나 근접했는가다. 따라서 모금 전문가들은 모금하기 전에 그 단체가 현재 상태에서 모금할 수 있는 가능 모금액과 그 단체의 최대 역량을 추정할 수 있어야 한다. 가장 적정한 목표액은 가능 모금액을 약간 넘어서는 것이다. 목표액을 높이면 그만큼 모든 팀이 합심해서 목표액에 도달하기 위해 노력하게 된다. 이처럼 모금 전문가는 단체의 이상과 역량을 조화롭게 설정하고 그에 도전하며 목표를 이루기 위해 노력하는 사람이다.

모금 담당자는 감정노동자인가?

우리나라에서 모금 전문가를 직업으로 선택하기를 꺼리는 이유 중 보상 문제보다 더 큰 것이 스트레스 때문이라는 볼멘소리가 들린다. 전문가들은 "수치 비교는 어렵지만 우리나라 감정노동자들의 스트레스는 선진국보다 훨씬 높은 편"이라고 말한다. 그 원인으로는 우리나라의 전통적인 가부장적 문화, 사농공상으로 신분을 구분하던 전근대적 사고방식 및 그로 인한 서비스 노동자 하대 문화를 꼽고 있다. 여기에 서비스 노동자들은 서비스에 대한 대가를 지불하는 고객에게 복종해야 한다는 천민자본주의적 인식도 영향을 미쳤다. 한국의 상황은 서비스 산업의 고속 압축 성장과도 무관하지 않다. 유럽이나 미국은 서비스에 대한 가치 개념이 정착해 있고, 서비스 판매자와 구매자가 대등한 관계를 형성하고 있다. 그러나 우리나라의 경우에는 서비스 문화에 대한 논의조차 전무하다 보니 '서비스 = 공짜'라는 인식에서 보듯 왜곡된 서비스 문화가 존재한다. 특히 기업들이 오랜 기간 '고객은 왕이다'라는 구호를 금과옥조처럼 사용하면서 과잉 서비스를 요구하는 고객을 양산한 측면도 없지 않다.

일각에서는 올바른 서비스 소비문화 정착을 위한 소비자 운동이 절실하다는 주장도 나온다. 최근에는 과잉 서비스가 부담스럽다고 느끼는 소비자들도 많다고 한다. 패밀리 레스토랑 종업원들이 무릎을 꿇고 주문을 받던 모습이 소비자들의 거부감 때문에 사라진 것처럼 소비자들이 먼저 기업에 적정 수준의 서비스를 요구하는 태도가 필요하다고 생각한다. 또한 가까운 일본의 서비스 문화를 벤치마킹하려 하는데 과연 그것이 한국 실정에 맞는지도 고민해봐야 한다. 그래야 감정노동자들과 상생하는 소비문화가 정착될 수 있다.

이러한 한국의 정서는 모금 산업에도 예외 없이 작용한다. 모금교육에서는 기부자를 왕같이 모셔야 한다는 개념과 당당히 요청해야 한다는 개념의 경계선상에서 모금을 해야 한다고 가르치지만 한국의 현실은 좀 다르다. 기부자들도 다 같은 서비스를 요구하는 것은 아니다. 관리 비용이 적게 드는 기부자도 있고 관리 비용이 많이 드는 기부자도 있는 등, 서로의 성향이 달라 기대치나 요구 사항도 다르다. 그래서 현장의 모금가는 감정노동자인 것이다. 모금할 때 너무 당당하게 기부자를 대하는 문화도 문제이며, 너무 절절 매는 문화도 문제가 된다.

또 다른 스트레스의 원인은 내부에서 찾아볼 수 있다. 단체 등이 기부를 받으면 나중에 어떤 것을 해줄 수 있다고 약속하지만, 실제로 기부를 받은 후의 행동은 기대에 못 미친다는 것이다. 기부자 유치를 위한 홍보 내용은 선진국 못지않은데, 실행 수준은 아직도 턱없이 낮다.

또한 현장 모금가는 기부자들에게 미안해서 연락도 제대로 하지 못하는 스트레스를 가지고 있다고 한다. 선진국에는 모금 인센티브가 있다. 그래서 선진국형 모금의 스트레스는 가속기 형이기는 하지만 거기에는 반드시 제어장치가 있다. 모금가를 뽑을 때 인센티브를 목적으로 과잉 모금을 하게 되면 단체에서 퇴출당할 수 있다는 서약을 하게 한다. 부적절한 모금 행위를 조사하는 별도의 프로그램도 있다. 하지만 아직 한국 단체에서 모금가에게 인센티브를 주는 곳도 없지만 그런 감시 체계를 운영하는 것을 본 적이 없다. 가속기만 있고 제동기가 없는 자동차가 가게 될 길에 대해 우리나라의 모금단체는 깊이 생각해봐야 한다.

돈만 모으는 죄수

경영학의 대가 피터 드러커는 『비영리단체 경영(1990)』에서 비영리단체가 "돈을 모으는 죄수가 된다면 아주 심각한 문제다"라고 말했다. 모금 전략의 궁극적인 목적은 모금 그 자체에 굴복해 그 안에 머물러 단체의 사명(mission)을 포기하는 사례를 막기 위함이다. 돈만 모으기에 급급해서 사명과 주체성을 잊으면 안 된다는 말이다. 단순히 돈이 필요하기 때문에 모금하는 것이 아니라 받을 자격이 되는 '발전기금(fund development)'으로 승화시켜야 한다.

모금을 하는 사람들을 대충 세 부류로 나누는데, 생계 지향형, 커리어 지향형, 그리고 미션 지향형이다. 한국에서는 대부분 자신에게 전혀 투자하지 않는 생계형이며, 모금 일에 종사하지만 모금에 관심이 있는 것이 아니라 주어진 임무이기 때문에 어쩔 수 없이 하는 사람들로, 만약 생계를 꾸려나갈 수 있는 다른 좋은 일이 생기면 더 이상 모금을 하지 않을 사람들이다. 모금을 전문 직종으로 생각해서 모금 능력 개발에 투자하는 사람이 커리어 지향형이다. 이런 사람은 순환 보직으로 다른 직종으로 옮기는 것을 원치 않고 특별한 사람으로 인정받기를 원한다. 그들 중 좀 더 발전하여 모금 자체를 미션으로 생각하는 사람은 불행히도 매우 드물다. 모금을 통해 사회의 변화를 모색하고 새로운 가치를 창조하는 것이 미션 지향형 사람들이다.

"모금을 통해 문제를 해결한 사례가 있는가?" 혹은 "모금할 명분이 있는가?"라는 표현을 쓰지만 사실은 '기회'가 맞는 말이다. 진정한 모금가는 모금의 기회를 찾아 나선 사람들이다. '가치(value)'를 가진 사람이 어떤 사회의 근본적인 문제의 원인을 발견하고 그 중에서 부정적인 문제를 긍정적인 결과로 만드는 해법 사례를 찾아내 그 사례가 현재 상황에서 모금을 가능케 한다면, 그 기회가 바로 모금할 기회다. 그리고 모금이 발전하여 필란트로피가 되는 것이다. 가치를 생각해보지 않은 사람이 우연히 모금을 시작하게 되었다면 그것은 밖으로는 필란트로피를 구현하는 것이 되고, 안으로는 가치를 찾아내는 작업을 하는 것이 본래 임무다. 만약 모금에만 머물러 있다면 돈만 모으는 죄수가 되는 것이다.

순환 보직

앞서 언급한 바와 같이 우리나라의 모금가는 선진국의 모금가들에 비해 감정노동을 많이 한다. 또한 우리나라의 정서상 누군가에게 요청하는 것에 익숙하지 않기 때문에 많은 사람들이 모금 부서에서 일하는 것을 기피한다. 비영리단체 내의 다른 부서에 비해 근무시간이 불규칙하고 성과를 내는 것이 좀처럼 쉽지 않기 때문이다. 전문직으로 취급받지도 못하고, 이직에 대한 걱정 등이 태산 같다고 한다. 반면에 미국의 경우를 보면 기금 모금가(DP, Development Professional)는 다른 부서에 비해 평균 급여가 높은 편이고, 전문직이기 때문에 근무 연수가 다른 직종에 비해 길며, 나름대로 보상 문제에 신경을 쓰는 편이다. 물론 DP를 전문직으로서 '리더로 가는 길목'에 있는 직업으로 보는 사회적 정서가 큰 도움이 되는 것도 사실이다.

한국 비영리단체 리더들의 자원 개발(development) 기본 개념에 대한 이해 부족과 문화적 정서가 단체의 역량 강화에 큰 걸림돌이 되고 있다. 119 구급대원처럼 매순간 삶과 죽음을 오가는 중대한 결정을 내려야 하는 전문직임에도 불구하고 대학이나 병원의 기금 모금가들이 '한직'이나 '1년간 쉬는' 정도의 직책으로 취급되는 것에 문제가 있다. 이제 겨우 적응할 만하면 다른 부서로 순환 보직 발령을 낸다. 본인이 원할 때도 있지만 원하지 않아도 본인의 의사와는 관계없이 발령을 낸다. 고생하며 모금을 잘하면 오히려 하나의 보상으로 다른 편한 부서로 발령을 낸다고도 한다. 이는 마치 비행장의 항공교통관제사 같은 전문 직종에 있는 사람을 다른 부서로 보내면 전문성이 떨어져 대형 사고가 날 위험이 커지는 것과 같다. 순환 보직을 하게 되면 전임자와 후임자 간에 어떤 사람이 관리 대상인지 명확하게 연결되지 않는다. 그래서 관리자가 바뀔 때마다 기부자와 단체 간에 법적 소송이 종종 발생한다.

직업적 특수성에 대한 이해와 열정이 없다면 이 직종에 대한 선호도는 낮을 수밖에 없다. 사람들은 편한 것을 원하고 마찰이 적은 곳을 원하기 때문이다. 직책의 중요성에 대한 이해와 단체의 모금 이유(cause)에 대한 열정은 있으나 요청에 대한 불편함과 두려움이 존재한다면 개인이나 단체는 피차 낭비다. 모금가는 하루에도 수없이 많은 사람들이 오가는 길목이나 울타리에 서서 기부자와 단체를 연결한다. 특히 대학이나 대학병원에서 중요한 위치에 있는 모금 부서나 자원 개발 부서의 부서장을 교수 중에서 순환으로 보직을 시킨다는 것 자체가 근본적으로 문제다. 부서장과 DP 간의 갈등은 불을 보듯 뻔한 것이다. 또한 새로운 총장이나 원장이 오면 DP 부서부터 사람이 바뀌는 현상은 문제가 더욱 심각하다. 다른 팀은 바뀌어도 개발 부서의 팀은 바뀌어서는 안 된다. 개발 부서의 임무를 긴 시간을 필요로 하는 임무로 보지 않고 짧은 시간 안에 큰 실적을 기대하기에 무리가 따를 수밖에 없다.

현재 우리나라 119 구급대원들이 겪는 애로사항을 해결하기 위한 전문가들의 조언 중에는 비영리단체의 개발 부서에도 적용해볼 만한 좋은 제도가 있다. 우선 현대적인 시스템을 도입하여 진행 과정을 체계화하고, 담당자들의 동기부여를 위해 상벌 제도를 만들어 제대로 보상해야 한다. 현장 경험이 많은 베테랑 요원을 따로 뽑아 교육하고 배치해야 한다. 매뉴얼을 만들어 신입으로 들어온 사람도 빠른 시간 내에 체계적으로 일하도록 해야 한다. 또한 다른 부서를 조정하는 지휘 기능을 부여해야 한다. 다른 부서의 도움 없이는 모금이 불가능하기에 DP의 말에 적극적으로 협조하도록 할 수 있는 권한을 주어야 한다.

현재 비영리단체의 모금 역량 강화를 위해 모금 리더에게 한마디 조언하고 싶다. 모금 격언에 "당신이 요청하기를 두려워한다면, 방해하지 말고 모금 이유(cause)가 직접 말하도록 하라." 이 말은 결국 두려움보다 열정과 동기가 크다면 요청하게 될 것이라는 것이다. 요청에 자신이 없으면 잘하는 사람을 찾아 맡기면 된다. DP는 모금을 잘하는 것도 중요하지만 잘하는 사람을 찾는 것이 더 중요하다.

속물로 만들다

누구나 다른 사람에게 친절을 베풀고 나면 자신도 그와 같은 대우를 받기 원한다. 하지만 자신과는 완전히 다른 사람과 친분을 맺고자 한다면 무엇보다 보답을 바라지 말아야 한다. 조건을 달지 않은 상태에서 서로에게 절친한 친구가 되어야 한다. 차이점을 극복하고 능숙하게 인간관계를 맺는 사람들은 결코 보답을 바라지 않는다. 인간관계를 발전시키는 일은 생각보다 훨씬 더 복잡하고 의미심장한 일이다. 때로는 아주 쉽게 이루어지는 것처럼 보이는 인간관계의 이면에는 미래를 위한 투자, 현실 속에서 즉각적인 결과물이 발생하지 않을 경우에 느끼게 되는 실망감, 단순한 호기심 등 복잡한 심리가 얽혀 있다. 이러한 생각들을 뒤로하고 상대방에게 순수한 호기심과 애정으로 접근하는 것이 중요하다. 모든 것은 결국 앞으로 성공적인 관계를 이루기 위한 초석이 될 것임에 틀림없기 때문이다.

모금하는 사람들의 마음 한구석에 늘 자리 잡고 있어 떨쳐버릴 수 없는 것이 바로 그 부분이다. 마치 책을 읽는 주목적이 즐거움을 위해서가 아니라 시험을 치기 위한 것이라면 독서의 의미가 반감되는 것과 같다. 필자도 모금을 하면서 항상 마음 한 구석에 남아 있는 딜레마가 바로 조건이 걸린 인간관계 문제였다. 모금을 위해 친구를 만들어도 찜찜하고, 친구에게 모금을 해도 찜찜하고 늘 마음이 무거웠다. 그러나 실용적 전문성(practical professionalism)이라는 개념을 알고 나서부터 그런 부담이 확연히 줄어들었다. 요즘 '인맥을 만드는 법' 등의 강의가 아주 인기를 끌고 있지만, 역시 어떤 목적을 갖고 인맥을 만든다는 것은 부담스러운 일이다.

인맥을 많이 소유한 사람들이 부럽기도 하지만 반드시 그런 사람만 모금을 잘할 수 있는 것은 아니다. 실제로 이른바 유명한 모금 전문가라는 사람들도 반드시 풍부한 인맥을 갖고 있는 것은 아니다. 인맥을 갖고 있는 사람을 알고 있거나, 그런 사람을 자원봉사자로 쓸 줄 아는 사람이다. 인맥은 적극성과 사회성을 보여주는 하나의 척도이고 적극성과 사회성이 모금에 도움은 되지만, 인맥 리스트 자체는 일시적이며 그 사람이 다른 단체로 옮길 경우에 따라갈 확률이 높다. 그래서 지속 가능성이 낮다.

승진의 '피터 원리'

우리 사회를 이루는 대부분의 조직들은 계층화된 관료제를 표방하고 있으며, 경험과 능력에 따라 승진이 이루어진다. 비영리단체는 단체의 장을 필두로 각 팀을 이끄는 팀장과 팀원, 그리고 다수의 자원봉사자로 이루어진 조직이며, 이들의 승진 여부는 보여준 능력과 실적 등을 기준으로 삼는다. 그런데 자연스럽게 진행되어야 할 모금이 원활하지 않은 단체들을 면밀히 살펴보면 '피터의 원리(Peter's principle)'에 빠져 있는 경우가 많다.

피터의 원리란 "관료적 위계 서열 조직인 계층 안에서는 모든 구성원이 자신의 무능 수준까지 승진한다"는 이론이다. 즉 능력을 인정받아 승진의 단계를 밟아나가다 보면 어느 순간 자신의 능력을 더 이상 발휘할 수 없는 위치에 놓이게 된다는 것이다. 예를 들면 팀장으로서는 최고의 능력을 보였던 사람이 부장이 되어서는 그 위치에 맞는 역할 수행을 해내지 못하고 무능력해지는 경우가 생길 수 있다. 그 사람의 능력은 팀장의 자리에 있을 때 최대로 발휘되어 일의 효율을 높일 수 있었지만 부장의 자리에 오르는 순간 그가 할 수 있는 능력의 최대치를 넘어버렸다는 뜻이 된다. 이 경우 피터의 원리에 빠진 구성원이 자신의 능력을 최대로 발휘할 수 있는 한 단계 낮은 위치로 내려가면 일의 효율성은 극대화되어 자신의 역할 수행을 제대로 해내게 된다.

2005년에 강력한 허리케인 카트리나가 미국 남부를 강타했다. 미국 정부는 재난 대책 마련을 위해 FEMA(Federal Emergency Management Agency)를 소집하고 그 책임자로 마이클 브라운(Michael Brown)을 임명했다. 그러나 그는 FEMA의 책임자 자리에 앉자마자 큰 난관에 봉착하고 말았다. 그가 진두지휘한 재난 대책은 실패로 돌아갔고, 이에 책임지고 물러나야 한다는 주변의 목소리가 높아졌다. 뒤늦게 자신의 능력으로는 도저히 감당할 수 없는 대규모 프로젝트임을 깨달은 마이클은 자신이 그 일의 적임자가 아님을 인정하고 자리에서 물러났다.

이 이야기가 피터의 원리를 보여주는 대표적인 사례다. 피터의 원리는 이처럼 자신이 직접 깨닫는 경우도 있지만, 그렇지 않은 경우가 더 많다. 만약 자신이 속한 단체의 모금 리더가 다음의 항목에 해당된다면 이는 피터의 원리가 적용되고 있음을 의미한다.

- 사소하지만 꼭 해야 할 업그레이드를 늘 거부한다.

  → 무지하거나 생각이 없기 때문이다.

- 증명되지도 않은 이상한 모금 방법을 당장 실행할 것을 지시

한다.

→ 자신의 능력으로 통제 가능한 범위를 넘어서 책이나 세미나 등에서 주워들은 특정한 성공 사례를 접하고 그 방법을 무리하게 진행시켜서라도 실적을 내고 싶어 한다.

위의 항목에 해당하는 사람은 모금 프로그램을 진행하고 직접 활동하는 부분에서 뛰어난 역량을 보여주어 그 능력을 인정받아 모금 디렉터로 승진했지만, 전체적인 프로그램의 방향을 설정하고 새로운 모금 방법을 개발하는 것에는 능력을 충분히 발휘하지 못하는 피터의 원리에 빠졌다고 할 수 있다.

그러면 단체 모금운동의 바퀴를 돌리는 것은 누구인가? 실제로 모든 스태프들이 무능력의 수준에까지 도달한 비영리단체를 찾아내는 것은 불가능하다. 조직의 구성원 전체가 피터의 원리에 빠진다는 것은 사실상 불가능하다고 할 수 있는데, 이것은 승진을 거듭한 일부 고위직에게서 주로 나타나는 현상이기 때문이다. 따라서 단체의 유지와 프로그램 진행 등은 아직 피터의 원리에 빠지지 않은 스태프들에 의해 진행된다. 즉, 단체의 모금 미션 수행은 아직 무능력의 수준에 도달하지 않은 대다수의 스태프들에 의해 성취된다고 할 수 있다.

고양이 목에 방울 달기

우리나라의 모금 세계에서 흔히 발견할 수 있는 것이 바로 '커미션'이다. 단체 측에서 모금가에게 단체를 위한 모금을 해줄 것을 부탁하며 "당신이 모금해 오는 모금액의 일정 부분을 당신에게 주겠다"는 식으로 모금가와 계약을 맺는 것이다. 한국에서는 이러한 거래가 종종 이루어지기도 한다. 일반적으로 모금을 '하고 싶지 않은 일'로 인식하여 그 일을 대행할 사람을 찾아 보상을 약속한다. 하지만 이러한 관행의 부당함을 나서서 말하는 사람은 많지 않다. 오히려 이러한 보상 없이는 모금이 이루어지지 않는다고 말하며, 아직 세상을 잘 몰라서 그런 얘기를 하는 것이라고 몰아세우기도 한다. 이러한 구조는 모금가의 이미지를 단순히 고객의 어려움을 해결해주고 원하는 것을 들어주는 상업성 브로커로 전락시키고 만다. 필자도 한국에서 몇 퍼센트의 커미션을 받느냐는 황당한 질문을 많이 받았다.

모금가의 보상 문제에 대한 잘못된 관행은 크게 두 가지로 나누어볼 수 있다. 하나는 "단체에서 이만큼 돈을 줄 테니 모금을 해 와라"라는 것이고, 다른 하나는 "지금 우리 단체에 돈이 없으니 당신이 해오는 액수에서 일부를 떼어주겠다"고 제안하는 것이다.

모금은 혼자 하는 것이 아니라 팀원들 간의 협동과 화합을 통해 시너지 효과를 내는 것이다. 이러한 모금의 특성을 이해하지 못하고 모금가 혼자 모든 일을 해결할 수 있다고 생각하여 모금가 개인에게 투자하고 그에게 모든 것을 맡겨버리는 실수를 저지르기 쉽다. 모금가가 모아 오는 기금의 일부를 떼어주겠다고 하는 것은 모금의 순수성과 본질을 흐리며 모금가와 모금 세계에 악영향을 끼치게 된다. 자신이 모금해 온 기금의 일부를 커미션의 형태로 지급받는다면 그 사람을 모금가라고 할 수 있을까? 브로커도 똑같은 일을 하지 않는가?

모금가는 불가능한 것을 가능하도록 만드는 기적을 부르는 사람이 아니다. 그러나 많은 사람들은 모금가에게 지나치게 많은 것을 요구하고 기대한다.

자신들을 괴롭히는 고양이의 공격에 대비하기 위하여 '고양이 목에 방울 달기'라는 묘책을 냈음에도 불구하고 누구도 선뜻 나서지 않아 결국 고양이의 목에 방울 달기는 실패로 돌아갔던 이솝 우화를 기억할 것이다. 그 후의 이야기를 모금 세계에 빗대어 필자는 다음과 같은 이야기를 만들어 세미나에서 활용한다.

그 후 쥐들은 다른 마을에 사는 방울 달기 전문가 쥐들을 수소문하기 시작했습니다. 고양이 목에 방울을 달아주겠다며 나타난 쥐들에게 1년치 식량을 먼저 주었습니다. 그러나 그 쥐들은 임무를 완수하지 못하고 식량만 받은 채 조용히 사라지기 일쑤였습니다. 실망한 마을 쥐들은 고양이 목에 방울을 달아야만 1년치 식량을 그 대가로 주겠다고 발표했습니다. 그러나 역시 많은 쥐들이 고양이 목에 방울을 달지 못한 채 다쳐서 돌아오거나 겁에 질려 도망가버렸습니다. 수

소문 끝에 쥐들은 능력이 뛰어나다는 옆 마을의 방울 달기 전문가 쥐를 초청했습니다. 전문가 쥐에게 큰 기대를 걸었던 쥐들은 마을로 초대된 전문가 쥐를 보고 실망하지 않을 수 없었습니다. 젊지도, 힘이 세 보이지도 않는 평범한 쥐였기 때문입니다. 반신반의하는 심정으로 그 쥐에게 1년치 식량을 약속하며 고양이 목에 달 방울을 건네주자 그 쥐가 말했습니다.

"저에게 1년치 식량을 주는 대신 앞으로 3개월간 제가 먹고 잘 곳을 마련해주세요."

1년치 식량 대신 3개월간 잘 곳과 먹을 것을 달라고 하는 쥐의 말에 모두 놀랐지만, 마을의 입장에선 손해될 것이 없었기에 흔쾌히 승낙했습니다. 그 후 방울 달기 전문가 쥐는 고양이 목에 방울을 달기 위한 계획을 세우기 시작했습니다. 전문가 쥐는 먼저 마을에 사는 쥐들 중 그를 도와 함께 방울 달기를 할 자원봉사자를 모집했습니다. 그러나 쥐들은 선뜻 나서려 하지 않았습니다. 전문가 쥐가 알아서 할 것이라고 믿고 부른 것인데 왜 자신들에게 도와달라고 하는지 의아해하고 자신들이 할 수 있는 일이었다면 전문가 쥐를 부르지도 않았을 것이라고 생각하며 불만을 품었습니다. 그러나 계속되는 고양이의 횡포를 참지 못한 몇몇 쥐들이 전문가 쥐를 따라 방울 달기에 동참하기 시작했습니다. 전문가 쥐는 그들과 함께 구체적인 계획을 세우고 철저한 연구와 준비 과정을 거쳤습니다. 고양이의 목에 달 방울을 만드는 팀과 고양이를 직접 유인할 팀, 그리고 고양이를 기다리고 있다가 목에 방울을 달 팀으로 나누었습니다. 훈련을 받은 전문가 쥐와 자원봉사자 쥐들은 우여곡절 끝에 고양이 목에 방울 달기를 성공시켰습니다. 계획을 짜고 자원봉사자 쥐를 모아 활용하는 뛰어난 지혜와 능력을 발휘한 전문가 쥐의 노력 덕분이었습니다.

마을 쥐들은 매우 기뻐하며 전문가 쥐에게 감사의 표시로 1년치 식량을 마저 주려고 했습니다. 그러자 그 쥐는 정중히 거절하며 그동안 먹여주고 재워준 것이면 충분하다며 다른 마을로 가는 여정을 위한 약간의 식량과 비용만을 받아 떠났습니다.

1년치 식량 대신 자신이 참여한 만큼에 대한 정당한 보수를 받고 자신의 역할을 해내는 전문가 쥐의 지혜야말로 모금가가 배워야 할 진정한 모습이라고 할 수 있다. 현명한 쥐는 어려운 일을 해결하는 것은 혼자의 힘으로 불가능하며, 치밀한 계획과 함께 계획을 진행시킬 수 있는 다른 쥐들이 필요하다는 것을 알고 있었다. 모금도 마찬가지다. 모금가 혼자서 모든 것을 해낼 수 있는 것이 아니라 모두 함께 힘을 모아 모금을 성공으로 끌고 가는 것이다. 그런데 모금가에게만 특별히 더 큰 보상이 주어지는 것은 오히려 부작용을 일으킬 수 있으며 모금의 본질을 흐리기 쉽다.

모금가가 커미션을 받지 말아야 하는 구체적인 이유는 다음과 같다.

- 기부자에게 부정적인 인상을 줄 수 있다.
- 모금은 혼자 하는 것이 아니라 팀워크를 통해 이루어지는 것이므로 모금가가 특별히 더 많은 보상을 받거나 대우를 받아

야 할 이유가 없다.

- 비영리단체에서는 어느 누구도 커미션을 받는 경우는 없다.
- 커미션은 월급 체계를 비효율적으로 만든다.

모금가는 자신이 모금한 액수에서 특정한 비율의 대가를 취하는 상업적인 보상 체계에서 벗어나야 한다. 모금은 돈벌이의 차원을 넘어 공익과 사회 발전에 이바지하는 행위다. 모금의 이러한 성격상 일반 영리기업에서 쓰이는 수익 분배 방식은 좋지 않은 이미지를 주기 쉽다. 모금가는 성과와 실적에 따른 비윤리적인 보상을 받는 것보다는 투명하고 정당한 보상 체계를 따르는 것이 바람직하다.

피로와 증후군

05

설립자 증후군

몇 년 전에 노벨상을 받은 방글라데시 그라민(Grameen) 은행의 유누스(Yunus) 총재를 정부의 중앙은행이 은퇴법 위반을 이유로 강제로 직위 박탈했는데, 본인이 법원에 탄원함으로써 전설적인 소액 금융 지원(Micro Financing)의 대부가 소송에 휘말리게 되었다. 정부가 그 은행에서 가장 큰 25퍼센트 정도의 소유권을 갖고 있고 나머지는 일반인이 나누어 갖고 있어서 중앙은행의 독단적이고도 정치적인 명령에 대한 불만을 나타낸 것이다.

주제가 좀 벗어날 수도 있지만, 비영리단체에도 여러 형태의 설립자 증후군이 있다. 설립자 증후군이란 설립자의 열정과 명성에 힘입어 단체가 어느 정도 성장하는 원동력이 되었지만, 지나치게 한쪽으로 힘이 몰려서 그 단체의 다른 모금가들이 제대로 역할을 하지 못하게 되는 경우를 말한다. 이러한 경우 오히려 설립자가 단체의 성장에 걸림돌이 되기도 한다. 아마도 정부에서나 조직 내부에서는 유누스 총재가 이제 은퇴할 때가 되었다고 생각하는 것처럼 보인다. 하지만 유누스 총재는 아직도 자신의 역할이 끝났다고 생각하는 것 같지 않다. 그래서 전설적인 소액 금융 지원 대부에 대한 성공 이야기의 끝맺음이 좋지 않을지도 모른다는 우려가 생긴다. 필자는 유누스 총재가 나이에 상관없이 아직도 영향력이 있고 건강하기에 조직을 위해 더 일을 해야 한다거나 내려와야 한다고 함부로 평가할 수 없다. 조직 사정도 잘 모르고, 특히 인사 문제는 매우 민감하기에 잘 해결되길 바라고 지켜볼 뿐이다.

비영리기관의 감투는 권위적인 직위나 특권이라기보다는 역할이고 기능이다. 특히 모금가는 주연과 조연의 역할을 정확히 아는 것이 중요하고, 올라갈 때와 내려올 때의 시기를 잘 아는 것이 매우 중요하다. 사실 역할과 시기에 대한 생각 차이로 조직 내 갈등의 역사가 시작된다. 전문가들은 역설적으로 모금의 리더들이 자신이 아직 꼭 필요한 존재이고 아직 큰 역할을 할 수 있다고 생각될 때가 자신의 자리를 내려놓을 가장 적절한 시기라고 본다. 그럴 때일수록 다음 세대가 잘할 수 있도록 준비해놓는 역할이 더 중요하다고 조언한다. 물론 그것은 나이가 기준이 될 수는 없다. 하지만 큰 단체를 궤도에 올려놓고 다시 내려와 다른 작은 모금 이유가 있는 단체를 스스로 개척하는 모금의 리더들을 우리 주위에서 얼마든지 볼 수 있다.

한국에서는 설립자 증후군에 대해 좀 더 이성적인 접근이 필요하다. 조직의 문화와 정서가 다르고 사례마다 다르기 때문에 일률적으로 적용하기는 어렵지만, 장기간에 걸친 조직의 모금 역량에 대해 우려하는 단체라면 한 번쯤 깊이 생각해봐야 한다. 비영리단체라면 일종의 성장통이라고 생각하면 된다. 필자가 보기에 미국에서는 이미 이런 현상에 대해 실제로 일어난 사례들이 많이 축적되어 있어서 벤치마킹도 해볼 만한 가치가 있다고 생각한다. 조직의 성장과 새로운 변화를 고려하는 리더들은 한 번쯤 생각해볼 만하다.

원숭이 사냥

손이 겨우 들어갈 정도의 병 속에 사과를 넣고 기다리면 원숭이가 냄새를 맡고 다가와 손을 넣는다. 그러면 원숭이는 사과를 잡는 순간 손을 뺄 수 없게 된다. 원숭이는 잡혀가면서도 절대 쥐고 있는 사과를 놓지 않는다고 한다.

영어 속담에 "가지고 있던 것을 내려놓는 것은 굉장히 힘이 든다"라는 말이 있다. 전에 했던 경험, 성공, 방법만을 고수하고 새로운 도전을 거부한다면 원숭이가 사과를 쥐고 놓지 않는 것과 다르지 않다. 문제는 본인이 그것을 알지 못한다는 데 있다. 자신이 직면한 문제를 해결할 때, 그것을 내려놓는 것과는 무관하게 다른 접근 방식이 필요하다고 착각하는 것이다.

무엇인가 잡고 있는 것을 놓는 순간 모든 것이 자유로워지고 행복하다는 것을 알지만 우리는 놓는 법을 배우지 못했다. 대기업 형제들 간의 재산 싸움, 정치인의 권력에 대한 향수, 대형 비영리단체의 설립자 증후군 등 서로 갈등이 생기고 반목이 생기는 이유 중 대부분은 내려놓기를 거부하기 때문이다. 많은 부를 갖고 있고 회사나 단체를 설립해서 운영하고 있는 설립자에게 쥐고 있는 것을 내려놓으라고 한다면 대부분 거부한다.

활동적 타성

이러한 설립자 증후군의 구체적인 예로 활동적 타성을 들 수 있다. 설립자가 자신이 키워놓은 단체의 성공에 심취해서 이제껏 해온 방식에서 벗어나지 못한 채 사업을 계속 확장해나가 단체의 존립에 문제가 생기는 것이다. 때때로 대형 NPO의 몰락이 아쉬운 것은 우리 사회에 자조(自嘲)적 피해 의식을 더욱 강화시키기 때문이다. 그러나 대형 NPO의 실패에도 불구하고 제2, 제3의 새로운 도전 신화를 만들려는 노력은 계속되어야 한다. 그런 의미에서 대형 NPO들이 왜 실패했는지 살펴볼 필요가 있다. 2005년에 런던 비즈니스 스쿨의 도널드 설(Donald N. Sull) 교수가 『왜 우량기업이 부실기업이 되는가?(Why do good companies go bad?)』라는 저서에서 서술했듯, 한때 잘나가던 회사가 몰락의 길을 걷는 이유를 살펴보면 비영리단체도 그 범주에서 크게 벗어나지 않는다고 생각된다.

역사가 토인비는 "역사적 실패의 절반은 찬란했던 시절에 대한 기억에서 시작되었다"라고 했다. 개인이나 단체도 자신 또는 설립자의 성공 공식을 반복하려는 경향이 있는데, 이것이 실패의 덫이 된다. 대형 NPO의 성공 공식은 새로운 모금 이유(cause)를 계속 개척하고, 다른 모금 이유(cause)를 계속 합병하는 것이었다. 그러나 대형 NPO의 몰락은 다각화 전략, 그것도 본업과 관련이 적은 분야로 다각화하려다 실패하는 데서 비롯된다. 때로는 지독한 불운이 닥쳐서 그럴 수도 있지만, 설립자에게 "그동안 잘해왔기 때문에 다른 모금 상품으로 확장해도 잘할 수 있을 것이다"라는 자만심이 생기고, 이것이 결국 실패를 초래하는 것이다.

자동차가 수렁에 빠졌을 때 가속 페달을 계속 밟으면 더욱 깊이 빠져든다. 설 교수는 시장 상황이 극적으로 변하는데도 기업이 과거의 성공 공식에 그대로 머물러서 문제 해결을 어렵게 만드는 경향을 '활동적 타성'이라는 말로 표현했다. 문제는 기존의 성공 공식을 체화(體化)한 카리스마 강한 창업자가 있는 단체에서는 반론을 제기하기 어렵다는 점이다.

설 교수는 기업이 활동적 타성에 빠졌는지 경고해주는 몇 가지 신호가 있다고 했다. CEO가 경영 잡지의 표지에 자주 등장하거나 책을 쓰고 강연을 다니는 경우를 예로 들 수 있다. 이런 일들은 CEO가 자신이 과거에 했던 방식대로 하라고 사람들에게 강요하는 것과 마찬가지라는 것이다. 그 실패한 설립자도 그런 과정을 밟았다.

물론 다각화 전략을 싸잡아 매도할 수는 없다. 하지만 새로운 사업을 시작하려면 강렬한 소명 의식과 남보다 잘할 수 있다는 설득력 있는 근거가 있어야 한다. 필자는 새로운 모금 사업에 뛰어들려는 비영리단체 대표를 만날 때마다 이렇게 묻는다. "이미 터를 잡고 있는 기존 단체보다 더 잘할 수 있다고 보는 근거가 뭡니까?"라고.

어떤 사람은 새로운 사업 진출에 대해 "수혜자와 직원들에게 더 많은 기회를 주기 위해" "나는 새로운 사업에 대해 잘 모르지만 그 분야의 최고 인재를 영입하면 된다"라고 말했는데, 고민이 부족했던 게 아니었나 하는 생각도 든다. 또 모금을 하려면 조직을 시스템으로 움직여야 하는데, 대형 NPO의 경우 확장 일로를 달리다 보니 제대로 된 시스템을 갖추지 못했다. 컨설턴트 등 외부 인재들을 영입했지만 이미 벌여놓은 일을 수습하기에 바빴다. 권한을 각 프로그램으로 폭넓게 이양한 결과 관리의 사각지대도 생기게 되었다.

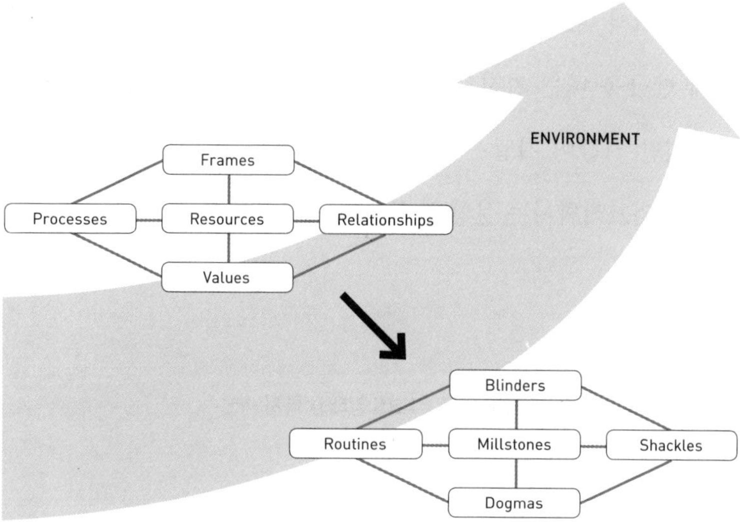

단체의 몰락의 길

백기사 증후군

일부 기부자들 중에 "나는 늘 베풀면서도 왜 배신감을 느끼는 걸까?"라고 말하는 사람들이 의외로 많다. '백기사'는 위험에 처한 상대를 찾아 자신이 손해를 보면서까지 상대에게 필요 이상으로 도움을 주는 사람이다. 이것은 인정해주기를 바라는 마음에서 비롯된 것이다. 백기사는 상대방에게서 칭찬이나 확인, 사랑을 받기를 원하지만 스스로 그런 마음을 감추어 건전한 관계를 잃게 된다. 백기사 증후군이란 타인을 구원하려는 고질적 성향으로 인해 인간관계를 망치고 상처받는 사람들이 있어서 나오게 된 말이다. 모금가가 조심해야 할 사람들은 처음에 만났을 때는 친절하고 무엇이든지 도우려는 의도를 가지고 있었지만 시간이 지날수록 차츰 무기력해지고 비판만 늘게 되어 관계가 껄끄러워지는 상황을 초래하는 사람들이다.

사례 연구 : KBS 강태원 복지 재단

KBS 강태원 복지 재단은 고 강태원 회장이 자신의 재산 270여 억 원을 기부하면서 설립된 사회복지법인이다. 고 강태원 회장은 성금 모금을 통해 불우한 이웃을 도와주는 KBS 프로그램 '사랑의 리퀘스트'를 시청하던 중 기부를 결심하여 KBS 측에 현금 200억 원과 70억 원 상당의 부동산 등 총 270여억 원을 기부할 의사를 밝혔다. 이렇기 마련된 기금으로 2002년 12월 21일에 KBS 강태원 복지재단이 설립되었다. 그러나 2013년 2월 20일, 고 강태원 회장의 딸인 강혜련 씨는 "기부한 돈을 편취했다"며 KBS와 KBS 강태원 복지 재단의 이세중 이사장을 상대로 1억2000만 원의 손해배상 청구 소송을 제기했다.

강혜련 씨는 다음 세 가지를 기소 이유로 들었다. 첫째, 이사장과 이사, 사무국장, 직원에 이르기까지 KBS 직원이 낙하산으로 재단에 들어오게 됐다. 또한 '낙하산' 인사로 기존의 재단에서 일하던 복지 전문가 다수가 사퇴했다. 둘째, 부친이 복지시설로 사용하라며 재단에 기부한 평택 농장 역시 법에 규정된 목적사업대로 사용하지 않아 지난해 유족들에게 20억 원이 넘는 증여세가 부과됐다. 셋째, 정관을 KBS 직원이 만들어 재산이 방송 제작에 사용되었다.

이에 대해 KBS 강태원 복지 재단 측은 재단 홈페이지 게시물을 통하여 사실과 다르다고 변론하고 있다.

첫째, KBS 강태원 복지 재단은 2002년 설립 이후 재단의 목적 사업에 따른 사회복지 지원 사업을 착실하게 진행해왔다. 하지만 유족 대표인 강혜련 복지 재단 이사가 책임 있는 위치에서 그동안 재단의 사업과 운영 전반에 실제로 참여해왔으면서도 재단의 운영에 관한 중대한 사실을 왜곡해 재단의 명예와 신뢰를 훼손한 것은 물론 고인의 숭고한 뜻마저도 저버린 것은 매우 유감스럽다.

둘째, 고 강태원 회장은 평택 농장을 기부하기는 했지만 지상물인 주택과 창고, 축사 등은 기증하지 않아 강태원 회장의 소유권이 그대로 남아 있었다. 이처럼 일부 지상권에 대한 권리 문제가 미해결된 상태에서 양로원 시설 건축을 할 수는 없을 뿐 아니라 시설 건축을 위해 100억 원이 넘는 막대한 비용이 소요될 것으로 보여 시설 건축을 유보한 것이었다. 양로원 시설을 건축하는 방안이 실현할 수 없게 된 상황에서 증여세 21억 원이 부과됐으며, 재단에서는 지난해부터 6년에 걸쳐 이 증여세를 분할 납부해오고 있다.

현재까지는 법원의 판결이 나오지 않은 상황이다. 그러나 강혜련 씨의 주장을 통하여 기업에 속한 재단이 가지고 있는 문제점을 엿볼 수 있고, 재단 측 변론을 통해 한국의 모금 문화에 몇 가지 문제점이 있음을 발견할 수 있다. 처음에 기부자와 단체가 만나 서로 명확하게 필요한 것을 말하지 않으면 자연히 단체는 과도한 약속을 하게 되고, 기부자는 자신의 숨어 있는 의도(underlying interest)로 인해 상처받게 된다.

기부자 측은 재단의 기부금이 소속 기업을 위해 도용되었다는 것과 재단을 기업의 명예퇴직 대상자들의 노후 보장의 장으로 활용한 것에 대해 불만을 터뜨린 것이다. 기부자들은 자신의 기부금이 정부나 일반 영리기업이 해결하기 어려운 사회문제를 해결하는 데 사용될 것을 기대하며 기부를 한다. 그러나 이러한 기대에 부응하지 못하게 되면 자신의 기부 행위 자체가 기만당했다고 느끼게 되어 기부자들은 해당 단체뿐 아니라 기부문화 전체에 대한 불신을 갖게 된다. 이런 문제는 서로의 소통 문제이다. 대부분 기부자가 기부 후에 느낀 소외감이 법적 소송으로까지 표출된다. 또한 이러한 사례들을 접하게 되면 아직 기부에 동참하지 않은 일반 대중의 마음까지도 굳게 닫혀버릴 수 있기에 문제가 된다.

모금의 피로 증후군을 조심하자

앞서 살펴본 문제점들과 더불어 현재 전 세계적으로 모금 세계에 피로 증후군이 만연해 있다. 모금할 때 가장 조심해야 할 것이 바로 세 가지 피로 증후군이다. 피로 증후군은 마치 신종 독감처럼 한 단체에서 발생하여 퍼져 나가서 한 나라, 나아가 전 세계적으로 모금을 기피하거나 포기하게 될 수 있으므로 가장 경계해야 할 증후군이라 할 수 있다.

모금가로서 첫 번째로 조심해야 할 것은 모금 피로 증후군이다. 이것은 단체에서 평소 여기저기에 모금 요청을 반복해서 해야 하기 때문에 발생한다. 우리 사회에는 도움의 손길을 필요로 하는 분야가 많이 있다. 예를 들어 인도네시아 쓰나미나 쓰촨성 지진 같은 예기치 못한 재난이 연이어 발생하면 모금을 해야 하는 상황이 발생하게 된다. 이때 모금가들은 쉽게 모금 피로 증후군을 느끼게 된다. 평소에 소명감을 갖고 있는 모금가라 하더라도 이러한 요청과 모금 이벤트를 연거푸 겪으면 모금에 대해 긍정적이었던 생각도 피로감이 누적되어 부정적으로 바뀌게 된다. 따라서 모금 리더들은 모금 관계 스태프들이 자칫 모금 피로 증후군을 느끼고 있지는 않은지 잘 살피고 조심스럽게 접근해야 한다.

두 번째는 기부자 피로 증후군(donor fatigue)이다. 이것은 기부자 입장에서 느끼는 피로 증후군이라고 할 수 있는데, 자신이 아무리 기부해도 이 사회를 개선하거나 많은 사람들을 모두 도와

줄 수 없다는 회의감이 들 때 생긴다. 기부자들이 이러한 피로 증후군에 걸리게 되면 '내가 아무리 기부를 하더라도 좋은 변화가 오지 않을 것'이라는 생각 때문에, 다시 말해 '무력함'에 빠져서 기부를 기피하게 된다.

마지막은 자비의 피로 증후군(compassion fatigue)이다. 이것은 현장에서 직접 사람들을 도와주는 일을 하는 사람들이 지쳐 나가떨어지는 가장 무서운 증후군이라 할 수 있다. 일례로 간호사나 조무사 등이 끊임없이 반복되는 일상과 자신이 하는 일에 대해 회의감을 느끼고 피로해지는 것이다. 더구나 자신들의 도움을 필요로 하는 사람들이 많아지다 보면 이런 현상이 두드러지게 나타나는데, 경기가 오랫동안 침체되거나 사회가 불안정할수록 도움을 필요로 하는 사람들이 늘어나고, 그럴수록 이런 직업군에 종사하는 사람들은 점차 사명감을 잃고 지치게 되는 것이다. 이 증후군에 빠지게 되면 만사에 의욕이 없고 '아무리 해도 소용이 없다'는 결론에 이르게 되어 모든 것을 포기하고 싶어진다. 문제는 이런 경우 육체적·정신적 피로감이 극도에 달해 전문가의 도움까지 받아야 한다는 것이다.

모금가도 마찬가지로 이러한 증후군에 빠지기 쉽다. 모금을 진행하는 모금가 스스로가 모금에 대해 피로와 회의를 느끼게 되는 것이다. 업무가 가중되거나 너무 많은 기부자를 상대해야 하는 등 작은 일에서부터 큰 일에 이르기까지 온갖 신경을 곤두세우고 일하다 보면 모든 것이 무기력해지고 모금 자체에 대한 피로감이 몰려와 손을 놓게 된다. 모금가는 전화나 편지뿐 아니라 각종 방송 매체와 인터넷 등 다양한 모금 방법을 관리하는데, 이처럼 광범위한 업무로 인해 성취감 등은 퇴색되고 모금이 그저 가중되는 업무로만 다가와 부담감이 커지게 된다.

이상 살펴본 피로 증후군들은 개인에게도 치명적일 뿐 아니라 단체와 사회, 더 나아가 모금계 전체에 부정적인 영향을 끼치게 된다. 한 사람이 피로 증후군에 빠지게 되면 그 사람 혼자로 끝나는 것이 아니라 쉽게 전염되어 퍼져 나간다는 것이 가장 크고 위험한 문제다. 이렇게 되면 사회 자체가 모금을 회의적으로 바라보고 기피하게 되는 현상이 발생한다. 모금가는 이러한 다양한 분야의 피로 증후군을 잘 살피고 항상 조심해야 하며, 전략적으로도 한국의 모금 지도자들이 함께 모여 지혜롭게 극복하기 위해 노력해야 한다.

위기에 빠뜨리는 각종 증후군

모금 일선에서는 모금이 잘 안 된다고 아우성들이다. 대부분 불경기가 이유라고 하는데, 물론 세계적인 경제 위기의 여파도 있겠지만 단체의 성장이 멈추었거나 모금이 잘 안 된다고 하면 판도라의 상자를 여는 순간 다음의 세 가지가 튀어나온다. 꼭 불경기 문제만은 아닐 수 있으니 한 번쯤 점검 해볼 필요가 있다.

첫째, 사일로 현상 증후군(silo effect syndrome) 때문일 수 있다. 어느 정도 규모가 있는 비영리단체의 모금 현장에서 종종 일어나는 현상인데, 본래 곡식을 저장하는 탑 모양의 저장고를 빗대어 하는 말로 조직 전체의 이익보다는 자기 부서의 이익만을 추구함으로써 다른 부서와 담을 쌓는 현상을 일컫는다. 특히 요즘 같은 불경기에는 모금 결과에 대한 부서 간의 책임 소재와 공과의 보상 등으로 갈등이 생겨 근본적인 모금운동에 문제가 발생한다. 얼마 전 지인으로부터 한 통의 전화를 받았다. 그로부터 들은 이야기인즉, 3년 동안 한 단체에 기부를 해왔는데 단체로부터 이메일이 와서 보니 새로운 기부자를 구하는 내용이었다는 것이다. 기분도 상하고 이상해서 그 단체의 담당자에게 전화를 하니 그 편지는 다른 부서에서 보낸 것이라고 대답했다는 것이다. 이는 아마도 부서 간에 근본적으로 구조적 문제가 있거나 갈등으로 인해 협조를 하지 않는다는 증거일 것이다. 기부자는 그 얘기를 듣고 과연 그 단체가 자신의 기부금을 제대로 쓸 수 있을지 의구심이 들고 그동안 그 단체에 대해 갖고 있던 신뢰가 떨어져 그 다음부터는 기부를 하지 않게 되었다. 모금 경영자 입장에서 이러한 사실을 알게 되었을 경우 즉시 시정하지 않으면 단체의 장래는 그다지 밝지 않을 것이다.

둘째, 설립자 증후군이다. 이것은 설립자 개인 혹은 작은 그룹의 사람들이 단체를 설립하고 여러 가지 성장통을 겪으면서 발전해가는 과정에서 종종 일어난다. 일반적으로 설립자는 강한 카리스마와 열정적인 성격의 소유자로, 의사 결정을 빠르게 함으로써 많은 사람들이 따르게 한다. 주로 그가 직접 나서서 모금을 주도하며, 기부자도 그의 이름과 얼굴을 보고 기부하게 된다. 하지만 초기의 힘든 상황이 어느 정도 안정되면 조직적인 의사 결정 체계를 갖추어야 하는데, 설립 초기와 같은 형태로 설립자 개인의 영향력이 과도하게 미칠 때 설립자 증후군이 발생한다. 나머지 사람들의 충분한 참여 없이 설립자 개인의 의사 결정에 전적으로 따라야 하는 경우를 설립자 증후군의 한 예로 볼 수 있다. 아이가 태어났으면 그 아이는 더 이상 설립자의 아이가 아님을 명심하고 본인이 없어도 단체가 유지되고 성장할 수 있도록 뒤에서 돕는 것이 그 단체의 자생력을 강화하는 길이 될 것이다.

셋째, 단체의 사명이 표류하는 현상(mission drift syndrome)이다. 단체의 존재 이유는 사명 선언문(mission statement)에 잘 표현되어 있다. 하지만 불경기가 오거나 자원이 고갈되면서 모금 경영자들이 가장 뿌리치기 힘들어 하게 되는 유혹은 본래의 사명에서 벗어나 기금이 있는 곳으로 사명을 옮겨가는 것이다. 예를 들어 비행청소년의 자활을 돕는 단체에 어느 독지가가 노인요양원을 세워달라며 기부한다고 해서 본래의 설립 목적을 망각하고 그 기부금을 받아 쓰거나 기부금이 잘 모이는 분야로 이리저리 바꾼다면 결국 다른 잠재 기부자들도 그 단체를 떠나고 말 것이다.

이 세 가지 문제점 중 하나라도 있다면 이는 단순히 불경기 문제가 아니므로 빠른 시일 내에 지혜롭게 해결해야 한다. 때로는 내부적으로 해결하기 힘들거나 내부적인 시각으로 문제점을 인식하기조차 힘든 경우도 많은데, 이 경우 외부의 전문가나 컨설턴트에 의뢰하는 것도 나쁘지 않다.

여러 장애물과 이해하기 힘든 사회현상

06

문화적 지체 현상

한국 사회에서 모금의 문화적 지체 현상이 여러 곳에서 포착된다. 급속히 발전하는 물질문화와 비교하여 완만하게 변하는 비물질문화 간의 변화 속도 차이에서 생겨나는 사회적 부조화가 기부문화에서도 나타나고 있다. 국제적 압력으로 한국 기부문화의 기대치는 높아가는 반면에 일반 시민 가치와 윤리적인 발전이 속도를 못 따라잡고 있다. 기부문화라는 물질문화가 들어왔지만 정신문화, 즉 윤리가 그것을 제대로 따라가지 못하고 있으며 모금 기술이 발전해도 사람들의 기부 습관이 따라주지를 못한다.

문화적 지체 현상은 예를 들자면 1980년대에 이미 날아다니는 자동차가 발명되었지만 양산하지 않는 이유는 하늘의 교통을 조절할 규칙이 없기 때문이라는 말과 같은 것인데, 이는 법과 기술의 차이로 인해 생기는 현상이다. 마찬가지로 휴대폰 기술의 발전은 사람들이 갖고 있는 옛날 습성을 버리는 속도보다 빨라서 갭이 생긴다. 쉽게 말해서 기술은 점점 발전해가는데 인간의 생각이나 윤리, 질서 의식은 그 발전 속도를 따라가지 못한다는 것이다. 예컨대 많은 공공 도서관이 개관되면서 이용자의 편리를 위해 디지털을 이용한 무인 시스템을 도입하여 처음에는 큰 도움이 되는가 싶었으나 나중에는 이기심으로 인해 자리는 비어 있지만 대기자가 수십 명이 있게 되는 상황이 발생하기도 하고, '대리'로 등록을 하고 다른 곳으로 이동해 다른 사람이 이용하지 못하게 하거나 빌려간 책을 제때 돌려주지 않는 사례가 발생하는데, 이는 시민의식이 첨단 시스템을 못 따라가는 셈이다.

조직에 개인주의 바람이 불면서 관련 제도가 늘어나는 것도 사실이다. 그러나 의식이 제도를 따라가지 못하는 현상도 분명히 나타나고 있다. 이른바 문화적 지체 현상이다. 스마트워크(smart work)를 예로 들어보자. 학계는 똑똑하게 일한다는 것을 업무 특성에 맞게 일하는 것으로 정의 내린다. 효율적으로 일하고 남는 시간을 가족과 함께 보내거나 개인적인 삶을 위해 활용하자는 것이 스마트워크의 취지다. 그러나 기업인은 달리 생각한다. 최대한 효율적으로 종업원에게 일을 시키며 절약된 시간마저 또다시 일을 시킨다. 제도가 있어도 의식이 바뀌지 않으면 변화된 기업 문화를 제대로 안착시키기 힘들다는 점을 알 수 있다.

아마도 이는 공통된 가치관이 붕괴하고 목적의식이나 이상이 상실됨에 따라 사회나 개인에게 나타나는 혼돈 상태인 '아노미(anomie)' 현상이라고 할 수 있을 것이다.

기부문화의 기형아

세계 각국에는 사람의 몸을 인위적으로 기형으로 만드는 이상한 풍습이 있다. 동그란 접시를 끼워 입술을 늘리는 에티오피아의 서마 족, 목에 링 장식을 해 늘리는 태국의 카렌 족 마을 여자들, 어릴 때부터 천으로 감아 여아의 발을 자라지 못하게 한 중국의 전족(纏足), 머리를 납작하게 하는 아프리카의 편두(偏頭) 풍습 등이 있고, 인도의 아파타니에서는 여인들이 코에 장식을 넣어 늘리기도 한다. 상식적으로는 이해하기 힘들지만 미의 기준이 다르기에 그 사람들 나름대로 이유가 있을 것이다. 하지만 가만히 살펴보면 21세기 현대사회를 살아가고 있는 우리에게도 기형으로 만드는 습관, 풍습, 관행, 정서 등이 많이 있다. 어떻게 보면 우리도 기형적인 삶을 살고 있는지 모른다. 사람들은 과학의 발전이 인간의 인체에 어떤 악영향을 끼치는지 인식하지 못하는 것 같다. 우리는 나중에 비싼 값을 치르고 그 편안함을 포기해야 할지도 모른다. 과도한 성형수술, 굽이 10센티미터가 넘는 '킬힐' 등 쉽게 우리 눈에 띄는 것도 있고, 밤새도록 끝날 줄 모르는 음주 문화, 일이나 게임 등을 하느라 장시간 컴퓨터 앞에 앉아 있는 것, 가족들 간에 대화도 없이 몇 시간이고 텔레비전만 보는 것, 결혼식에 가서 눈도장만 찍고 나오기 등 인간을 서서히 정신적인 기형아로 만드는 문화의 풍습에 젖어 있다. 현재는 이러한 것들이 너무도 보편적인 삶의 모습이지만, 다른 잣대에서 보면 충분히 문제가 될 수 있다.

우리나라에는 기부문화를 방해하는 여러 기형적인 풍습과 정서가 있다. 뇌물과 기부를 혼동하게 만들고, 나눔과 사회적 투자의 경계선이 모호해서 진정한 사회 환원에 커다란 장애물이 되기도 한다. 우리의 장점인 '정(情)'의 문화가 서양적 기부문화에는 오히려 걸림돌이 되고 만다. 기부는 기업 홍보의 한 가지 수단일 뿐이고, 연예인이 좋은 이미지를 만드는 데 사용하는 도구에 지나지 않는다고 생각한다. 기부는 사회적 은행에 저금하는 것과 같은데, 뱅크 시스템이 제대로 돌아가고 있지 않기 때문에 사람들은 장기적 투자를 꺼리고 단기로 ROI(Return of Investment, 투자 대비 회수)만 생각하게 되니 기부문화는 더욱 발전하기 어려워진다.

또 하나, "과연 SNS(Social Network Service)가 진정으로 기부문화를 촉진시킬 수 있을까?" 하는 의문이 생긴다. 핸드폰의 전자파가 꿀벌을 죽인다고 하고, 멕시코의 원주민들이 물 대신 코카콜라를 마시기 시작하면서 30~40대에 벌써 비만과 당뇨로 생명을 잃는다고 한다. 인간이 원래 주어진 자연적인 환경을 따르지 않고 망가뜨리고 있기 때문에 서서히 기형적인 형상으로 변해간다. 자연 진화의 속도보다 환경이 주는 자극이 너무 빠른 데다가 몸이 따라주지 않아서 서서히 병들어가고 있는지도 모른다. 이것도 문화적 지체 현상이다.

처음에는 SNS가 기부에 도움이 되는 것처럼 보이지만, 돈이 모이는 본래의 원리에 위배되는지 등에 관한 연구가 아직은 부족하기에 속단하기에는 이르다. 자연을 그대로 유지하면서 인간에게 주어진 육체와 정신을 유용하게 사용할 수 있는 사회가 선진국이다. 사회에 통용되는 정서라는 이유로 몸이 망가지고 정신적으로 피해를 입어서는 안 된다. 기부문화도 인간이 만든 자연스러운 기부 환경 속에서 그에 맞게 순환되는 것이 가장 이상적이라고 할 수 있다.

늘어만 가는 '내 안 돈' 기부자

현재 기부를 하고 있지는 않지만 평소 필란트로피에 관심이 많거나 실천하고 있다고 믿는 사람이 의외로 많다. 기부자의 사전적 정의는 '기부하는 사람'이지만, 일반적으로는 '정기적으로 단체를 통해 기부하는 사람'이다. 기부자는 과거의 행적이 아니라 현재진행형이고 미래진행형일 사람을 뜻한다. 과거에 기부한 적이 있으나 단체의 문제점을 발견하고 난 뒤부터 기부하지 않는 사람들이 늘고 있다. 마치 과거에는 오랫동안 교회에 다녔으나 더 이상 교회에 출석하지 않는 사람이 늘고 있는 것과 같다. 이런 사람들을 우스갯소리로 '가나안 교인'이라 부른다고 한다. 구약성경 속 히브리인들이 찾아 헤맨 약속의 땅 '가나안'이 아니라, '안 나가'를 거꾸로 해서 '가나안'이다. 서구에서는 '소속 없는 신앙인' 또는 '교회 없는 기독인'이라 부르며, 이에 대한 연구도 활발하다.

한국에는 기부 누락자(lapsed donor)에 대한 개략적인 통계조차 없다. 기부를 습관화하기도 전에 떨어져나간 셈이다. 단체의 입장에서는 이들을 붙잡고 싶겠지만 단체 내부의 체질 개선이 되지 않고는 이런 현상은 계속 늘어만 갈 것이다. 단체가 준비되지 않는 상태에서 기부를 요청하거나 받는 이유는 칸트의 윤리적 정언명령, 즉 기부 자체가 '선(good)'이므로 단체의 조건과 상관없이 해야 한다는 생각이 주도적이기 때문일 것이다. 기부는 하지 않지만 필란트로피를 염원하고 지원하는 사람이 많다는 것인데, 그런 이유에서 '돈 안 내'를 거꾸로 한 '내 안 돈' 기부자가 된다. 또한 일부는 소속 단체에 금품으로 기부하지 않고 개인적으로 직접 사람을 돕는다든지 하는 '소속 없는 기부'가 느는 추세다.

'내 안 돈' 기부자들은 왜 단체를 떠났을까? 그 이유는 다양하겠지만, 필자가 그동안 여러 기부자를 인터뷰한 결과로는 무엇보다 단체장이나 모금가들의 모습에 대한 실망이 컸던 것으로 보인다. "감정에 호소하는 틀에 박힌 모금 캠페인이 싫었다", "시대착오적인 모금 명분만 늘어놓는 것이 견디기 어려웠다"는 등의 비판이 있었다. 이들은 외형적인 성장만 추구하는 단체의 모습을 비판했다. "돈 많이 번 단체, 크고 화려한 단체가 좋은 거라면 단체가 일반 영리회사와 다른 게 뭔가?" "우격다짐식 나눔과 죄책감을 강조하는 것에 대한 거부감도 컸다." "나눔을 믿지만, 무조건 자신의 단체만이 최고라고 강요하는 건 폭력"이라고까지 말하는 이들도 있었다. 희망을 주지 못한 비영리단체로 인해 각자의 필란트로피가 벽에 부딪혔다고 할 수 있다. 사람들은 강요받는 기부를 싫어하고, 단체에 기부하지 않아도 자기 나름대로 다른 방법을 강구한다. 하지만 희망적인 사실은 이들은 필란트로피의 '자유'를 찾아 단체를 떠났지만 여전히 단체에 대한 관심의 끈은 놓지 않았다는 것이다. 인터뷰가 끝날 즈음에는 "언제라도 좋은 단체가 나타나면 다시 기부하고 싶다"고 말함으로써 단체를 향한 '열린 마음'을 드러냈다. 이러한 상황은 단체가 기부자의 정신적인 수준을 못 따라가는, 전형적인 문화적 지체 현상이다. 이제라도 비영리단체들이 적극적으로 나서서 소통이 부재하는 이들의 손을 잡아야 한다는 명제가 다시금 확인된 셈이다.

모금과 기부의 프레임

현대사회를 살아가는 우리는 그 누구도 프레임(frame)에서 자유로울 수 없다. 프레임은 심리학에서 시작된 용어로 '세상을 바라보는 마음의 창'을 의미한다. 어떤 문제를 바라보는 관점, 사안을 해석하는 방식, 세상에 대한 비유, 사람들에 대한 고정관념 등이 모두 프레임의 범주에 속한다. 프레임은 복잡한 사건들을 쉽게 해석하고 일관되게 보도록 이끄는 조력자 역할을 하지만, 그와 동시에 우리의 시야를 제한하는 검열관 역할도 한다. 이러한 프레임을 견디지 못하고 희생양이 된 단체나 모금가는 수를 셀 수 없을 만큼 많다. 모금에서 얻는 효과보다 이러한 장애물을 제거하는 손실 비용이 더 들기에 비영리단체는 손을 댈 엄두도 내지 못한다.

모금과 기부를 바라보는 우리의 프레임은 과연 어떨까? 한국 기부 생태계의 문제점은 객관적인 사실조차 자신의 사회·경제적 지위나 소속, 그리고 세대에 따라 다르게 인식한다는 점이다. 프레임 짓기는 인간의 본성이지만 사실을 왜곡할 정도면 문제가 심각하다. 특히 고약한 집단적 무지(pluralistic ignorance), 허위 사실에 대한 반응, 닻 내리기(anchoring) 효과라는 세 가지 영역에서 프레임 측정 실험을 진행한 조사 결과를 보면 확연히 드러난다.

'집단적 무지'라고 하는 것은 모금이나 기부의 쟁점에 대한 다른 집단의 의견을 잘못 추측하거나 상호 간에 의견 교환을 하지 않아서 생기는 현상이며, 심지어 '거짓 사실'을 그대로 믿기도 한다. 특히 인터넷의 신속성이나 익명성에 힘입어 '가짜 사실'이 순식간에 퍼져 나가는 일이 빈번히 벌어진다. 처음 제시된 정보가 기준점이 되어 판단에 영향을 미치는 닻 내리기 효과 때문에 인간의 심리에는 처음 접한 정보의 테두리 안에 쉽게 갇히는 특성이 있다. 신문에 나오는 모금 사건에 대한 일반적인 인식은 경각심을 주어 잘 해보자는 순기능보다 기부문화를 저해하는 역기능을 하기도 한다.

특별히 편견이 심하지 않은 보통 사람들을 대상으로 이 같은 실험을 해도 비슷한 결과가 나온다고 전문가들은 말한다. 특히 모금 생태계에서는 각자의 프레임에 따라 보고 싶은 것만 보려는 경향이 강하기 때문에 사회 기부 계층의 갈등이 심화된다. 하지만 여러 장애물을 근본적으로 어떻게 장기적인 안목으로 제거할 것인지에 대해 고민하기보다 어떻게 임시적으로 모면할까에만 관심을 두고 있는 것 같아 안타깝게 느껴진다.

'갑을 문화' 안에서의 모금과 기부

한국의 특이한 문화 중 하나인 '갑을(甲乙) 문화'는 기부와 모금에도 큰 영향을 준다. 물론 이러한 문화가 한국에만 존재하는 것은 아니지만, 한국에서 모금이 어려운 이유 중 큰 비중을 차지한다. 일반적으로 갑과 을이란 계약 행위가 있을 때 서로의 위치에 대한 순서를 표현한 것이지만, 그곳에 수익 구조가 부가되면 공정한 각자의 역할과 의무의 균형이 깨진다. "내가 원하는 대로 하지 않으면 당신에게 불이익을 줄 수 있을 만큼 영향력이 있다"는 것을 은연중에 강조한다. 아마도 유교 문화, 군대 문화 등을 그 원인으로 보는 사람이 많다. 수평 관계(협력)가 아니라 수직 관계로 보는 것이다. 을의 입장일 수밖에 없는 모금가의 73퍼센트가 갑이 주는 스트레스 때문에 단체를 그만두고 싶다는 조사 결과가 나올 정도다. 갑은 모금 부서 내의 상사일 수도 있지만 개인 기부자, 정부 보조금, 기업의 사회 공헌 활동(CSR) 후원자가 갑의 역할을 하게 된다. 갑의 횡포로 인해 일에 대한 스트레스뿐 아니라 인간적인 대우를 받지 못해 생기는 감정적인 절망감 등이 기부문화의 병폐로 이어진다.

병원 모금이 힘든 이유는 병원의 특성상 의사와 환자의 관계에서 의사가 '의술을 베푸는' 갑의 입장에서 환자를 보다가 나눔의 일환으로 환자를 상대로 모금을 하려니 짧은 시간 내에 내적 변화가 쉽지 않은 것이다. 만약 서비스를 판매한다기보다는 배급해주는 성향을 갖고 있는 병원이라면 기부 요청을 '구걸하는 것' 같은 전형적인 '을'의 입장이라고 생각하기 때문에 두려워하고 기피한다. 일반 기업의 고위 임원으로 늘 갑 행세를 하던 사람이 인생 이모작을 한다면서 비영리단체장을 맡게 되면 머리를 숙여야 하기에 모금을 하기가 쉽지 않다. 머리를 숙여야 함과 동시에 기부 요청의 당당함과 직업에 대한 긍지가 있어야 하는데 그게 마음대로 잘 되지 않는다.

하버드대 생물학자 마틴 노왁(Martin Nowak) 교수는 인간을 '초협력자(super cooperator)'라고 말했다. 인간이야말로 협력의 힘을 가장 잘 활용하는 종(種)이며, 언어가 인간의 진화 과정에 가장 큰 영향을 미쳤다고 강조했다. 인간 사회는 이미 협력으로 가득 차 있다고 한다. 그는 강압이나 위협이 없는 협력이 절실히 필요하다고 주장한다. 다윈이 지적한 대로 생존 투쟁이 생물계의 음지였다면, 협력은 양지라는 것이다. '상호 투쟁의 법칙'과는 별도로 자연에는 '상호 부조의 법칙'이 있다는 것이다. 단지 우리는 그것을 잠시 잊고 있는 것이다. 갑이 죽으면 을이 없고, 을이 죽으면 갑도 없다. 협력해서 같이 살아남아야 하는 것이다. 기부자와 모금가의 관계도 '갑을' 관계를 넘어 단순한 협력의 시대가 아닌 초협력의 시대가 됐다는 것이다. 이것만 명심하고 역지사지로 상대의 마음을 고려하면서 소통을 열심히 하면 나아지지 않을까 기대해본다.

오해, 편견, 두려움, 그리고 중독증

07

오해와 편견

모금의 기본 이론을 이해하기 전에 먼저 알아두어야 할 것이 있다. 바로 일반인들이 모금에 대해 갖는 오해와 편견이다. 이를 먼저 파악하고 오해를 풀면 모금의 기본 이론들을 한결 쉽게 이해할 수 있다.

필자도 모금을 하기 전까지는 전혀 알지 못한 것도 많았고, 알고 있던 모금 관련 상식이나 지식이 잘못된 것임을 뒤늦게 깨닫기도 했다. 따라서 우리가 알고 있는 것을 한 번쯤 의심해볼 필요가 있다. 우리가 안다고 인식하는 것도 굳이 알 필요가 없는 것을 알고 있거나, 잘못 알고 있거나, 이미 구식이 되어 전혀 새롭지 않은 것을 고집하며 아는 척하고 있는 것은 아닌지 의심해봐야 한다. 이렇게 자신이 알고 있는 것을 다시 한 번 생각해보고 의심해보는 과정에서 모금 환경과 사람들의 동기가 바뀔 수 있다. 그러므로 모금의 지식과 경험이 변할 수도 있다는 겸손한 마음으로 한 번쯤은 마음을 비우고 새로운 상식과 정보를 받아들일 수 있어야 한다.

한국에서 모금교육을 하며 많은 사람들과 대화를 나누어본 결과, 다음과 같은 오해 몇 가지를 발견할 수 있었다.

1) 자신이 알고 경험해본 모금이 전부가 아니다

모금 경험이 있다는 사람들은 자신의 경험만으로 모금 세계 전체를 이해한 것으로 착각하는 경우가 많다. 그러나 모금 세계는 우리가 상상하는 것 이상으로 거대하다. 피자와 파스타를 떠올리며 이탈리아 음식을 전부 알고 있는 것처럼 여기지만 이탈리아에 음식이 그것만 있는 게 아니듯이, 모금에도 자신이 경험해본 것 이상의 다양한 형태가 있다는 것을 알아야 한다. 다양한 종류는 물론 경제력이 다른 여러 계층과 모금 이유에 관심을 갖는 서로 다른 계층이 존재하기 때문이다. 만약 이 모든 모금의 형태를 다 경험하고 깨달으려면 평생을 모금에만 매달려야 할지도 모른다.

예를 들어 무작위로 평균 3만 원에서 10만 원 정도의 일반 대중 모금을 했던 사람이 어느 특권 계층으로부터 큰 기부금을 받는 경우 그들의 기부 의도를 깊게 이해하기에는 역부족이다. 계층과 모금의 규모가 달라지면 미리 파악해야 할 사안들과 모금에 임하는 태도가 바뀌어야 하기 때문이다.

일일 찻집으로 모금을 경험했거나 학교 동창생들을 상대로 동창 모금을 한두 번 해본 경험으로 모금이 이렇다 저렇다 얘기해도 될 만큼 모금 세계는 호락호락하지 않다. 단편적인 경험으로 모금의 모든 것을 안다고 하기에는 너무나도 거대하고 다양하고 변화무쌍한 것이 모금 세계이기 때문이다. 그래서 모금을 전문으로 하는 사람들도 한 분야에 몇 년 몸담았다고 해서 충분한 경험과 전문성을 갖추었다고 감히 내세우지 않는다. 모금 세계에서 인정받는 전문가들은 한 분야에서 적어도 20~30년 이상 몸담으며 경험을 쌓아온 사람들이다. 그런데 경험자들은 이미 모금에 대한 선입견을 가지고 있어 그것을 바꾸거나 버리기 어렵기 때문에 오히려 교육하기 힘들다. 또한 새로운 모금을 할 때 자신의 모금 경험을 그대로 적용하려고 고집하는 것을 가끔 현장에서 목격하게 된다. 특히 부정적인 경험이 있는 사람들은 이제 막 모금 세계에 첫발을 내딛는 사람들에게 부정적인 영향을 끼쳐 시작 단계에서부터 의욕을 잃게 하기도 한다. 그래서 모금 전문가들은 나이 많은 스태프나 자원봉사자들보다는 젊은 사람들을 교육시키는 것이 더 편하다고 말한다. 모금에 대한 선입견이 거의 없어 전달하고자 하는 바를 스펀지처럼 잘 흡수하기 때문이다.

물론 작은 경험일지라도 모금운동에 큰 도움이 될 수 있다. 하지만 이전의 모금에서 통했다고 해서 새로운 모금에서도 반드시 그 방법이 통한다고 보장할 수는 없다. 모금 경험자는 이를 이해하고 모금에 영향을 주는 요인이 엄청나게 많다는 것과 서로의 입장과 적용 과정이 다를 수 있다는 것을 겸허히 받아들일 수 있어야 한다.

2) 발전기금 팀의 가치와 역할

모금을 오래 한 사람들조차 '발전기금 팀'이라는 부서 자체의 다양하고 장기적인 역할에 대해 잘못 이해하는 경우가 있다. 물론 기금을 모아 당장 단체가 필요로 하는 프로그램을 도모하는 것도 좋지만, 자의적이고 포괄적인 다른 깊은 뜻이 더 있다. 미국 내에 한인 관계 단체가 생길 때마다 신문이나 방송 등 미디어를 통해 거창하게 소개하고 홍보하지만 몇 년 지나지 않아 대부분 유명무실해지고 만다. 대부분 단체가 만들어지면 누군가 후원해주겠지 하는 막연한 희망을 갖지만, 정작 단체가 결성된 후에는 기대했던 만큼의 후원이 이루어지지 않기 때문이다.

얼마 전 미국 내 비영리단체장들을 대상으로 "단체 운영에 가장 큰 골칫거리가 무엇인가?"에 대해 조사한 적이 있었다. 그들의 가장 큰 골칫거리는 예상대로 기금 마련이었다. 운영 기금을 충당하지 못하면 단체는 문을 닫을 수밖에 없다. 다른 사람들은 남의 일에 그만큼 관심이 없기 때문에 단체에 돈이 필요하니 도와달라는 차원에서의 모금은 절대 성공할 수 없다.

현재 많은 모금운동이 장기적인 계획 아래 이루어지는 것이 아니라 그때그때 필요에 의해 즉흥적이고 충동적인 일회성·단타성으로 끝나고 만다. 이러한 현실은 단체를 매우 어려운 상황으로 몰아간다. 마치 고속버스를 타고 서울에서 부산까지 가는데 사정이 여의치 않아 한 번에 10리터씩 기름을 넣는 것과 같은 상황이기 때문이다. 이런 상황에서는 서울에서 부산까지 빠르고 쉬운 길을 택하는 것보다 기름이 떨어지기 전에 새로운 주유소를 찾아야 한다는 절박함이 우선시될 수밖에 없다. 보이는 주유소마다 들러 기름을 채우는 데 급급해 가장 빠르고 편한 길을 포기해야 한다. 그렇게 되면 운전자는 금방 피로를 느껴 운전하지 않으려 할 것이고, 사람들은 그 버스에 타려고 하지 않을 것이다. 이와 같이 목표 지점에 안전하고 빠르게 도착하기 위해서는 미리 계획을 세우고 준비를 해서 단체가 이루고자 하는 미션을 성공적으로 완료하기 위한 발전기금 모금 계획을 체계적으로 세워야 할 필요가 있다.

유능한 영리회사의 CEO는 평균 일주일에 이틀 정도 은행 관계자와 시간을 보낸다고 한다. 그리고 미국 월스트리트의 분석가에 따르면 유능한 비영리단체장은 벤처 투자자와 마찬가지로 기부자와 가장 많은 시간을 보내는 것으로 밝혀졌다. 사실 그들이 해야 할 더 중요한 임무가 있음에도 외부에서 보기에 필요 이상으로 기금 마련에 애쓰는 이유는 그만큼 기금 확보가 단체 생존에 중요하다는 뜻이다.

발전기금을 모으는 목적은 일반 대중 가운데 기부할 가능성이 있는 잠정(suspect) 기부자 중에서 좀 더 기부할 가능성이 높은 잠재(prospect) 기부자를 가려내어 여러 방법을 통해 궁극적으로는 단체의 투자가로 만드는 데 있다. 일반 기부자에서 단계가 차츰 높아질 수 있도록 노력하는 작업이 바로 모금 실무자들이 해야 할 임무이며, 이는 장기적이고 체계적인 계획을 바탕으로 이루어져야 한다. 여기서 모금 전문가는 모든 단계에 관여하지만 장기적인 안목으로 기부자에서 단체의 투자자로, 그리고 그 투자가가 다른 투자자를 불어오는 역할을 하도록 끌어올리는 데 특히 더 신경을 써야 한다.

3) 모금가는 아는 사람에게만 모금을 요청한다?

모금에 실패하는 가장 큰 이유는 실제 기부자에게 기부금을 요청하지 않아서다. 모금의 가장 중요한 과정이자 '모금의 꽃'이라 할 수 있는 기부 요청은 특히 일대일 대면 요청에 그 성패가 달려 있다고 할 수 있다.

평소 아는 사람에게 요청하는 것이 내키지 않거나 직접 만나는 것이 꺼려지면 애초에 대면 요청을 시도하지 않는 것이 좋다. 동료들에게 함께 모금을 하자고 제안하면 대부분 인상부터 쓴다. 모금이라고 하면 가장 먼저 떠오르는 것이 아는 사람에게 구걸하듯 기부금을 요청하는 자신의 모습이기 때문이다. 이처럼 아무리 친분이 있는 사이라고 해도 금전에 관해 말한다는 것은 어려운 일이다.

모금가들을 교육할 때 기부 요청에 대한 거부감과 부담감을 없애기 위해 싫어도 해야 한다고 가르치기는 하지만, 경험에 비추어 봤을 때 그것이 오히려 역효과를 낼 수도 있다. 사람마다 성격이 다르듯 일대일 요청을 잘하는 사람이 있고 그렇지 못한 사람도 있기 마련이다. 모금의 가장 큰 함정은 바로 이 시점에 도사리고 있다. 모금운동에 참여한 자원봉사자들이 마지못해 요청하는 프로세스에 가담하게 되면 금방 지치고 싫증을 느껴 다시는 모금에 참여하지 않으려 하기 때문이다. 이런 결과는 모금 교육자들의 무지에서 온 것이다. 그들은 요청 말고도 모금 영역에서 해야 할 역할이 매우 많다. 모금 리더는 바른 요청자를 찾도록 노력하고, 요청을 하지 않더라도 모금에 참여할 수 있음을 미리 밝혀 안심시킬 필요가 있다.

모금 세계에서는 "사람들은 잘 모르는 사람의 말을 더 잘 믿는 경향이 있다. 그 사람에게 아직 실망감을 느낀 적이 없기 때문이다"라는 말을 종종 들을 수 있다. 이처럼 모금에서는 아는 사람을 대상으로 모금을 요청하는 것이 중요하고 효과적이기는 하지만, 그 이면을 생각하지 않을 수 없다. 그래서 모금 전문가들은 나이 많은 사람보다는 젊은 청년들이 모금에 참여하는 것이 유리하다고 말한다. 젊은이들은 아직 인간관계에서 때 묻지 않은 신선함이 있어서 나이 많은 사람들에 비해 거리낌 없이 적극적으로 모금

활동을 펼칠 수 있기 때문이다. 나이가 들수록 사람들과의 관계에서 설명하기조차 힘들어서 불편해지고 껄끄러워지는 경우가 많다. 서로 잘 알기에 어려운 부탁을 하면 마치 빚을 지는 것 같아 오히려 아는 사람에게 부탁하기가 더 힘들다.

4) 모든 서비스를 제공하는 턴키 방식으로 한다

사람들은 모금가를 그저 모금만 하는 사람으로 오인하는 경우가 많다. 워크숍 참석자들을 보면 자신의 역할이 모금자인 경우 오직 모금에만 신경 써서 집중하며 모아진 돈이 어떻게 쓰이는지에 대해서는 잘 알지도 못하고 관심도 없다고 하는 사람들이 많다. 특히 규모가 큰 비영리단체에서 일하는 모금 부서 팀원들의 경우 그 정도가 더욱 심하다.

그것은 엄청난 오해다. 모금가는 투자자로부터 투자금을 받아 제대로 투자하고 관리하고 보고함과 동시에 궁극적으로 수익을 내어 돌려주는 것까지 전 과정을 맡아 수행해야 한다. 만에 하나 매스컴을 통해 투자가 잘못된 것이 알려져 투자자들이 투자금을 회수하겠다고 할 때 가장 먼저 찾는 사람은 당연히 모금가다. 모금가의 역할이 모금에서 끝난다고 생각하는 기부자는 없다. 기부자는 모금액의 배분과 사용까지 모금가가 관여하고 책임진다고 믿고 기부한다. 그러므로 포괄적인 의미에서 모금가는 기부자에게 만족과 행복을 주기 위한 모든 서비스를 제공하는 턴키(turn-key, 일괄수주계약. 투자에 대한 타당성 검토, 설계, 시공 및 감리, 시운전까지 일괄 수주하여 사업주가 최종 단계에서 키만 돌리면 모든 설비가 가동되는 상태로 인도하게 되는 계약을 말한다) 역할임을 명심해야 한다.

싫은 것은 싫은 것이다

요청이 남에게 폐를 끼치는 것이라고 생각되는 순간 모금은 고역으로 다가온다. 아무리 좋은 강연이나 책도 잠깐 동안 동기부여를 제공해줄 뿐, 집에 돌아가면 모든 것은 제자리로 돌아간다. 남을 도와준다는 것은 멋있고 좋은데 모금을 해야 하는 문제에 있어서는 선뜻 나서기를 두려워한다. 마치 음식 먹는 것은 좋은데 설거지하고 쓰레기 청소하는 것은 싫어하는 것과 같다. 모금을 좋아서 하는 사람은 매우 드물다. 때때로 모금에 흥미가 있어 평생 동안 하고 싶다고 말하는 청년도 있지만, 몇 달 안 가서 이런저런 내막을 알게 되면 마음이 바뀐다. 그만큼 모금이 좋아서 한다고 하는 사람의 말은 신빙성이 없어 믿기지 않는다.

모금을 두려워하고 싫어하는 이유는 무수히 많겠지만 대체로 다음과 같다. 예를 들어 저녁을 먹고 있는데 누가 찾아와 요청하거나 전화로 기금 요청을 해왔을 때 짜증을 낸 경험이 있을 것이다. 이렇듯 남이 나에게 모금을 요청하면 불편하고 귀찮게만 느껴지는데, 정반대 입장이 되어 자신이 요청해야 한다면 어떻게 할 수 있겠는가? 또 언젠가 한번 요청했는데 거절을 당해 무안했던 경험이 있었다면 자꾸 그 생각이 나서 두려움을 갖게 된다. 또 다른 이유로는 요청해야 하는 금액이 자신이 그동안 해온 것보다 큰 금액일 경우에 두려움을 갖게 된다. 그래서 프로 모금가는 전에 기부자에게 요청했을 때 받은 요청 금액만큼 또는 비슷한 액수를 기부한 사람을 찾게 된다. 그것이 두려움을 줄여주기 때문이다.

비영리단체에서 모금이 잘 안 되는 이유는 적절한 요청을 받으면 기꺼이 나눔에 동참하려는 사람보다 요청하는 사람 숫자가 턱없이 부족하기 때문이다. 또한 싫은 것은 싫은 것이기에 열정이 두려움보다 클 때만 모금이 가능해진다. 모금 선진국 사람들도 마찬가지로 요청을 어려워하기에 '전문성'에 의존하는 것이다. 결론적으로 모금가를 직업으로 인정해주지 않는 환경에서는 사람들이 모금을 기피하는 악순환이 계속될 것이다. 모금의 악순환은 비영리 자체의 악순환이고, 사회도 서서히 황폐해진다. 미국도 자원봉사로 하는 모금 장르가 사라지고 직업인으로서의 모금가만 남았다. 전문 모금가들 사이에는 "사람이 모금을 할 것인가 말 것인가를 선택하는 게 아니라 모금이 사람을 선택한다"라는 말이 있다. 단체의 리더들이 드러내놓고 사람들이 모금을 싫어한다는 것을 공개적으로 인정한 셈이다. 그렇지 않고 그냥 모른 척하고 내가 하기 싫어서 남이 대신하게 한다는 태도는 사회적 위선을 낳는다.

두려움 조절

모금가가 두려움을 갖는 상황이 몇 가지 있다. 첫째는 기부자에게 기부 요청을 하기 위해 처음으로 전화를 걸어 만날 약속을 잡는 것이고, 둘째는 직접 만나 기부 요청을 하는 것이며, 그리고 셋째는 기부금을 받은 후에 전화해서 감사하다는 말을 전하는 것이다. 마찬가지로 기부자도 기부에 대한 두려움이 있다. 첫째는 기부금을 줄 때 혹시라도 받지 않으면 그것에 대해 부끄러움을 느끼게 되는 것은 아닌지, 둘째는 기부금이 너무 적다고 생각해서 감사하지 않는 것은 아닌지, 셋째는 기부금을 준 후에 자신과 연락을 끊는 것은 아닌지에 대한 두려움이다. 그래서 모금가는 모든 기부금을 기꺼이 수령해야 하고, 적은 금액에도 감사해야 하며, 받은 뒤에는 반드시 연락을 해야 한다. 이런 문제를 해결하기 위해 모금교육은 모금가가 갖는 두려움을 최소화하고 기부자의 두려움을 이해하고 대처하는 교육이어야 함과 동시에 기부자를 대상으로 현명한 기부를 하도록 홍보하는 일에 초점을 맞추어야 한다. 또한 모금 공포증이 있는 사람들이 많다는 것을 인정하고, 공포증의 원인이 무엇인지 스스로 이야기할 수 있도록 기회를 주어야 한다.

중독 증세

과연 중독이 병인지 아닌지에 대해서는 오랫동안 논란이 있어왔다. 최근 현대인의 47퍼센트가 어떤 종류의 심각한 중독 증상이 있어 생활에 지장을 주고 있다는 연구 발표가 있었다. 이 발표에 요즘 문제가 되고 있는 스마트폰 중독이나 커피 중독은 빠져 있다. 이 두 가지를 포함한다면 인구의 절반 이상이나 되는 엄청난 숫자의 사람들이 어떤 중독에 빠져 있다는 것을 추측해볼 수 있다. 국가적으로 볼 때 경제적 손실과 관계의 손실에 대해 돈으로 환산하기가 불가능할 정도다.

어떤 사람은 단 한 번 만에 중독되는가 하면, 어떤 사람은 쉽게 멀리한다. 한 번의 행동에 재미가 생겨서 빠지는 사람이 있는가 하면, 어떤 사람은 두 번 다시 하고 싶어 하지 않는다. 어떤 특정 물질이나 행동에 중독된다 해서 다른 것에도 중독되는 것은 아니라는 것이 전문가들의 말이다. 하지만 어떤 것들 사이에는 어느 정도의 상관관계가 있어 증상은 증폭된다고 한다. 2000~2007년 사이에 인터넷 사용이 증가함에 따라 약물 중독으로 인한 입원 환자가 급증했다고 한다. 사람마다 중독되기 쉬운 종류가 다르기 때문에 유아기 때부터 청소년에 이르기까지 어떤 물질이나 행동에 접촉하지 않는 것이 중요하다고 말한다. 만약 니코틴 중독이 있을 법한 사람이 담배를 배울 기회가 없다면 그는 평생 니코틴 중독을 겪지 않아도 될 것이라는 말이다.

나는 하루에도 몇 시간씩 인터넷을 보지 않으면 불안하고 컴퓨터 앞에 앉아 있어야 편안해진다. 중독과는 거리가 멀다고 자부했는데 뒤늦게 발목이 잡힌 경우다. 어떤 목회자는 스마트폰에 빠져 신도들의 말을 경청하지 못하는 중독 증상을 보이고, 어떤 CEO는 일중독에 빠져 가족들로부터 외면당하고 있다. 우리 주변에 이런 종류의 중독은 누구에게나 발생하고 있으며, 이러한 것이 생활하는 데 있어서 자신뿐 아니라 남에게 얼마만큼 지장을 주는가에 대해서는 개인차만 있을 뿐이다.

중독은 나쁜 선택이나 판단을 하게 하는 질병이다. 말하자면 잘못이나 실수로부터 배우는 과정에서 오류가 생기는 것이다. 어떤 물질이나 행위에 대한 중독이 우리 뇌 속에 즐거움과 보상을 컨트롤하는 변연계의 중변연(mesolimbic) 세포조직을 건드린다. 인간의 뇌는 좋은 느낌을 갖기 원하도록 모든 것이 연결되어 있다. 그런데 중독의 종류에 따라 우리 뇌에 작용하는 통로가 다르다고 한다. 중독은 주로 행복을 찾는 통로를 장악하고 있다. 학자들에 따르면 중독은 태생적인 요인과 환경적인 요인으로 나뉘고, 어떤 특정 인종에 따라 유전적인 요인이 좀 더 많이 작용한다고 보고 있다. 지독한 중독에서 회복된 사람들도 행복감을 느끼게 하는 도파민 수용체가 줄어들어 웬만한 것으로는 즐거움을 느끼기 힘들어진다고 한다.

그러나 인간은 장기간의 목표를 위해 단기간의 즐거움을 포기할 수 있는 능력이 있기 때문에 자기 파괴의 중독에서 벗어날 수 있다고 본다. 우리가 찾는 보상을 대체할 방법을 알게 된다면, 충분히 자신을 조절할 능력을 갖게 된다는 것이 학계의 새로운 시각이다. 조금 더 건설적이고 생산적인 중독을 유도해서 나쁜 중독을 없애는 것이다. 그래서 전문가들은 중독에서 벗어나기 위한 노력으로 그 대신에 할 수 있는 무엇인가를 찾는 것이 선행되어야 한다고 조언한다.

기부도 한두 번 하고 나서 중독되는 사람이 있고, 한두 번 하고 다시는 하지 않는 사람도 있다. 모금 세계에서는 오랫동안 기부가 행복을 찾는 가장 큰 대안으로 유도하려는 노력이 있어왔다. 기부를 통해 행복을 맛본 사람은 마치 중독자처럼 평생 동안 기부하며 살게 된다. 물론 사람마다 다르겠지만 그 기회를 어렸을 때부터 주는 것이 중요하다.

스마트폰 의존증의 악영향

요즘 '노모포비아(no mobile phone phobia)'라는 말이 유행하고 있다. 휴대폰 없이는 다른 사람과 연결되지 않는다고 생각하여 불안감을 느끼는 것이다. 사실 인간은 태어나면서부터 연결에 집착할 수밖에 없는 존재인지도 모른다. 아기는 엄마의 자궁에서 나와 탯줄을 끊고 나서 젖을 물리면 바로 안정을 찾지만, 그렇지 않으면 악을 쓰고 울어댄다. 나는 어렸을 때 자면서 늘 담요 끝을 만지작거리며 거기에 집착했고, 청년기 때는 카메라가 없으면 이성에게 접근하기 힘든 적이 있었다. 이제 우리는 내비게이션이 없으면 운전을 하지 못하고, 스마트폰에 광적으로 집착한다. 최신 기종의 스마트폰을 갖고 있으면 뿌듯하고, 없으면 자신만 뒤처지는 것 같은 생각이 든다. 두 가지 사이의 관계를 통해 얻는 것도 있지만 잃는 것도 많기에 작금의 현상이 심히 걱정스럽기도 하다. 이 작은 멀티 통신 기기가 외부와 나를 이어주는 전자 탯줄이 되어 나의 삶을 조종하고 있다.

스마트폰은 기부자에 대한 정보든, 인간의 욕망을 즉각적으로 충족시켜주는 이드(id)든 무엇이든 즉각 해소해주기 때문에 여간해서는 끊기가 힘들다. 사람들은 스마트폰을 잃어버리면 정신적 공황 상태가 오고, 밖으로 나가려고 하지 않는다. 이를 고쳐보려고 하지만 바로 금단 현상이 와서 굴복해버리고 만다. 그래서 공포증이 오게 된다. 스마트폰을 잃어버리게 되면 어떠한 전화번호도 기억하지 못한다. 스마트폰이 마치 우리의 뇌처럼 작동하게 되고, 이것에 너무 의존하게 되면서 실제로 우리 뇌의 기능이 쇠퇴하여 저능아가 되어버릴지도 모른다. 대학생들에게 백지를 주고 무엇인가 그리거나 쓰라고 하면 아무것도 하지 못하는 것을 목격한다. 회사에서는 그림이나 기존 서류를 제공해주어야 제안서를 만들어내는 흉내쟁이(copy cat)만 대량 생산하고 있다.

모금가도 가끔은 디지털 해독 기간을 가질 필요가 있다. 아날로그로 어렵게 만난 기부자는 애착이 가고 정이 가는 법이다. 요즘은 너무 쉽게 만나고 쉽게 헤어진다. 모든 것이 편리한 시대이지만, 그런 반면에 잃는 것도 너무나 많다.

기부자의 의도와 법적 소송

08

법이 현실에 굴복한 사례

기부와 관련된 법이라도 관심이 없으면 굳이 몰라도 된다. 그러나 모금활동에 참여하게 되면 법이 공정치 못함을 느끼게 되면서 부담을 갖게 된다. 현행 한국의 기부법은 접근 동기와 회피 동기 사이에 생기는 균형에 문제가 있다. 기부에 대한 접근 동기를 건강하게 극대화하고, 부정한 회피 동기를 최소화하는 것이 관건이다. 우리는 현재 사회 환원을 통한 소득의 재분배 또는 기부문화 확산이라는 소망보다는 부정 방지에 더 민감한 사회에 살고 있다. 규제는 회피 동기를 더 자극하기 쉽고, 사회 전반에 걸쳐 회피 동기에 바탕을 둔 생각과 행동을 쉽게 찾아볼 수 있다. 회피 동기에 지나치게 힘을 실어주면 무언가 바라고 성취하려는 것보다 방지하는 데만 무리한 힘을 쓰게 된다. 몇몇 못된 짓을 방지하기 위해 수많은 선량한 사람들의 불편을 야기하는 규제나 제약이 너무 많다. 물론 규제와 방지는 꼭 필요하지만 접근 동기를 꺾어서는 안 된다.

우리 사회에서 기부 관련법이 제대로 기능하려면 기부문화의 변화를 주시하고 따라감과 동시에 올바른 규칙으로 이끄는 다소 모순적인 면을 발휘해야 한다. 이러한 법 테두리 안에서 사회 전반적으로 나타나는 기부의 변화가 역기능을 최소화하고 순기능을 최대화할 수 있는 방향으로 나아갈 수 있도록 함과 동시에 새로운 규제 수단을 담아야 한다. 물론 그동안 우리나라 기부 관련법의 발전 과정을 살펴보면 사회의 다양한 영역을 관계별로 종적으로 구분해서 규제해오다가(예: 주무 관청의 비영리법인 허가제) 최근에는 횡적 규제를 하는, 시스템의 전환 시도가 엿보인다. 한마디로 수직적 규제에서 수평적 규제로 변화하고 있다. 전체적으로 보면 규제의 절대 감소가 아니라 규제의 체계나 방식의 전환으로 보아야 할 것이다.

하지만 아직 넘어야 할 산이 많다. 그런 긍정적인 시도에도 불구하고 규제의 변화는 실제 현장에서 벌어지는 현실과 필요한 시간대가 서로 맞지 않는다. 정치 후원금이라는 큰 가치를 두고 법을 만들어왔지만 현실에서는 전혀 실효를 거두지 못하고 있다. 선관위에서도 손을 놓고 있고, 의욕적인 정치 지망생들조차 전통적인 방법을 제쳐두고 자서전 책 사인회 등을 통해 후원금을 모집하고 있는 것을 보고 아무런 비판도 하지 못하고 있다. '사회적 기금(social funding)'이라고 해서 '유시민 펀드' 등 전통적인 후원금이 아닌 독특한 장르로 법의 테두리를 벗어나면 효력을 발휘하지 못하게 된다. 대권 후보의 최측근들이 후보의 후광을 업고 여기저기서 돈을 끌어다 쓰는 대선 자금 제도 속에서는 정권 말에 차례로 검찰에 불려가는 후진국적 관행이 앞으로도 계속될 수밖에 없다. 법을 지키는 사람은 순진하거나 미련한 사람으로 취급받기까지 한다. 제대로 된 후원금은 줄어들고 점점 신뢰를 잃어가는 추세다.

우리는 '나'와 '우리'의 개념이 다른 문화권에 살고 있다. 기부나 모금 환경도 서양의 문화권과는 다르다. 만약 '우리 집사람'을 영어로 번역해서 말한다면 외국인들은 깜짝 놀랄 것이다. 한국인에게는 그러한 단어가 집단주의적 사고에서 나오는 것이다. 기부 또한 집단으로 생각하고 주는 것이다. 이율배반적인 예를 들자면 미국에서는 유산 기부를 편하게 하기 위해 자선잔여신탁, CLT(Charitable Lead Trust, 공익선용신탁, 매년 정해진 금액을 단체에 지급), CRAT(Charitable Remainder Annuity Trust, 공익잔여신탁, 매년 정해진 액수를 수혜자에게 지급), CRUT(Charitable Remainder Unitrust, 공익잔여신탁, 정해진 비율[5~50퍼센트]을 수혜자에게 지급) 외에도 여러 제도가 있지만 이를 한국에 적용하기 위해서는 민법의 소유권 배타성, 신탁 재단의 법적 실체성(법인성), 유류분 등의 산을 넘어야 가능하다. 왜냐하면 물권법을 규정하는 소유의 배타성, 절대성, 일물일권주의에 모순

되기 때문이다. 이 장에서는 법과 관련된 모금의 문제에 대해 조명 해보고자 한다.

사례 연구 : 황필상 회장의 주식 기부 사례

미국의 부호 빌 게이츠와 워런 버핏의 기부는 대부분 주식으로 이루어지고 있다. 그러나 우리나라는 아직 주식 기부에 있어 난제가 많다. 출연자가 자신이 보유하고 있는 회사의 주식을 장학재단 같은 공익법인에 기부할 경우 회사 주식의 5퍼센트 이상의 금액에 대해서는 증여세를 물린다는 규정인 상속세 및 증여세법 제48조도 그 중 하나다.

이 규정으로 인해 수원교차로 설립자 황필상 회장과 수원세무서 사이에 법정 공방이 진행 중이다. 2002년 '구원장학재단'을 설립한 황 회장은 장학금 출연을 위해 자신이 운영하던 수원교차로의 주식 210억 원 상당(전체의 90퍼센트)을 기부했고, 그 수익금으로 그동안 1500여 명의 모교 장학생에게 23억여 원의 장학금을 지급했다. 또한 황 회장은 아주대학교에 8억5000만 원을 연구비로 기탁했고, 대학 발전기금 등 각종 명목으로 무려 87억여 원을 환원했다.

그러나 6년 뒤인 2008년 9월 1일 황 회장은 '5퍼센트' 룰에 의해 증여세 100억 원과 가산금 40억 원을 합쳐 무려 140억 원이나 되는 세금 납부 고지서를 받게 되었다. 이로 인해 황 회장과 수원세무서는 법정 공방에 들어갔고, 1심에서는 황 회장이 승소했지만 2심인 서울고법은 "증여세 부과는 적법하다"며 수원세무서의 손을 들어줬다.

상속세 및 증여세법 제48조는 재벌들이 공익재단을 이용하여 편법으로 증여하거나 기업을 간접 지배하는 것을 막기 위해 만들어졌다. 우리나라 상장기업 시가총액 1위인 삼성전자의 경우 시가총액이 100조 원을 넘으니 5퍼센트 주식이라면 5조원이 넘는다. 그러나 이 법안은 실질적으로 기업의 사회 환원에 큰 걸림돌이 되고 있다. 이 같은 제도 아래에서 빌 게이츠, 워런 버핏 같은 기부자를 기대하기는 어려울 것이다. 미국 · 캐나다 · 일본 등은 특정 회사의 주식 20퍼센트, 50퍼센트까지 공익법인에 기부하더라도 증여세를 물리지 않는다. 영국 · 호주 · 대만 등은 공익법인의 주식 보유에 대해 아예 제한이 없다고 하니 모금가 입장에서 참 부러운 상황이다.

또한 기부 행위에 있어서 윤리적인 측면과 함께 중요한 것은 준법의 문제다. 현대 법치국가의 보호 아래에서 살아가는 우리에게 법을 지키는 것은 당연한 의무 사항이다. 아무리 동기가 선하다고 해도 법을 위반하면서까지 기부한다면 그런 기부 행위는 칭찬받을 수 없다. 따라서 모금가에게는 모금 관련 법안에 대한 깊은 이해가 필요하다.

정치자금법

정치모금은 그 사회가 가진 기부 문화의 그림자이고, 정치인에게는 공기와 같은 것이다. 공기에 먼지가 섞여 있다고 해서 숨을 쉬지 않을 수는 없다. 원하건 원치 않건 그 공기는 비정치인도 같이 마셔야 한다. 안타깝게도 한국에서는 정치 그 자체가 양날의 칼과 같은 이미지를 가지고 있고, 정치모금이 사회에 끼치는 영향력도 매우 크며, 모금 윤리의 모델이 될 수 있음에도 일반인들의 관심 순위에서 한참 밀려나 있다.

누구나 알고 있듯이 정치인은 선거를 통해 대표성과 정통성을 부여받게 되는데, 선거에 출마한 후보자들은 선거운동 등에 많은 비용을 쓴다. 물론 당선된 후에도 정치 활동을 위해 다양한 용도로 적지 않은 돈이 들며, 미풍양속인 경조사도 정치인에게는 엄청난 부담이 된다. 자신의 텃밭인 지역구를 관리하려면 경조사를 무시할 수 없는데 그에 소요되는 부조금이 만만치 않다. 이러한 이유로 선거법에서는 친족 외의 경조사에는 축·부의금을 내지 못하도록 금지하고 있다.

그런데 우리나라 정치인들의 불법 정치자금 수수는 어제오늘의 얘기가 아니다. 매년 실시되는 보궐선거에서 그 원인을 찾아

봐도 선거법 위반이거나 불법 정치자금 수수로 인한 의원직 상실이 대부분이다. 현재 한국의 정치자금법은 모든 법이 그러하듯이 순기능을 최대화하고 역기능을 최소화할 수 있는 방향으로 가는데 필요한 유인이나 규제 수단을 동시에 담아내야 함에도 제 기능을 하지 못하고 있다. 정치자금법은 사회의 변화를 따라가야 함과 동시에 이끌어가야 한다. 다소 모순이 있지만, 정치와 돈은 서로 뗄 수 없는 밀접한 관계를 갖고 있다. 그래서 합법적으로 정치자금을 모금해서 정치 활동에 쓸 수 있도록 후원금 규정과 기탁금 규정을 두고 있다.

후원금은 현직 국회의원 후원회에 제공하는 정치자금을 말하고, 기탁금은 특정 정당이나 정치인을 지정하지 아니하고 선거관리위원회에 기탁하는 정치자금을 말한다. 우리나라에서는 기부문화가 정착되지 못한 탓인지 정치자금을 제공하는 것 자체를 불법으로 잘못 알고 있거나 꺼리는 경향이 있다. 대가성이 있는 뇌물이 아닌 깨끗한 정치를 바라는 순수한 마음에서 제공하는 정치후원금은 불법이 아닌 권장 사항이다. 그래서 모금에 경험이 많은 비영리단체의 모금가가 이런 일에 적극적으로 참여해야 한다. 정치자금 부정 수수로 인한 폐해를 없애고, 정치적 진화를 위해서는 소액으로 깨끗하고 안정적인 정치자금 조달이 선행되어야 한다. 이러한 깨끗한 정치자금 조달을 위해 10만 원 이하의 정치후원금은 연말정산 시에 전액 세액공제로 환급받을 수 있도록 제도화해 정치자금 후원을 권장하고 있다.

사실 정치인의 이미지와 그가 표방하는 정책과 비전에 투자하는 행위는 비영리단체에서 파는 모금 이유와 다를 것이 없다. 기부자 관리와 정치 후원자 관리는 같은 개념일 수밖에 없으며, 비영리에서 채택하고 있는 온라인 모금 등을 받아들여 활용할 수 있다. 책무성(accountability) · 투명성 · 공개성 문제가 핵심이 될 것이며, 비영리 모금의 많은 기법들이 도입되고 정치 모금가가 하나의 직업군으로 인정받는 시대가 올 것으로 본다. 모금가는 어떻게 후원자를 개발하고 어떻게 요청할 것이며, 어떤 감사 시스템을 가질 것인지에 대해 고민할 것이다. 앞으로는 전문 모금가가 정치 모금에 많이 뛰어들게 될 것이며, 진정성과 투명성, 윤리성이 확보된 사람이 능력을 인정받게 되면 점차 한국에서도 정치 모금이 자리를 잡을 것으로 기대된다. 또한 모금 캠페인에 재미를 더하면 그동안 등한시했던 젊은 세대들도 정치 모금에 참여하게 될 것이고, 그런 참여가 리더십으로 가는 첫걸음이라는 인식을 하게 된다면 그들로 인해 새로운 정치 모금 문화가 싹틀 것으로 기대된다.

정치 펀드 모금 행위는 편법일 뿐

현재 정치자금법에 문제가 있어 사람들이 낸 아이디어를 채택해 모금이 진행되고 있다. 하지만 법률적으로 문제가 없다고 해서 윤리적으로도 문제가 없는 것은 아니다. 출판기념회 등 법적으로는 하자가 없지만 윤리적으로 문제가 있는 모금 방법이 만연해 있다.

대선 후보들이 잇따라 선거자금 모금을 위한 펀드를 설립하고 있는 가운데 한 펀드 투자 상담사가 어느 대선 후보를 유사수신행위규제법 위반으로 검찰에 고발했다. 그의 주장은 "그 후보가 설립한 펀드가 어떤 법령에 따른 인가·허가·등록·신고를 했는지 확인이 필요하고, 설립한 펀드는 이름만 펀드일 뿐 단순히 개인 간의 금전 차용 계약에 불과하다고 하는데, 유사수신행위규제법에서는 '불특정' 다수로부터 모금하는 행위를 유사수신행위로 판단하고 있다"는 것이었다. 또한 그는 "경쟁하고 있는 두 후보가 단일화가 되면 선거 비용 보전을 전제로 펀드를 모집한다는 것 자체가 성립되지 않는 만큼 건전한 금융 질서를 확립하려는 입법 취지에 맞지 않다"고 지적했다.

현행 유사수신행위규제법은 관련 법령에 따른 인가·허가·등록·신고 없이 불특정 다수인으로부터 장래에 출자금 또는 원금의 전액 또는 이를 초과하는 금액을 지급할 것을 약정하고 출자금 또는 예금·적금·부금·예탁금 등의 명목으로 금전을 받는 행위를 유사수신행위로 규정하고 있다.

그러나 실제로 펀드와 관련해 대선 후보를 처벌하기는 쉽지 않을 것으로 보인다. 유사수신행위규제법 제2조에는 유사수신

행위 자체를 "다른 법령에 따른 인가·허가를 받지 아니하거나 등록·신고 등을 하지 아니하고 불특정 다수인으로부터 자금을 조달하는 것을 업(業)으로 하는 행위"라고 규정하고 있기 때문이다.

전문 변호사의 입장은 고발당한 그 후보가 불특정 다수인으로부터 자금을 조달하는 행위를 업으로 삼고 있지 않기 때문에 법리 적용이 불가능하다고 지적했다. 정치인 펀드의 경우 시중은행 등 금융기관의 통상적인 이자율보다 현저하게 낮거나 높을 경우 정치자금법 위반에 해당하지만, 그 후보의 경우 금리가 정기예금 수준인 3.09퍼센트인 만큼 정자법 위반 혐의를 적용하기도 어렵다는 관측이다.

병원 모금과 법적 소송

모금을 하다 보면 간혹 법적 소송에 휘말리게 된다. 완전히 없애기 힘들다면 최소한으로 줄이는 것이 모금가의 임무다. 초창기에 문제를 해결하거나 미연에 방지하는 것이 최상이다. 아이러니하게도 법적 소송을 통해 모금가는 많은 교훈을 얻는다. 소송까지 가지 않으면 좋지만 소송을 통해 깊숙이 가라앉아 있던 갈등이나 문제가 표면에 드러나 귀한 교육 자료가 된다. 대부분의 기부자는 기부할 때 자신이 원하는 것을 단체가 알아서 해결해줄 것이라고 착각하는 데서 문제가 시작된다. 많은 소송 사례가 있지만, 특히 병원에서의 모금에서 발생하는 갈등은 삶과 죽음이 교차하는 현장이기에 서로의 감정이 극도로 예민해져 그 어떤 소송보다 감정적 대립이 심하다. 병원 모금 소송의 대표적인 사례 하나를 살펴보자.

사례 연구 : 가스 브룩스 사례

최근 미국 내에서 병원 모금과 관련해서 모금 전문가들이 주목하고 있고, 소중한 교훈을 얻을 수 있는 사례로 유명한 컨트리음악 가수 가스 브룩스(Garth Brooks) 사건을 들 수 있다.

한국의 조용필 씨 정도로 유명한 가수인 가스 브룩스가 자신의 고향 오클라호마 주에 있는 인테그리스(Integris) 침례교 병원 건축 프로젝트에 암으로 돌아가신 어머니를 추모하기 위해 어머니의 이름을 붙이기로 하고 50만 달러를 기부했다. 하지만 나중에 병원 측이 어머니의 이름으로 건물을 짓지 않자 병원을 상대로 소송하여 결국 돈을 돌려받게 된 상황까지 갔다. 문제는 기부할 당시에 서로 문서화하지 않았다는 데 있었다. 아무런 문서 없이 병원장에게 구두로 기부한 후에 그저 악수하는 것으로 끝이었다. 기부자는 조건이 있었다고 하고 병원은 조건이 없었다고 하면서 서로 다른 입장을 주장했는데, 결국 법은 기부자의 손을 들어주었다. 문서가 얼마나 중요한지를 보여주는 사례이고, 반드시 단체 내 기부금 수용 정책에 일괄적으로 적용되어야 한다는 교훈을 준 사건이었다.

기부자와 단체의 허니문 시즌이 끝나면 시간이 지나 여러 가지 상황이 변경될 수 있다는 것을 미리 예상하고, 기부 계약서에 서로를 보호하는 문구(ethics clause)를 표기해야 한다. 예를 들면 다음과 같은 문구가 있어야 한다.

"만약 기부자가 법에 저촉되는 도덕적 · 윤리적 문제를 일으켜 고소되거나 비영리단체 혹은 기부자에게 악영향을 끼치는 어떠한 행동으로 인해 단체의 행사, 프로그램, 서비스, 명성을 깎아내리거나 그 효과가 저해되는 경우 단체는 위반 사항에 대한 상세한 이유를 서면으로 제출하고 15일 이내 시정되지 않을 경우 계약을 해지할 수 있는 권리가 있으며 단체에게는 위반 사항 및 범위를 정할 재량권이 있다."

불법 행위와 횡령

09

천사들만 있는 곳(?)

얼마 전에 미국의 Lexis-Nexis Risk Solutions라는 리서치 회사에서 비영리단체 종사자와 자원봉사자 540만 명을 대상으로 과거 범죄 사실 여부를 조사했다. 최소한 5퍼센트의 사람이 어떤 범죄행위에 가담했던 흔적을 발견했지만, 다행히도 2010년의 7퍼센트보다는 다소 줄어들었다고 한다. 하지만 그들 가운데 다섯 명 중 한 명은 마약이나 성범죄 같은 심각한 범죄에 가담했다는 사실을 밝혀냈다. 540만 명 중 4만7900명은 범죄 사실이 있었고, 9만1000명은 마약에 연루되었으며, 1만 명은 성범죄에 가담했고, 그 중 1100명은 살인죄로 실형을 선고받은 사람이었다.

프로 골퍼 최경주 선수가 설립한 최경주복지회의 여직원이 횡령으로 검찰에 구속된 사건도 등잔 밑이 어둡다는 것을 보여준다. 최경주 선수 부인의 은행예금과 보험 등을 해약해 인출하는 수법으로 23억 원 이상을 빼내갔다고 한다. 이런 종류의 사건은 비일비재하게 일어나고 있다.

또한 미국의 〈비영리 신문(The Chronicle of Philanthropy)〉 자체 조사에 따르면 미국 내 비영리단체 모금액의 17퍼센트 정도가 비영리 종사자들의 개인 주머니로 들어가고 있다고 한다. 아무리 적게 잡아도 13퍼센트라고 한다. 위에서 말한 과거 범죄자 숫자와 횡령과의 개연성 관계를 단정할 수는 없지만, 모금이라는 판도라의 상자를 여는 순간 나쁜 일도 동시에 튀어나온다는 뜻이다.

이것이 미국에서만 일어나는 일은 결코 아닐 것이다. 하지만 한국은 미국보다는 훨씬 적을 것으로 추측할 뿐이다. 한국에서도 비영리단체 종사자나 자원봉사자를 대상으로 어떤 배경 조사를 해봐야 한다고 말하는 사람이 늘어나고 있다. 안 그래도 사람들이 선뜻 발을 들여놓기를 꺼리는 열악한 상황에 있는 비영리단체에서 종사하거나 자원봉사를 하려는 사람이 줄어들지 않을까 염려스럽다. 또한 민감한 인권 문제를 건드리는 것이기도 하다. 문제는 과연 그러한 사실을 알고도 비영리단체에서 그들을 받아줄 것인가 하는 것이다.

공금횡령

유태인들의 목축 문화를 살펴보면, 양을 보살피는 목자들이 사막에서 맹수로부터 양을 보호하기 위해 준비하는 무기가 있다. 지팡이와 막대기, 그리고 물맷돌이다. 지팡이는 구덩이에 빠진 양을 건져내고, 막대기는 뱀을 물리치며, 물맷돌은 멀리 있는 늑대로부터 양을 보호할 수 있다. 그런 무기를 잘 사용할 줄 알아야 좋은 목자가 되거나 삯꾼 목자라도 될 수 있다. 또한 목자는 밤에 양을 훔치려는 도둑으로부터 양을 보호하기 위해 잘 때도 우리 입구에서 한쪽 눈을 뜨고 잔다. 한 마리라도 잃어버리면 자신이 보상해야 하므로 항상 양의 숫자를 세면서 늘 긴장하며 산다. 아마도 현대 비영리단체 리더의 의무감과 책임은 이같이 양을 치는 삯꾼 목자와 같아야 할지도 모른다.

모금가 교육과정에는 목자가 준비한 무기처럼 모금된 돈을 잘 관리하는 방법 중 하나인 "어떻게 해야 부정을 방지할 수 있고, 발견하면 어떻게 조치해야 하는가?"에 대한 교육이 포함되어 있다. 공금횡령 사례를 찾기란 그리 어렵지 않다. 하루에도 몇 번씩 횡령에 관한 이야기를 방송을 통해 접할 때도 있다. 비영리단체가 존재하는 한 횡령을 근절하기는 힘들다. 최근 미국의 한 대학 보고서에 따르면, 미국 전체 기부금의 13퍼센트가 불법 개인 용도로 물 새듯 새고 있다고 한다. 우리나라는 기부금에 대해 미국처럼 철저하게 조사하지 않아서 정확한 데이터가 나와 있지 않은데, 우리나라의 경우는 기부금이 어떻게 쓰이고 있는지 참으로 궁금하다.

실제로 단체는 종사자들의 횡령에 대해 어떤 안전장치를 만들어놓았는가? 그리고 횡령한 사실을 알고 어떤 조치를 취하고 있는가? 기부자에게 "우리 단체는 깨끗합니다"라고 말하는 것만으로 그 단체의 투명성이 설명되는 것은 아니다. 오히려 그것을 방지하기 위해 어떤 노력을 하고 있는지를 설명하는 것이 좀 더 솔직해 보이고 오히려 인정받을 수 있다. 한국에서의 공금횡령 사건의 유형은 미국과는 조금 다르다. 법정 진술을 토대로 보면 한국에서는 본인이 한 일이 공금횡령인지조차 인식하지 못하는 경우가 대부분이고, 보통은 전부터 있던 통상적인 관례로 생각하거나 '운영과 경영상의 유연성' 또는 그 '직책의 특권'으로 생각하며, 문제가 되었을 때는 '회계상 무지 혹은 실수' 정도로 얼버무린다. 그리고 운이 나빠서 알려졌을 뿐이라 여기며 자신뿐 아니라 다른 사람도 자신과 똑같이 할 것이라고 착각하는 등 명확한 윤리관이 결여되어 있다. 하지만 중·대형 단체는 대부분 모금하는 사람과 기금을 배분하는 사람이 다르고, 시스템상 모금하는 사람이 횡령을 하기는 사실 어렵다. 주로 회계 담당이나 배분하는 리더 급에서 그런 문제가 발생할 수 있는데, 그런 경우 가장 피해를 보는 사람은 현장 모금가다. 왜냐하면 기부자의 입장에서 생각할 때 횡령을 한 사람과 단체는 동일시되기 때문이다.

대부분 비영리단체가 공금횡령을 방지하기 위해 어느 정도는 준비한다고 말한다. 그러나 안전 불감증 속에서 무언가 크게 착각하고 있다. 외부 감사 시스템이 알아서 문제를 찾아낼 것이라는 안일한 생각을 하고 있다는 것이다. 나중에 부정이 밝혀지면 자신들 단체에서 발생한 공금횡령 사건은 매우 의외이고, 시스템상의 문제가 아니라 아주 특별한 사례로 국한하며 다시 재현될 확률이 적어서 굳이 현재의 시스템을 바꿀 필요성을 못 느낀다는 것이다. 사실 외부 감사 시스템은 내부 고발자 없이는 제 역할을 하기 어렵고, 그런 특별한 사례는 아무리 철통같은 경비 시스템이 있어도 언제든지 발생할 수 있다는 점을 간과하고 있다. 또한 문제가 생기면 영리단체의 문제 대응과 비교해 슬쩍 덮으려는 반응을 보이는 것도 큰 문제다. 알려지면 단체의 이미지가 크게 손상되고, 단체 운영상의 부패나 무능력을 드러내 보이는 것이 두렵기 때문이다. 비영리단체 기금의 회계적 임무는 단체장 및 스태프에게 있기 때문에 그 임무를 등한시해서는 절대 안 된다.

물론 방지하는 일도 중요하지만 어떤 후속 조치를 취했는지가 더 중요하다. 한 조사에 따르면, 다음과 같은 이유로 후속조치에 미흡할 수밖에 없다고 한다.

- "그가 진정으로 반성하고 있으니 구태여 내보낼 필요까지는 없지 않은가?"
- "그가 한 일에 대해서는 우리가 대신 진정으로 사과하지만,

그렇다고 우리가 대신 갚을 것까지는 없다고 생각한다."

- "우리 스태프들은 단체장이 다 알아서 조치했기 때문에 그를 믿는다."
- "창피해서 검찰이나 보험회사, 기부자에게는 절대로 알릴 수 없다."

하지만 기본 법칙상 공금횡령에 대한 후속 조치는 신속하고 간단하며 단호해야 한다. 우선 문제를 일으킨 자를 처벌해야 한다. 그리고 횡령 사실을 관계 기관에 알려서 횡령한 돈을 돌려받아내는 것은 옵션이 아니라 당연한 임무이자 책임이다. 미국에서 얼마 전에 어떤 단체에서 10만 달러 정도의 횡령 사건이 발생했는데, 발각되어 당사자가 자살까지 했음에도 불구하고 그 단체에서 가족을 상대로 고소해서 결국 돈을 찾아낸 사례는 모금교육 자료에서도 널리 활용되고 있다. 이것은 마치 삯꾼 목자가 양을 잃어버리면 주인에게 배상을 하거나 목장을 떠나야 하는 것과 같다. 단체가 이런 책임을 다하지 못한다면 결국 기부자들은 다른 안전하고 책임을 다하는 곳으로 자신의 필란트로피에 대한 투자를 옮길 것이다.

이러한 횡령 문제를 근절하려면 단체의 투명성을 제고하기 위해 회계장부를 공개하는 방법을 강구해볼 수 있다. 다행히 한국에서도 '공익법인결산서류 등의 공시 시스템(www.npoinfo.nts.go.kr)'이 2009년 4월부터 가동되어 기부자가 자신이 기부한 공익법인의 회계 투명성을 점검하거나 일반 국민이 자유롭게 법인의 운영 상황을 확인할 수 있어 기부문화 활성화에 기여할 것으로 기대되지만, 아직도 일반 기부자들에게는 홍보가 부족하다. 필자가 알고 있는 공익법인도 자료가 불충분한 것이 많고, 아마도 여러 이유로 공개하지 않은 자료가 아직도 많이 있을 것이다. 특히 미국과 달리 '뜨거운 쟁점'인 주요 임원들의 보상 문제가 명확하지 않다. 그리고 무엇보다 회계 시스템이 회계 전문가용으로 되어 있어 일반 기부자들은 그 자료만 보고 판단하기가 쉽지 않다. 미국도 회계 공개가 처음부터 가능했던 것은 아니다. 기부자들의 의식 수준이 높아짐에 따라 자연스럽게 성장통을 거치면서 여러 과정을 통해 나온 것이다. 하지만 지금도 회계 공개 내용을 자세히 들여다보면 기부금 모집 과정과 비용 등에 여전히 석연치 않은 부분이 있다. 그동안 여러 차례 기관의 투명성을 강조하였고, 그것이 기부자의 신뢰를 높인다는 모금의 기본적인 담론에는 동의했음에도 비영리단체와 기부자 사이에 진솔한 대화가 거의 없었다.

학교 발전기금 모금과 불법 입학

유명인의 아들을 사회적 배려 대상자(사배자) 전형으로 입학시켜 물의를 빚은 어느 국제중학교가 이번에는 편입생을 상대로 입학 장사를 했다는 의혹이 제기되어 서울시 교육청이 조사에 착수하면서 충격을 주었다. 물론 발전기금 모금 명목으로 했겠지만 학교 측에서 그 경계선을 넘은 것 같다. 일반인이 보기에는 발전기금과 기여입학제의 경계선을 이해하지 못하기 때문에 "그게 그거 아니냐?"고 생각한다는 것이 문제다.

모금을 부도덕한 행위의 온상으로 보는 잘못된 이미지 만들기에 일조한 셈이다. 사회적 배려 대상자 전형 악용 사례, 발전기금의 출처와 내역, 재단 이사장 지인의 편입학, 연수원 건축비와 관리비 출처 등에 대한 신속한 감사를 촉구한다고 언론에서 아우성이다. 그 학교 교감 A씨가 남긴 유서에는 "학교를 위해 한 일인데 생각을 잘못한 것 같다"는 내용이 들어 있었다. 생각을 잘못했다는 것은 모금, 즉 발전기금을 모으는 과정에서 잘못이 있었다는 뜻이다. 성적을 조작할 정도로 기부금에 협조할 만한 학부모를 억지로 선정했다는 말인데 참으로 안타까운 일이다. 이같이 모금 과정을 잘못 이해하여 실행하면 엄청난 부작용이 뒤따를 수밖에 없다.

사회의 민감한 정서를 건드리는 사건이 매일같이 쏟아져 나온다. 문제는 입학에 실패한 학생에게 합격 조건으로 기부금을 요청한 것, 자발적인 분위기에서 조성된 요청이 아니라는 것, 기부를 받은 뒤 공개적인 감사나 확인이 없었다는 것, 학교 담당자 혹은 학교 설립자의 필란트로피 정신세계가 재정립되지 않았다는 것이다. 아마도 공개하지 않은 이유는 모금 훈련을 받지 않았어도 무엇인가 본능적으로 느껴지는 떳떳하지 못함 때문이었을 것이다.

한국의 정서는 간단하다. 공정한 게임 룰 안에서 경쟁하자는 것이다. 지원하는 모든 학생에게 똑같은 기회를 주고, 사회적 약자에게는 약간의 가산점을 주자는 것이다. 하지만 이런 기준을 무시하고 기금 모금에 대한 잘못된 생각이 결국 윤리적인 판단 오류에 빠지게 한 것이다. 필란트로피의 근본인 '자발성(voluntary)'에 위배된 행동이다.

한국 속담에 "닷 돈 추렴에 두 돈 오 푼을 내었나"라는 말이 있다. 다섯 냥을 내야 할 추렴에 절반밖에 내지 않았다는 뜻으로, 자기가 치러야 할 몫을 제대로 치르지 않고 여럿이 하는 일에 염치없이 끼어들어 좀스럽게 이득을 얻는 경우를 이르는 말이다. 약간의 반강제성이 있고 눈치가 보이며 의무성이 더해진 인상을 주기 때문에 한국에서의 모금은 특히 부담스럽다고 한다. 한국 법의 모든 문구에 '갹출'이 '모금'으로 변경된 것이 불과 몇 년 전인 것을 보면 시사하는 바가 크다.

어느 대학의 총장은 임기 동안 심한 갈등 속에서 지내다가 임기 전에 퇴임하면서 "일부 절차를 무시하고 넘어갔는데 그게 나중에 문제가 되더라"라고 털어놓았다. 모금한 돈은 공익을 위해 쓰면 된다는 오해가 결국 발목을 잡고 만다. 정의보다 유능함과 충성됨을 우선순위에 두기 때문에 생기는 현상이다.

기부와 정부 훈·포장

정부 포상이 기부라는 명분 아래 자주 도마 위에 오른다. 물론 정부의 모든 훈·포장이 문제가 된다는 말은 아니다. 협회 또는 비영리단체가 모금을 목적으로 수상자에게 행사 비용을 요청하는 사례가 많다는 이야기다. 한마디로 기부가 포상의 조건이 된다는 이야기인데, 이것은 마치 대학이 기부금을 받고 명예박사 학위를 수여하는 것과 비슷하다. 얼마 전 법정단체인 어느 단체 총연합회가 정부의 훈·포장을 추천해주는 대가로 회원들에게서 수백만 원에서 수천만 원을 받았다는 의혹이 제기되어 정부가 조사에 나섰다는 기사가 신문에 실렸다. 총연합회는 정부 포상 대가로 거액의 기부금을 받는가 하면 일부 단체에 집중된 나눠 먹기식 포상으로 물의를 빚고 있다. 수상자 선발을 담당하는 심사위원회는 14개 항목을 기준으로 후보자를 평가했지만 이 중에서 '기부금' 항목이 가장 큰 비중(300점 중 50점)을 차지했다고 한다. 일부 포상의 경우 협회에 기부금을 안 내면 아예 심사대상에서 배제된다고 하는데, 사실 강압적 기부금 요청이 될 수 있는 오해의 소지가 다분히 있다. 돈이 있어야 포상을 받을 수 있다 보니 어느 단체는 연합회 중앙회 소속 인사들이 최근 2년 동안 5명이나 대통령 표창 이상의 포상을 받는 등 재정이 넉넉한 일부 단체에 포상이 집중되는 실정이다.

그 단체의 내부 규정에 따르면 연합회는 훈장 추천 대상에게 행사 비용의 50퍼센트, 포장과 대통령 표창 대상에게 20퍼센트, 국무총리 표창 대상에게 10퍼센트를 부과할 수 있다. 하지만 행사 비용은 명목일 뿐이라는 것이 관계자들의 설명이다. 지난해 연합회는 행사 찬조금으로 1억4430만 원을 걷었지만 실제로 행사에 들어간 돈은 1380만 원으로 10퍼센트도 안 된다. 나머지는 협회 운영과 판공비 등에 쓴 것으로 전해졌다. 연합회 관계자는 "행사를 호텔 등에서 하다 보니 식대가 많이 들어 수상자들이 비용을 부담한 것"이라며 "수상자 중 돈을 안 낸 사람도 있다"고 해명했다. 또 "협회 운영이 어려워 행사를 치르고 남은 돈을 운영비로 썼지만 유용하거나 횡령하지는 않았다"고 변명한다. 이처럼 포상이 주 모금 상품이 되어서는 안 된다.

불법 텔레마케팅의 유혹

2013년 8월 미국의 〈탬파베이 타임스〉와 CNN이 합동으로 '최악의 50개 비영리단체' 목록을 발표했다(http://www.tampabay.com/topics/specials/worst-charities1.page).

새로운 사실도 아니지만 실제로 비영리단체가 모금 대행업체를 이용해 전화나 편지로 모은 기금의 5퍼센트도 안 되는 기부금만 수혜자에게 가고, 전문 모금가는 수십만 달러의 뒷돈을 받는다는 모금 세계에 펼쳐진 전형적인 판도라 상자 이야기다. 이러한 일들은 모금 세계에서는 늘 뜨거운 감자로 떠오르는 이슈다. 주기적으로 모금 윤리 문제로 거론되는 것이다. 비록 이런 모금 방식이 법적으로는 하자가 없다고 하지만 윤리적으로는 분명히 문제가 있다. 마침 AFP에서는 회장이 직접 나서서 반박 성명을 냈다. 모금을 하는 비영리단체가 다 그런 것은 아니며, 오히려 이런 악성 리스트로 인해 건강한 비영리단체에 대한 일반인의 인식까지 나빠질 수 있다고 우려를 나타냈다. 항상 선을 넘지 말아야 하는데 그 선에 대한 정의가 사람마다 다르다. 컨설팅 조직의 규모가 커지면서 그것을 유지하기 위해 세일즈를 할 수밖에 없다. 자신이 낸 기부금의 일부분이 컨설턴트나 모금 대행업체로 간다는 사실에는 누구도 동조하고 싶어 하지 않는다. 하지만 컨설팅 회사는 그런 유혹을 이겨내야 한다. 재정적으로 어려운 단체는 누군가 모금을 해주었으면 하는 막연한 기대를 한다. 큰 투자를 하지 않고 제3자에게 맡겨 알아서 해주기를 바라는 유혹을 늘 갖게 된다. 컨설팅 회사는 단지 몇 페이지의 리포트를 써주고 수수료를 받기 원하기 때문에 서로의 기대 차이가 있다. 이때 모금 컨설팅 회사라는 이름으로 사익을 챙기려는 그룹이 반드시 끼어들기 마련이다.

그럴 때 그들이 쓰는 전략이 바로 '불법 텔레마케팅(boiler room)'이다. 2000년에 개봉한 영화 '보일러 룸(Boiler Room)'에서 젊은 청년(지오바니 리비시 주연)이 아버지로부터 인정받는 것과 백만장자가 되어야겠다는 목표를 가지고 회사에서 판매 전화(cold call)를 통해 반강압적인 설득으로 주식을 팔아 백만장자가 되고자 하는 내용에서 나온 말이다. 거기에서 응용하여 동료 간의 경쟁을 통해 마치 다단계 판매 형식으로 분위기를 조장하는 '모금 방식의 상징'으로 표현되고 있다. 발 빠르고 예리하게 콜드 콜(고객에게 직접 전화를 걸어 구매를 설득하는 것)을 하는 스타일이다. 하지만 이런 서비스를 도입하지 않으면 단체를 유지하기 힘들다는 생각 자체를 버려야 한다는 것이 모금 전문가들의 견해다. 물론 모금 비용의 퍼센티지를 따져서 단체나 모금의 형태를 평가할 수는 없지만, 정상적인 컨설팅인지 불법 텔레마케팅을 도입한 업체인지 구분하려 하지 않고 기부자에게 잘못된 인식을 주게 된다면 그것은 정말 잘못된 것이다. 물론 심리적으로 동료들의 압력과 경쟁심을 조장하는 분위기 속에서 캠페인을 유지하는 것도 좋지만 선을 넘어서는 안 된다. 다행히 한국에서는 아직 그런 형태의 모금 방식이 있다는 소리를 들어보지 못했다.

사례 연구 : 암스트롱 사례

미국 내에서 가장 주목을 받은, 유명인을 통한 단체의 흥망성쇠를 보여주는 사례로 랜스 암스트롱(Lance Armstrong)을 들 수 있다. 세계적으로 유명한 프로 사이클 선수인 랜스 암스트롱이

1997년에 만든 비영리단체 'Livestrong'은 그의 유명세 덕분에 성공 가도를 달리고 있었지만, 경기 중에 복용한 마약 파문으로 인해 단체까지 고초를 겪고 있다. 단체의 대표인 더그 울먼(Doug Ulman)은 난관에서 벗어나고자 노력해봤지만 랜스 암스트롱으로 인한 상처 자국은 너무나도 컸다. 그가 혐의를 인정하고 모든 직책에서 물러나며 우승컵까지 반납한 순간 많은 후원자, 특히 나이키나 앤호이저부시(Anheuser-Busch) 등의 후원 기업이 등을 돌렸고, 심지어 어떤 후원자들은 소송까지 냈다. 단체가 특정 유명인과 지나치게 연관되어 있으면 그들의 명성에 단체의 운명이 좌우되기도 한다. 이런 단체들은 SNS의 영향으로 항상 위험을 안고 있기 때문에 유명세의 위력을 적절히 이용하기도 하고 때로는 버리기도 하면서 단체 스스로 위기관리를 해야 한다.

환상과 착시

10

뒷골목과 영화 세트

어떤 도시든 화려한 큰길가의 상점 뒤에는 뒷골목이 있기 마련이다. 어둡고, 냄새 나고, 가끔 범죄가 발생하기도 한다. 뒷골목은 이성보다는 본성이 앞서는 장소다. 비영리 세계에도 항상 뒷골목이 존재한다. 겉으로는 이타주의적인 공익(公益)을 이야기하지만 자신도 모르게 사익(私益)에 대한 욕심이 슬그머니 나오기도 하는 것이다. 다행히 공익의 효과가 사익보다 크면 시스템은 용납하지만, 사익이 크면 누군가 호루라기를 불어 부조리한 시스템은 소멸되고 말 것이다.

대학생들이 스펙을 쌓기 위해 본인 부담으로 해외봉사까지 간다는 사실에 대해 여유가 없어 비용을 마련하지 못하는 다른 학생들은 허탈감마저 느낀다. 해외봉사에 참여하는 대학생 가운데 상당수는 인류애나 봉사 정신보다는 개인적인 경력을 위해, 또는 해외여행의 기회로 삼아 간다는 생각을 더 많이 하는 것도 사실이다. 봉사단을 맞이하는 현지 사람들도 이런 점을 눈치 채고 해마다 단기 봉사 학생들이 놓고 가는 것에 더 관심을 갖는다. 이미 미국에서 해외 단기 봉사는 '부잣집 아이들'의 연중행사로 전락한 지 오래다. 리더십을 키운다고 친지들 중심으로 모금을 하던 것도 이제는 민폐 수준이 되어 순수한 모금 정신이 초심을 잃고 훼손된 지 오래되었다. 기업도 그런 스펙의 실체를 알고 나서부터는 그리 큰 점수를 주지 않는다.

문제는 이런 어두운 면을 알면서도 단체들이 이용한다는 데 있다. 학생들의 단기 봉사가 현지에 주는 영향력은 미미하며, 오히려 현지 봉사자들에게 피해를 줄 때도 많다. 봉사는 나름대로 모금의 일환으로 생각되지만 사실은 보여주기 위한 것이므로 문제가 된다. 모금 경험이라는 것도 자신에게 득이 되기보다는 오히려 해가 되는 것을 많이 목격했다. 실제로 단기 봉사를 다녀온 학생들을 상대로 설문조사를 해보니 "다시 가겠다"는 사람보다 "한 번으로 족하다"는 사람이 더 많았다.

그래도 뒷골목은 인간의 본성이기에 이해가 되지만, 더욱 우려스러운 문제는 영화 세트처럼 되어버렸다는 것이다. 뒷골목은 쓰레기 청소도 하고 보기 싫은 것을 내보이기도 하는 인간 사회의 자연적 배출구가 되지만, 영화 세트는 다르다. 겉으로는 화려하고 그럴듯해 보이지만 자세히 살펴보면 아무것도 없다. 그저 베니어판에 색깔만 입힌 것이다. 그 세트는 관객을 위한 눈속임이고, 사람이 살 수 있는 곳으로 착각하게 만들기 위한 영화 장면에 지나지 않는다. 사람들로 하여금 나도 저런 집에 살고 싶다는 환상을 갖도록 만드는 것이다. 따라서 이러한 착각과 환상을 조심해야 한다.

기부자의 환상과 착시

대중을 상대로 요청하는 사람들은 자신이 갖고 있는 정보가 실제 가치보다 더 클 것이라고 생각하는 경향이 있다. 특히 자신의 네트워크나 관계가 실제보다 더 가치가 있을 것이라고 과대평가한다. 그래서 그것을 근거로 모금 액수를 예측한다. 또한 대부분의 사람들이 관심을 갖고 동참할 것이라는 착각을 하게 된다. 그 결과 모금을 통해 들어오는 수입을 과대예측하게 되며, 소요되는 경비를 과소평가함으로써 모금에 걸리는 시간도 제대로 예측할 수 없게 된다.

국제구호단체들이 좋은 동기를 가지고 있지만 때때로 지나치게 모금 상품을 포장하여 기부자 환상을 일으키고 있다면서 기부와 관련된 블로거들이 자신의 의견을 피력하고 있다. 기부자들은 충분한 정보가 없기 때문에 자신이 기부한 금액이 직접 수혜자에게 전달될 것이라고 생각한다. 하지만 현실에서는 반드시 기부자가 생각한 사람에게 정확히 그 기부금이 전달되지 않는다. 구호단체가 홍보의 일환으로 밝힌 수혜자의 이름 그대로 전달되기도 하지만 단체의 모금 이유와 일치하지 않을 수도 있다는 것이 모금 세계에서는 공공연한 상식이다. 그러나 대부분의 기부자는 그렇게 생각하지 않는다. 기부자들은 기부할 때에는 잘 모르고 있다가 나중에 그런 사실을 알게 되면 일부는 배신감마저 느낀다고 한다.

기부자가 갖는 환상 중에서 현재 문제가 되고 있는 것을 몇 가지 소개한다. 어느 유명한 국제구호단체는 특정 어린아이를 수혜자로 표기하며 사진과 이유를 달아놓지만, 보통 기부자는 기부 요청 맨 밑에 아주 작은 글씨로 "당신이 낸 기부금이 당신이 생각하는 그 아이에게 직접 가지는 않는다"라고 쓰여 있는 것은 보지 못하고 기부하게 된다. 법적인 문제로 인해 최소한 조건을 달기는 하지만, 대부분 수사학적 설득에 스토리텔링을 가미하여 디자인하기 때문에 단체는 굳이 적극적으로 설명하려 하지 않는다. 의도적으로 기부자의 환상을 유도하는 듯하다.

또 살아 있는 가축을 가난한 지역 사람에게 나누어준다는 모금 상품도 가축을 전달하지 않는 경우가 많다. 얼마 전 한 다큐멘터리 작가가 만든 "내 염소는 어디 있나요?(Where is my goat?)"라는 제목의 동영상이 유튜브에 올라왔는데, 그 작가는 단체가 홍보한 아프리카의 한 가난한 마을의 가족에게 염소를 선물로 준다는 광고를 보고 기부했다. 그리고 작가는 실제로 그 루트를 따라가는 과정을 카메라에 담았다. 그러한 과정을 통하여 작가는 수혜자에게 전달되어야 할 염소는 현지 환경과 잘 맞지 않을 뿐 아니라 홍보와는 달리 절대적으로 필요한 것도 아니었고 경제적으로 큰 도움도 되지 않는 동물이었다는 것을 알게 되었다. 결국 자신이 낸 기부금은 대부분 다른 용도로 사용되었다는 것을 냉소 섞인 유머로 밝혔다. 사실 염소는 단지 상징일 뿐이며, 기부자에게 감동을 줄 수 있는 모금 상품의 수단으로 사용한 것으로 수혜자의 필요에 맞춘 것은 아니었다. 여기에도 역시 작은 글씨로 '법적 책임을 부인하는 문구(Disclaimer)'가 적혀 있었다. "당신이 내는 기금은 전체의 미션에 쓰일 수 있다."

소액 대출에 기부하는 사람들은 자신의 기부금이 특정하게 디자인된, 사업성이 좋고 창의적인 곳의 대출금으로 쓰일 것이라는 환상을 갖고 기부한다. 그러다가 결국은 기부 정당성에 대한 보고서를 쓰기 위해 동원된 스태프들에게 줄 비용이나 기대대로 어떤 특정한 사람들에게 빌려주는 것이 아니라 다른 부적격한 사람들에게 주어 발생한 손실을 메우기 위해 쓰인다는 것을 알게 되면 그저 단체의 유지 비용을 대주는 격이 되어서 매우 실망하게 된다.

사실 모금 전문가 입장에서 보면 위의 사례들이 아주 근거 없는 내용은 아니다. 그리고 양심적인 단체들은 그런 기부 환상을 고의로 유도하지 않는다는 것도 안다. 하지만 위와 같이 하도록 교육하고 그 일에 앞장서는 것은 윤리적으로 문제가 있다. 모금 세계에서는 효과적인 감동 전달과 설득을 위해 어떤 한 아이를 선정해서 이야기를 꾸며내고, 마치 그 아이에게 기부금이 직접 전달되는 것처럼 착시 현상을 유도하는 일을 너무 당연시한 나머지 습관화되어 있다. 하지만 앞으로는 넘지 말아야 할 선을 구별하고 남용하는 것을 자제해야 한다. 점점 기부금 사용에 대한 투명성과 실제 기부금의 영향력을 따지는 사람들이 늘어나고 있다. 현대사회는 SNS 등으로 정보 소통이 매우 빠르고 자유롭기 때문에 어설픈 방법을 써서 슬며시 넘어가려 해서는 안 된다. 지금부터라도 솔직하게 미리 알려주어 기부자의 신뢰를 얻는 것이 장기적으로 볼 때 오히려 낫다. 기부자에게 나중에 환상에서 깨어났을 때 느끼는 실망감을 미리 알려줌으로써 후유증을 줄이는 것이 현명하다.

사례 연구 : 부산대-송금조 기부금 분쟁 사례

소액 기부자에서부터 몇 백억 원에 이르는 거액 기부자까지 모든 기부자가 기부를 결심할 때에는 자신의 기부금이 어떤 용도로 쓰일지에 대한 나름의 기대감이 있다. 물론 기부자 중에는 "이 단체라면 어떤 일을 하든 믿을 수 있다"며 기부금의 사용처에 대해 크게 관심을 갖지 않는 기부자들도 있지만, 대부분의 기부자들은 자신의 기부 행위를 통해 자아실현 및 만족을 얻기 원하기 때문에 자신의 돈(기부금)이 어떤 영역에서 사용됐는지 알고 싶어 한다. 또한 기부자로서 귀한 대접을 받기 원하는 마음도 크게 작용한다.

이와 관련한 흥미로운 사례가 있다. 2012년 10월 25일에 원고 패소 판결이 확정된 300억 원대 송금조 기부금 분쟁이 바로 그것이다.

2003년 2월, 양산 출신의 기업인 송금조 회장에게 박재윤 당시 부산대 총장이 찾아왔다. 경남 양산캠퍼스 부지 112만 제곱미터(34만 평)를 확보해야 하는 상황에서 학교 측과 한국토지공사의 물물교환 부분을 제외한 305억 원이 필요한데 도와달라는 부탁을 하기 위해서였다. 송 회장은 2002년 사업을 정리한 후 기업의 사회 환원을 고려해오던 터였지만, 건강상의 이유로 서울에서 입원 요양 중이었기 때문에 이야기는 더 진행되지 못하고 있었다.

그해 9월 김인세 총장이 취임하면서 송 회장과 재접촉을 시작한 후 수차례에 걸쳐 송 회장을 찾아가 기부를 간청했다. 결국 10월에 305억 원을 기부하기로 최종 확정하고 8일 '부산대학교 양산캠퍼스 부지대금'을 용도로 지정한 약정서를 작성했으며, 이후 2006년까지 네 차례에 걸쳐 195억 원을 전달했다.

그러나 2008년 7월 송 회장은 "부산대가 기부금을 양산캠퍼스 부지 매입 기금으로 쓰기로 해놓고 약속을 지키지 않았다"며

"나머지 기부금 110억 원을 내지 않게 해달라"는 채무부존재확인 소송을 제기했다.

이에 대해 부산지법 제5민사부는 송 회장의 청구를 기각하고 부산대의 손을 들어주었다. 부산지법 백태균 공보판사는 "기부받은 쪽이 기부금을 기부 목적대로 사용하지 않았다는 이유만으로 기부 약속을 해제할 수는 없다"며 "부산대가 기부금을 기부 목적대로 썼는지는 판단하지 않았다"고 설명했다.

또한 부산대 측에서도 최초로 작성한 기부 약정서에 '양산캠퍼스 부지 대금'이 기부 용도로 명시되어 있다는 송 회장의 주장을 부인하고 있다. 2003년 10월 8일에 주고받은 기부 약정서에는 처음부터 그 용도가 '캠퍼스 건설 및 연구 지원 기금'으로 정해져 있었다는 것이다.

송 회장 측은 항소심 판결에 대해 "기부한 돈을 기부 목적대로 사용하지 않아도 아무런 문제가 되지 않는다면 어느 누가 흔쾌히 기부하겠느냐?"면서 "올바른 기부문화 정착과 진실을 밝히기 위해 대법원에 상고하겠다"는 입장을 밝혀 법정 공방을 계속했으나 2012년 10월 25일 대법원에서 원고 패소 판결이 확정됨으로써 부산대-송금조 법정 공방은 마무리되었다.

서두에서 언급한 것처럼 기부자는 기부 행위를 통해 자기 나름대로 얻고자 하는 무언가를 가지고 있다. 그것은 기부자 자신의 지위, 개인적 성향 등 여러 요인에 따라 달라지므로 개인마다 다를 것이다. 문제는 이러한 기부자의 요구를 대하는 모금가의 태도다. 이번 부산대-송금조 사례에서도 이것이 문제가 되었다. 기부 과정에서 무언가 송 회장의 마음을 섭섭하게 만든 문제가 있었고, 모금가가 그 부분을 잘 알아주지 못했기에 일어난 사례인 것이다. 이 사례에서는 기부금 도용, 상호 간 주장의 상이점 등으로 나타난다. 송 회장의 주장은 "지금까지 낸 기부금을 돌려 달라"는 것이 아니라 "앞으로 낼 기부금을 내지 않게 해달라"는 것이었다. 이는 기부 자체에 대한 마음이 없어진 것이 아님을 엿볼 수 있다. 사건 발생 후 송 회장과 부산대의 적절한 협의와 이해가 있었다면 이 문제로 인해 대법원까지 갈 일은 없었을 것이다.

위의 사례에서 법원은 부산대의 손을 들어주었지만, 사실 이 싸움은 '승자는 없고 상처만 가득한' 싸움으로 끝났다. 재판에 진 송 회장은 기부에 대한 마음이 닫힐 염려가 있고, 재판에서 이긴 부산대는 앞으로의 모금에 큰 난항을 겪게 될 것이라 예상된다. 또한 법원의 이번 판결로 인해 한국 기부문화에 기부금 사용에 관한 불신 풍조가 고조되지 않을까 염려된다.

모금의 감상적 오류

요즘 모금에서 많이 쓰고 있는 메시지가 과연 누구를 위한 것인지를 자세히 살펴보면 오류가 난무하고 있다는 것을 알 수 있다. 설득을 위해 감정에 호소하느라 자칫 잘못하면 선을 넘어 결국에는 오류에 빠지고 만다. 모금에서는 때로 감정이입이 매우 중요하지만, 적정선을 넘으면 오류가 되어버리는 딜레마에 빠지게 된다. 예를 들어 "굶고 있는 아프리카의 어린이를 도와야 하지 않는가?", "만약 우리 주위의 아이들이 굶주리고 있다면 가만히 있겠는가?" 같은 메시지는 과도하게 감정을 자극해 모금을 유도하는 일종의 감상적 오류다. 아프리카 어린이와 우리나라 어린이는 직접적인 관계가 없는데도 모금가가 감정을 개입시켜 유도하는 것이다. 이러한 모금이 모금가를 위한 것인지, 아니면 기부자를 위한 것인지, 혹시라도 우리의 모금이 감상적 오류라는 함정에 빠져 있지는 않은지 다시 한 번 생각해봐야 한다. 이러한 오류는 단체 전체의 사고에 각인되어 있거나 개인의 정서와 깊은 관련이 있다.

모금에는 가끔 도덕적 요소가 가미되기도 한다. "기부자는 단체의 생각과 공유해야 한다"는 것이다. 하지만 이것은 문학작품에나 어울릴 법한 감상적인 것이며, 모금에 적용될 경우에는 뼈아픈 실패를 가져올 가능성이 크다. 모금가가 제시하는 명분에 깃든 기분, 감정, 경험, 심리적 프로파일 등이 기부자의 마인드와 다르다는 것을 가끔 잊고 있다는 게 문제다. 모금가의 동기를 자극하는 메시지가 기부자에게도 같은 기부 동기를 줄 수 있다고 생각하면 안 된다. 무엇보다 기부자를 이해하고 그에 맞는 메시지를 만들어야 한다. 사실 가장 효과적인 모금은 모금가의 의도에서 벗어날 수도 있고, 감정을 상하게 할 수도 있다. 하지만 모금은 모금가를 위한 것이 아니라 기부자를 설득시키기 위한 것이라는 것을 알아야 한다. 모금가 자신을 설득하지 못하는 것이 오히려 역설적으로 사실에 가까울 때가 있다. 이러한 감상적 허위에서 자유로울 수 있다면 기부자 중심의 메시지를 만들 수 있으며, 진정한 의미에서 모금을 할 수 있을 것이다.

모금가의 환상과 착시

모금가는 기부자가 단체의 성공에 관심이 있거나 적극적으로 돕기를 원할 것이라는 착각에 빠지기도 한다. 하지만 단체에 도움을 주기 위해 기부하고자 하는 사람은 한 사람도 없을 것이다. 기부자들은 자신의 가치에 투자하기 위해 기부하는 것이다. 중요한 것은 기부자 자신의 가치와 단체의 가치 사이에 일치점이 있는가 하는 문제다.

사람들은 자신이 갖고 있는 정보가 실제 가치보다 더 높다고 생각하는 경향이 있고, 특히 모금가는 자신의 네트워크나 관계가 실제보다 더 가치 있을 것이라고 과대평가한다. 그래서 그것을 근거로 모금 액수에 대해 예측한다면 곧 실망에 빠지고 만다. 목록에 있는 사람들이 모두 관심을 갖고 적극적으로 동참할 것이라는 착각을 하게 되기 때문이다.

모금 캠페인에서는 주어진 단체의 정책과 제한적 투입은 이해하더라도 진행 과정에서 있을 가정(assumption)에 대한 추측에서 가장 많은 실수를 저지르게 된다. 가정의 강도를 오해하거나 아예 아이템을 놓치는 경우가 허다하다.

모금가가 단체 내에서 모금 실적이 좋으면 마치 자신의 힘이 대단한 것으로 착각하게 되어 혼자 힘으로도 할 수 있을 것이라는 착각을 하게 된다. 그래서 자신만의 재단이나 단체를 만드는 것을 생각하기도 한다. 어떤 사람은 혼자 독립해서 모금을 시도해보지만 그 결과에 이내 실망하게 된다. 자신의 모금 능력은 단체의 브랜드네임 및 팀원의 융합된 힘이란 것을 잊어서는 안 된다.

기부금을 모아 사회문제를 해결하고자 하는 명분 가운데 가벼운 것은 하나도 없다. 어디까지나 모금이라는 수단이 지렛대 역할을 해서 궁극적으로 경제적·사회적·정치적으로 영향을 끼치기 위함이다.

모금가는 늘 감사할 줄 알아야 한다. 작은 것에도 만족하며 감사할 줄 아는 마음으로 자신의 직업을 유지한다면 기부자도 그런 감사의 마음에 진정성을 느낀다. 모금의 생태계가 늘 아름다운 모습만 보여주는 것은 아니다. 교재에 나오는 내용대로 진행되는 것은 아무것도 없다. 어두운 면을 미리 알고 모금하는 것은 아니기 때문에 모금 선배들도 굳이 설명하려 하지 않는다. 계산적인 사람은 모금하기를 좋아하지 않는다. 아무리 해도 그의 계산 방법으로는 도저히 타산이 맞지 않기 때문이다. 어떤 사람이 모금운동에 참가했다가 실패를 경험한 경우 다시 도전하는 경우는 그다지 많지 않다. 대부분의 사람들은 부담을 느껴 더 이상 가담하기를 꺼린다. 혹시 모금 후에 보상이 크다면 서로 하겠다고 할지 모르지만, 대부분 특별 이벤트 등에 가담하다 보니 열정이 바닥나 보상조차 심드렁하게 느껴진다. 그나마 미국에서 많은 모금 전문가들이 일하고 있다는 것은 어느 정도 전문직으로 자리 잡았다는 증거다.

때때로 모금가는 히말라야 산에서 부는 거센 바람의 이동 경로와 온도에 대해 이해하지 못한 채 산을 오른다. 머릿속에 개념이 어떻게 표상(representation)되어 있고, 범주화(categorization)가 어떻게 일어나며, 어떻게 연관된 개념끼리 유사성에 기초하여 네트워킹이 되는지도 모르고 단지 기부자의 기억 속에 있는 브랜드 등의 구조와 개념의 변형을 일으켜보고자 모금을 시도한다면 정말로 미련한 짓이다. 갑작스러운 눈보라에 얼어 죽고, 밑이 빠진 줄도 모르고 값진 자원을 쏟아 넣다가 기진맥진하며, 죽은 말에게 채찍질하는 격으로 헛수고만 하게 된다.

비영리기관 종사자들의 환상과 착시

그렇다면 비영리기관(NPO)에 근무하는 종사자들이 자신도 모르게 하게 되는 착각에 대해서 알아보자. 이러한 착각 속에서 빠져나오지 못하면 나중에 반드시 그 대가를 치러야 하고, 단체 발전에 심각한 문제를 초래할 수도 있다.

1) 기부금은 NPO의 필요를 위해 사용되는 것이 아니라 수혜자를 돕기 위한 것이다

그 중 가장 큰 오해는 NPO가 도움이 필요한 것이 아니라 수혜자에게 서비스하기 위해 기부자들의 도움이 필요하다는 것이다. 모금 리더들조차 이 사실에 대해 오해하기 때문에 모금을 마치 구걸하듯이 한다. 모금을 호소하는 방법에도 문제가 있다. 기부자들은 단체를 돕기 원하는 것이 아니라 모금 이유를 해결해줄 단체를 통해 기부금이 전달되기 원한다. 모금 리더들이 진정한 모금을 하기 위해서는 NPO 자체가 도움이 필요하다고 호소하고 싶은 유혹을 극복해야 한다. 왜냐하면 비영리단체에 대해 갖는 일반적인 이미지로 이익 창출을 해서는 안 된다고 생각하는 고정관념이 있으므로 경쟁력이 떨어지게 된다. 그렇기 때문에 비영리로 전환했다고 하면 그 분야에 종사하는 사람들을 영리 생태계에서 도태된 사람들로 여기거나 경쟁력이 부족한 사람들의 모임, 즉 도움이 필요한 집단이라는 인식을 갖고 있다. 비영리단체가 제공하는 서비스의 질이 낮아도 '나눔'이라는 명제 아래 그저 참고 이용해달라는 의미를 포함하고 있다. 대학 운영기금을 위한 모금을 예로 들어보자. 기부자들은 학교 운영기금이 부족해 학생들에게 장학금을 제공하지 못해 우수한 학생들의 지원율이 떨어지므로 모금을 하여 운영기금의 부족을 채워야 한다는 인식에는 힘을 실어준다. 그러나 학교의 운영자금이 충분한데도 학교의 발전과 비전을 위해 또는 우수한 학생을 영입하기 위한 장학금이 필요해서 모금을 해야 한다고 말하면, 단지 수혜자에게 이익을 전달하는 전달자로서 학교의 역할에 대해 기부자가 받아들이는 느낌은 전혀 다를 것이다.

2) 영리회사는 고객을 만족시킬수록 자산이 축적되고, NPO는 만족시킬수록 고갈된다

현재 많은 비영리단체가 운영에만 신경 쓰고 미션에는 소홀하다는 지적이 많다. 특히 요즘 같은 불경기에는 많은 단체들이 그저 '안전 모드' 상태에 머물고 싶어 한다. 단체 내의 스태프들의 월급 주기에 급급해 기부자와 약속한 서비스는 뒷전이다. 단체가 장기적인 운영자금을 따로 확보할 수 있는 자원이나 시스템을 미리 갖추지 못하면 그런 악순환은 계속될 것이다. 잊지 말아야 할 교훈은 영리회사는 고객을 만족시키면 자원이 축적되어 자산이 되지만 비영리단체는 수혜자를 만족시킬수록 자원이 고갈된다는 점

이다. 만족한 고객은 즉각 재구입을 하지만 비영리의 수혜자는 만족해도 기부자와 다르기에 재충전까지의 시간 차이와 수급 전략에 만전을 기해야 한다. 연간 100억 원을 모금하던 단체가 다음 해에 모금액이 50억 원으로 떨어져 스태프들 월급도 못 줘서 바로 문을 닫는 사례를 종종 보는데, 이는 단체의 리더가 미리 가뭄을 위한 준비를 하지 못했기 때문이다. NPO에서 자산의 축적은 금기라는 오해 때문에 준비하지 못한 것이다. 기부자의 동의 아래 미래를 위해 모금액의 일부가 축적되는 것이 용납되도록 투명성과 적극적인 소통이 필요하다.

3) 영리는 이익으로 측정하지만, NPO는 간섭하는 사람이 거의 없다

영리회사는 경영을 잘하는지 못하는지 알 수 있는 측정 지표가 여러 가지 있다. 그 중에서 가장 간단한 지표인 이익이 적으면 투자자들은 즉각 불만을 쏟아낸다. 그런 투자자들을 만족시키기 위해 구조조정이다 혁신이다 하며 재정비할 수 있는 기회가 영리회사에는 있다. 반면에 비영리단체는 기부 결과가 어떻게 쓰였는지는 알 수 있으나 그 진정한 결과를 보고하는 단체는 찾아보기 어렵다. 측정 방법이 애매모호할 뿐 아니라 기부자들 또한 전문성 부족으로 선뜻 나서지 못하며, 단체는 특성상 운영에 제약을 받지 않으므로 심각한 문제가 발생하기 전에는 누구의 간섭도 받지 않는다. 그래서 항상 잘되고 있다는 착각을 한다. 측정 기준이 없어서 평가를 하지 못하고, 평가를 하지 못하므로 경영상의 발전도 기대할 수 없게 된다. 기부자의 수준이 높아지기 전에 비영리단체가 착각에서 깨어나 측정 기준을 미리 제시하여 내부에서부터 자정 작업에 들어가야 한다.

윤리적 딜레마

11

친절함은 무능력

'비영리'라는 말에서 연상되는 것은 '좋은 일을 하는 사람들이 모여 있는 곳', 그리고 '친절함'이다. 비영리 현장 관리자들이 이구동성으로 하는 말에 따르면, 질적으로 우수한 제품이나 서비스를 제공할 때 그 친절함이 무능력으로 연결된다고 한다. 물론 사람들이 바라는 것은 친절이지만 무능력해서는 안 된다는 것이다. 그러나 사람들은 비영리를 "경쟁보다는 협동을 추구하고, 저임금을 받음에도 순종하며, 열악한 환경에도 긍정적인 마음을 갖고 정부가 할 일을 대신 해주는 곳"으로 이해하고 있다.

비영리는 사회적 문제를 해결하는 데 그 존재 이유가 있다. 비영리단체라는 말에서 받는 직관적인 느낌은 모든 사람을 포함해야 하고, 동의를 구해야 하며, 영리와는 달리 많은 이해관계자를 상대해야 한다는 것이다. 영리는 한 사람의 고객을 상대하지만, 비영리는 기금을 주는 기부자와 수혜자라는 두 종류의 고객을 상대해야 한다. 그래서 더 친절해야 하고, 그러다 보면 일을 비효율적으로 처리하게 된다. 문제를 해결하기 위해서는 친절한 것도 중요하지만 가끔은 포기하기도 해야 한다.

모금 윤리의 딜레마

모금을 진행하면서 만나게 되는 윤리적 딜레마를 크게 일곱 가지로 분류해본다면 다음과 같다. 첫째, 부정한 돈으로 내는 기부금이다. 물론 돈이 죄가 아니므로 받을 수도 있겠지만, 본래 단체의 미션과 위배되는 기금은 문제가 될 수 있다. 예를 들어 MADD(Mother Against Drunk Driving)라는 단체는 자식을 음주운전 사고로 잃은 엄마들의 모임인데, 이 단체가 주류 회사로부터 후원금을 받는다면 단체의 이미지를 실추시킬 수 있다. 둘째, 단체의 CEO나 모금가의 임금 문제다. 기부자는 모인 기금이 인건비로 지출되는 것을 싫어하기 때문에 사회규범에 따른 보상 이상을 받는 것을 문제로 본다. 셋째, 기부자의 정보 문제다. 모금가와 기부자는 좀 특별한 관계이므로 많은 개인 정보를 입수하게 된다. 그 과정에서 개인의 비밀을 다른 사람에게 알리거나 옳지 않은 용도로 쓰기도 해서 문제가 되기도 한다. 그래서 모금가는 다른 직장으로 옮길 때 기부자의 명단을 갖고 가서는 안 된다. 넷째, 기부자와 서로 친밀한 관계로 발전되었다고 해서 개인적인 관계로 선을 넘어서는 안 된다는 것이다. 개인적인 선물을 받는다든지 사적인 이익을 취해서는 안 된다. 다섯째, 모금 비용 문제다. 예전에는 비용과 상관없이 모금을 잘하는 것을 인정해주었지만, 지금은 투자 대비(ROI, Return Of Investigation)를 따지기 때문에 모금 비용이 많이 드는 큰 이벤트는 지양한다. 여섯째, 홍보와 설득을 목적으로 사실을 지나치게 포장한다면 윤리관에 도전을 받게 된다. 보여줄 것과 보여줄 필요가 없는 것을 잘 구분해야 한다. 일곱째, 기부자는 잡아놓은 고기가 아니라 지금부터 관계를 시작하는 것이므로 더 많은 투자를 해야 하며 다시 요청하기 전에 청지기 역할을 충분히 하면서 정기적으로 소통과 보고를 해야 한다.

이같이 모든 윤리적인 문제를 혼자 해결하고 결정하면 위험하기에 윤리관리위원회가 모임을 통해 결정해야 한다.

투명성의 이중성

어느 단체의 대표에게 그 단체에 관심 있는 모금가를 소개한 적이 있었다. 그 자리에서 대표가 모금가에게 "우리는 보통 15퍼센트를 커미션으로 주는데 월급도 못 드리고 다른 투자도 할 수 없으니 20퍼센트까지 줄 수 있습니다"라고 한 말을 듣고 귀를 의심할 수밖에 없었다. 물론 모금의 동기부여를 위해 한 말이겠지만 그 자리가 매우 불편했던 것으로 기억된다. 그 단체는 지금도 투명성에 있어서는 모범적인 곳으로 알려져 있다. '투명하다'는 것은 기금이 단체 계좌에 입금된 뒤에 그 돈이 어떻게 쓰였는지를 공개하는 것뿐 아니라 기금이 모이는 과정이 투명했는지를 포함한다. 또 다른 유명 단체는 100억 원을 모금하는 과정에서 10억 원의 비용을 썼다. 실제 모금액은 110억 원이었는데 100억 원만 모금 총액으로 잡고 10억 원은 어느 자선가가 비용을 기부한 것으로 발표하면서 모금 비용이 (10÷110=)9퍼센트가 아니라 0퍼센트라고 말하는 것을 보았다. 초등학교 학생들을 대상으로 저금통 모으기 캠페인을 한 어느 학교에서는 모금액의 일부를 학교 발전기금으로 '나누어'주고 나머지 모금액을 기부금 총액으로 계산했다. 여기에서 문제는 '나누어'준다는 것이 아니라 기부한 학생과 부모는 그 사실을 모르고 있다는 것이다. '투명성'은 결과만 보여주는 것이 아니다. 모금 전과 후의 모든 과정까지 포함해야 한다. 나누어준 뒤에 입금된 돈에 대해 투명성을 논한다는 것은 마치 마룻바닥을 청소하다가 귀찮아져서 먼지를 카펫 안에 쓸어 넣는 것과 같다.

투명성에 대한 오해와 평가 방법

비영리단체의 신뢰 자본을 평가하는 것 중에서 가장 으뜸이 되는 것으로 단체의 투명성을 꼽을 수 있다. 우리나라에서 기부자들이 기부할 곳을 결정할 때 고려하는 가장 중요한 요소는 '운영 및 재정의 투명성'이라는 조사 결과가 나왔다고 한다. 그러나 조사의 가장 큰 문제점은 주로 기부하기 전에 질문한 것이며, 이미 기부한 기부자의 진솔한 기부 동기를 물어본 것이 아니라는 데 있다. 기부자의 기부 동기는 질문에 대답하는 사람이 스스로에게 자신이 왜 기부하게 되었는지를 되묻는 과정이 필요한데, 질문지의 대답은 오직 표면적으로 드러난 투명성이라는 요인을 선택한 것뿐이다. 그 중 특히 기부자들이 가장 관심을 갖는 영역은 영어로 'transparency'라고도 하는 종류의 투명성이다. 그러나 일반 사람들이 기대하고 만족하는 투명성과 단체가 보여주고 있거나 보여주려고 노력하는 투명성은 너무나 큰 차이가 있다. 특히 모금 전문가가 보는 전문적인 영역의 투명성과는 상당한 차이가 있다. 투명성에 대한 개념, 투명성에 대한 기대, 투명성을 준비하는 과정에서 생기는 오해와 거품이 있어 진정한 의미의 투명성을 논해야 하는 중요한 시점에 와 있다.

1) 유리알처럼 보이는 것이 능사는 아니다

사람들은 비영리단체의 활동, 특히 기부자의 기부금이 어떻게 쓰이고 있는지를 유리창을 통해 훤히 들여다볼 수 있어야 한다고 생각한다. 하지만 보고 싶어도 보여주지 않으면 볼 수 없다. 단체에서 관련 자료를 제공하지 않는다면 더더욱 알 도리가 없다. 그렇다고 백주 대낮에 알몸을 드러내듯이 모든 활동을 다 보여주는 것이 진정한 투명성인가에 대해 질문을 던질 수밖에 없다. 요즘은 경쟁 시대이기에 단체의 행동을 모조리 다 보여줄 필요는 없다고 본다. 밝히기 어려운 영업 비밀도 있을 수 있고, 비영리단체도 영리의 마인드로 경영할 필요가 있을 때는 그렇게 해야 한다. 준비가 덜 된 부분에 대해 보여주게 되면 부족함을 보여주는 것 같아 당당함이 떨어진다. 많은 단체가 투명함을 보여주기 위해 웹 사이트를 개설하지만 일회용 전시 행정에 그치거나 유지할 능력이 안 되어 수년 동안 업데이트가 되지 않는다면 이는 오히려 화를 불러온다. 왜 보여주기를 꺼리는지 기부자와 솔직한 대화를 통해 소통해야 한다.

2) 투명성은 다른 분야가 더 중요하다

회계적인 투명성도 중요하지만 이사회 결정, 모금하는 방법, 보상 문제, 기부자의 불만을 해결하는 방법 등 더 중요한 요소가 있다. 회계의 투명성을 강조하면서도 이러한 사항들을 제대로 보여주는 곳은 찾기 힘들다. 억지로 또는 어쩔 수 없어서 보여주는 곳에서 투명성이라는 가치를 찾아보기 힘들다.

3) 투명성의 문제가 기부하지 않는 주된 이유는 아니다

얼마 전 신문에서 기부에 관심 있는 30~40대가 기부 단체를 신뢰할 수 없어서 기부를 하지 않는다고 하면서 기부자들의 신뢰를 되찾기 위해서는 투명성만 있으면 된다는 기사를 봤다. 투명성이 기부하지 않는 많은 이유 중 하나라는 것은 옳은 명제이나 기부로 이어지는 주된 요인이 투명성인 것은 아니다. 다시 말해 투명성 문제가 기부를 방해하는 요소는 맞지만, 기부를 촉진하는 요소는 아니라는 것이다. 기부자가 투명성 보고서에 만족한다고 해서 그것이 기부로 이어지지는 않는다. 투명성의 이유로 기부하지 않는 사람은 또 다른 이유를 찾게 되어 있다. 또 다른 문제는 사람들이 생각하는 투명성으로는 기부문화 증진이라든지 기부를 촉진시키지는 못한다는 것이다. 그런 투명성의 개념으로는 단체가 마음만 먹으면 얼마든지 사람들을 속일 수 있다. 사람들이 생각하는 투명성은 기부자의 돈이 단체에 들어와서 수혜자에게 나가는 과정이 투명해야 한다는 것인데, 이러한 것은 단지 서류상으로 보여주는 연차보고서나 재정보고서 정도이며 기껏해야 공증을 받는 정도일 것이다. 그러나 그것이 진정한 투명성의 전부는 아니다.

4) 투명성은 전·후가 진짜다

기부금이 단체로 유입되기 전에 어떤 과정이 있었는지 보여주는 것도 중요하다. 초등학교 학생들의 저금통을 모으면서 몇 퍼센트가 학교 발전기금으로 가는지 보여주지 않고 그 뒤에 단체에 들어온 기금만 계산한다면 윤리적으로 문제가 있는 것이다. 그리고 기부금 배분 뒤에도 어떻게 관리했는지도 투명성에 포함되어야 한다. 투명성은 현재의 상태나 결과만 보여주는 정적 개념이 아니라 유기적이고 다이내믹하며 도전에 대한 반응 과정을 보여주는 것이다. 진정한 투명성은 단체의 성실성에 대해 의문이 제기되었거나 단체의 운영 정책이 제3자의 평가에 직면했을 때 단체가 어떠한 반응과 태도를 보여주는가에 달려 있다.

5) 새로운 투명성 평가 방법

아직 연구가 더 필요하지만, 보통 비영리단체 평가 전문가들이 비영리단체의 투명성을 평가하는 방법으로는 주로 다음 네 가지 분야를 조사한다. 신속성, 재무건전성, 조직효율성, 협조성이다.

신속성이란 쉽게 말해 평가자가 어떤 비영리단체에 정보를 요청했을 때 단체가 보여주는 반응 속도를 평가하는 것을 말한다. 점수 구간은 0~100점이며 반응이 전혀 없으면 0점, 반응 속도가 빠르면 빠를수록 높은 점수를 받게 된다. 미국의 규정은 48시간 내에 반응이 있으면 최고 점수를 준다. 물론 평가자는 단체의 특수한 상황을 고려하여 평가에 임한다. 이와 같은 방식으로 나머지 분야도 평가하여 네 분야의 평균 점수가 0~60, 61~70, 71~80, 81~90, 91~100이면 각각 F, D, C, B, A의 투명성 척도를 부여받게 된다. 따라서 투명성은 단체의 반응 속도와 태도로 평가받는다. 이는 기부자들이 요청할 때 단체가 언제든지 필요한 정보를 기부자들의 눈높이에 맞게 제공할 준비가 되어 있는지에 대해 평가하는 것으로, 비영리단체를 평가하는 주요 지표가 된다. 그렇게 만들어진 평가보고서는 투자자에게 은행이 제공하는 자산 운용 보고서와 같다고 보면 된다. 보고서에는 단체의 목적, 단체의 세부 조직, 명분서, 역사, 업적 등이 수록된다. 단체가 다른 전문가들의 객관적인 분석 자료—예컨대 단체의 SWOT(강점, 약점, 기회, 위협 요인) 연구보고서—를 추가로 제공한다거나 종교성이 있는 기관의 확실한 신학적 입장 표명 등을 제시할 수 있다면 가장 이상적이고 신뢰할 만한 평가보고서가 될 수 있을 것이다. 이런 정보를 제공하는 것은 단체의 몫으로, 충분한 정보가 없다면 평가 자체가 무의미해지기 때문에 단체의 반응은 아무리 강조해도 지나치지 않다.

최근 들어 이런 평가는 기부자들에게 다음 기부를 결정하는 데 적지 않은 영향을 주고 있다. 기부자들은 단체가 앞으로 어떤 일을 할 것이라는 발표에 마음이 움직이는 것이 아니다. 실제로 무슨 일을 어떻게 해왔는지, 지금도 하고 있는지, 그리고 앞으로 어떻게 자신이 기부한 돈을 관리할 것인지에 더 관심이 있다.

코끼리가 방에 있다

얼마 전 이름이 많이 알려져 있는 한국의 원로 종교 지도자가 이런 말을 했다. "한국인은 문제를 찾아내고 분석하는 것은 다른 어떤 민족보다 우수하지만 문제의 해결책 제시에는 매우 약하다. 문제 분석에는 노력과 능력을 발휘하는 데 비해 대안책을 마련하는 일에는 소홀히 하여 구체적이고 실현 가능한 대책을 내놓지 못하는 큰 결점을 가지고 있다." 또한 문제점은 인지하지만 무슨 이유인지 거론하지 않는 경우도 있다. 예를 들어 영어 관용구에 "Elephant in the room"이란 말이 있는데, 이 말은 코끼리가 방 안에 있는 것처럼 누가 보더라도 문제가 엄청나게 심각한데 다들 그 문제를 알고도 쉬쉬하며 문제점을 제기하지 않는다는 뜻이다. 이 관용구는 특히 비영리단체의 이사회 문제를 이야기할 때 많이 거론하는 비유다.

사례 연구 : 이사회 문제

한국에서 모금 리더들의 대다수는 비영리의 가장 큰 문제 중 하나가 거버넌스(governance) 문제라고 말한다. 이사회는 모금에 비협조적이고 미온적인 행동을 취함으로써 제 역할을 다하지 못하여 선배들이 비영리단체를 디자인한 원리에 위배되는 조직의 모습을 보이고 있다. 어떠한 단체도 이러한 이사회의 수준을 벗어나지 못한다고 한다. 예를 들면 캐피털 캠페인에서 이론적으로는 이사회의 공헌이 적어도 총 모금 목표액의 35~65퍼센트는 나와야 한다고 하는데, 실제로는 이사회의 참여도가 매우 저조하다는 것이다. 이 문제는 미국에서도 마찬가지인데, 미국에서는 이 문제를 해결하기 위해 많은 연구와 노력을 하고 있다. 그런 반면에 한국에서는 문제를 적극적으로 이야기하지 않고 구체적인 해결책을 내놓지 않는다.

현재 미국에서는 이 문제를 해결하기 위해 여러 방법을 동원하여 이사회 회원들의 태도를 바꾸고자 노력하고 있다. 그 중에서 가장 먼저 하는 일은 이사회 회원이 되기 전에 전문 교육기관에 의뢰하거나 아니면 자체적으로 전문 강사를 초빙하여 이사회의 역할에 대해 교육하는 것이다. 이사회 회원은 자원봉사자이며 법적으로 단체에 대한 총책임을 지고 직위가 아니라 하나의 기능으로 사무 분장을 정확히 가르친다. 물론 이사회 회원으로서 가장 중요한 임무는 단체의 CEO를 교체할 수 있는 인사권과 단체의 재정 문제 해결을 위해 적극적인 태도로 모금운동 등에 앞장서야 한다는 것인데, 이것을 주지시킨 뒤 동의하는 사람만 이사회 회원으로 인정한다.

그리고 또 한 가지는 이사회 회원의 평가다. 평가에는 이사회와 스태프 전원이 참가할 수 있으며, 이는 나중에 다른 단체에 이사회 회원이나 이사장으로 갈 때 일종의 추천서나 성적표 같은 기능을 한다. 미국에서는 점점 이것을 요구하는 추세다. 많은 이들이 정치계로 진출하는 데 있어 일종의 리더십으로 평가받을 수 있기 때문에 봉사 정신을 확인할 수 있는 매우 중요한 작업이다. 한국에서 어떤 사람의 이력을 보면 수많은 비영리단체의 회장, 부회장, 이사 등의 이력을 갖고 있는 것을 볼 수 있는데, 그 자리에서 실제로 무슨 역할을 했는지 알아보는 시스템이 있다면 좀 더 적극적으로 참여할 것으로 본다.

NPO의 '물' 관리

비영리시장에서 단체와 기부자 사이에 유통되는 정보를 제대로 파악하지 못하면 시장의 실패, 즉 모금의 실패로 이어진다. 대표적인 문제는 바로 역선택(adverse selection)과 도덕적 해이(moral hazard)다. 예를 들어 중고차 시장에서 서로 공정한 가격으로 거래해야 시장이 유지되는데 파는 사람이 차에 대한 나쁜 정보를 주지 않아(도덕적 해이) 사는 사람이 실제 가치보다 더 비싸게 사게 되면 실망하게 된다. 이런 과정이 거듭되면 중고차 시장에서 좋은 차는 사라지고 나쁜 차만 남게 된다는 것이다. 보험을 예로 들면 담배를 피우지 않는 사람이 담배 피우는 사람의 프리미엄을 부당하게 낸다든지, 사고율이 낮은 우수 고객은 보험에서 탈퇴하고 사고율이 높은 피보험자들만 남게 된다든지 해서 보험회사는 결국 문을 닫게 된다. 이런 현상을 경제학에서는 '역선택'이라고 한다. 우리 주변에서 시장이 정상적으로 작동하지 않는 대표적 사례들은 얼마든지 찾아볼 수 있다. 원래 이 말은 보험업계에서 가장 먼저 쓰였으며 주로 무임승차(free rider), 도덕적 해이라는 개념과 함께 쓰인다.

자유기업원의 김정호 원장은 재미있는 예를 소개한다. 나이트클럽의 '물' 관리는 경제학자들이 말하는 시장 실패에 대한 해결책으로 등장했다고 말한다. '물' 관리를 하지 않을 경우 나이트클럽에서 어떤 일이 벌어지는지 생각해보면 이해하기 쉽다. '물' 관리를 하지 않는 나이트클럽의 매력은 상당히 떨어질 것이고, 시장에서의 규모도 상당히 위축될 것이다. 누구나 나이트클럽에서 멋진 파트너를 만나고 싶어 한다. 서비스의 본질이자 굉장히 중요한 사실이다. 나이트클럽이 '물' 관리를 하지 않아서 이른바 '폭탄'들을 다 받는다고 가정해보자. 킹카들은 폭탄들이 다니는 나이트클럽을 떠나게 되고 나이트클럽은 점점 폭탄들만 늘어간다. 이런 나이트클럽은 결국 킹카들의 외면을 받을 뿐 아니라 비슷한 폭탄들에게도 외면당한다. 좀 더 멋진 파트너를 만나고 싶어 하는 모든 나이트클럽의 소비자들에게 외면받게 되는 것이다. 이는 시장의 실종이다. 이런 일이 반복되다 보면 결국 나이트클럽시장은 사라진다. 그런데 나이트클럽의 '물' 관리는 장사꾼들이 시장의 실패에 선제적으로 대응하고 있음을 보여주는 사례다. 나이트클럽 주인은 철저한 '물' 관리를 통해 소비자들의 해로운 선택을 피해간다. 일정 수준 이상의 자격을 가진 사람만 입장시킴으로써 모든 입장객에게 일정 수준 이상의 파트너를 만날 수 있게 보장해준다. 제공되는 서비스 질이 높아진 만큼 높은 가격을 받을 수 있기 때문에 '물' 관리는 계속된다.

소비자들이 좀 더 잘난 사람과 같이 지내고 싶어 하는 장소에서는 어디서나 이러한 '물' 관리 방식이 비공개적으로 나타난다. 고급 골프 클럽들은 오래전부터 회원을 받을 때 자격을 심사해왔다. 단순히 재산이 많은 것만으로는 안 되고, 품위도 있어야 자격을 준다는 곳까지 있다. 1000만 원짜리 CEO 강의에 수강자 자격 제한까지 두는 곳도 있다. 모금이벤트에서 VVIP 테이블에 누가 앉는가를 놓고 자리 신경전이 치열하고, 대담하게도 어떤 보험회사는 공개적으로 주행 거리에 따라 보험금을 책정한다. 어떤 클럽은 '킹카'는 공짜로 입장하고 나머지는 입장료를 받는 방법으로 자신의 결함을 스스로 치유하는 자정 능력을 보여주기 위해 노력한다. 자유경제 학자들의 입장에서 볼 때 시장의 실패를 방지하려면 더 좋은 제품이나 좋은 서비스를 제공해야 한다. 이 때문에 시장에서는 시장의 실패를 치유하기 위한 자발적인 노력들이 끊임없이 나타나게 된다고 본다. 자발적인 관리를 통해 시장은 더 좋은 품질의 서비스와 상품을 제공하고 그에 따라 더 높은 가격을 형성할 수 있기에 가격과 품질의 선순환 구조가 달성될 때 시장은 지속적인 발전이 가능하다고 보는 견해다.

하지만 비영리와 모금 생태계에서 '물' 관리는 매우 민감한 문제다. 잘남과 못남의 기준이 문제이고, 잣대가 천박해서도 안 된다. 비영리는 영리와는 다르지만 성공과 실패의 원리는 같기 때문에 경제학자의 말에 귀를 기울일 필요가 있다. 예를 들어 미국이나 한국의 '가이드스타' 같은 단체는 일반 비영리단체의 투명성의 지표 제시와 현명한 기부를 위한 정보를 수요자에게 제공하는데, 이는 좋은 의미의 비영리 생태계의 '물' 관리를 위한 자구책이라고 볼 수 있다. 단체의 책무 투명성을 보장하지 못하면 결국 기준 미달의 모금 단체만 남게 되어 기부자가 시장에서 사라지게 된다. 따라서 비영리단체는 시장의 실패를 겪기 전에 자신의 결함을 스스로 치유하는 자정 능력을 증명하기 위한 몸부림을 보여주어야 한다. 자유경제 체제 안에서 모든 사람이 참가하기에는 문제가 있을 수 있다. 비영리의 특성상 선량한 희생자와 폭탄을 구별하기 힘든 것도 사실이다. 공개와 비공개의 줄타기도 만만치 않으며, 폭탄도 품어야 할 수혜자이니 고민은 깊어만 간다.

윤리성 확보와 비용 절감

윤리성 확보에도 돈, 개혁에도 돈, 모든 일에는 돈이 든다. 보통 비영리 모금기관에서 말하는 책무성은 크게 네 개의 축으로 이루어져 있다. 첫째는 법에 따라 일반에 공개하여 투명성을 확보하는 것, 둘째는 효과적인 이사회를 구축하는 것, 셋째는 단체 내에 강력한 회계적 관찰과 통제 시스템을 구축하는 것, 넷째는 책임성과 윤리성 있는 모금활동 등을 하는 것이다. 간단해 보일지 몰라도 자세히 살펴보면 많은 노력을 기울여야 이 네 가지를 유지할 수 있다는 것을 알 수 있다. 해야겠다는 의지와 윤리성, 그리고 시스템이 필요하다. 특히 단체의 입장에서는 무언가 숨기려 할 것이 아니라 에너지를 소비해야 윤리성 확보가 가능하다. 윤리성을 갖고 있다는 것을 보여주고 기부자가 믿게 하는 데 또다시 비용이 든다. 아마도 공개하면 문제가 생긴다기보다 비용이 더 들기에 차마 생각조차 하지 못하는 것 같다. 단체의 윤리성에 문제가 있어서 피하는 것이 아니라 비용이 더 많이 들기 때문에 차마 시도하지 못하는 단체가 많은 것 같다. 만물의 이치가 그렇듯이 인간은 가장 저항이 적은 행동을 하기 마련이다. 새로운 에너지, 즉 단체의 투명성과 윤리관을 확보하는 데도 노력과 돈이 필요하다. 비영리단체는 원래의 목적인, 약속했던 수혜자에게 최대한으로 혜택을 주기 위해 비용 절감을 해야 하고 이 때문에 에너지를 적게 쓰려 한다. 과연 돈을 쓰지 않고도 윤리성 확보가 가능한가? 거액의 모금을 할 때 미국에서는 최소한 두 명의 모금가가 잠재 기부자와 대면한다. 물론 여러 이유가 있겠지만 혼자 만나게 되면 윤리적으로 문제가 발생할 수도 있기에 좀 더 비용을 쓰는 것이다. 재정의 투명성을 위해서는 외부 감사를 쓰고, 인터넷에 공개하는 작업을 해야 한다. 이 모든 것에는 비용이 든다. 하지만 비용을 들이고 투자를 해야만 '좋은 단체'가 될 수 있다.

그러나 외부에서 봤을 때, 한국의 정서적 시각은 그렇지 못하다. 그런 비용을 쓰는 것은 인정하지 않으면서 윤리성 확보만 외친다. 특히 재정 상태가 열악한 단체는 이로 인한 고충이 더 심하다. 적은 인원으로 이것저것 하다 보면 무엇인가 하나 빼먹기 마련이다.

개혁과 변화에도 돈이 들어간다. 모금 선진국에서는 가끔 책무성 확보를 위해 별도로 지정 기부를 하는 사람들도 많이 생겨나고 있다. 지금은 윤리성 확보를 위해 사람이 일일이 수동으로 일을 처리하지 않는다. 대부분 소프트웨어를 이용해 자동으로 처리하고 있다. 비영리단체는 책무성을 확보할 의지는 있지만 소프트웨어를 살 돈이 없다. 사고 싶어도 다른 우선순위에 밀린다. 강한 의지가 있어 그나마 투자한다고 해도 그것을 유지하는 데도 비용이 들어간다. 한마디로 책무성은 단체의 리더와 기부자가 함께 하는 투자다. 이것이 확보되지 않으면 그저 빛 좋은 개살구일 뿐이다. 단체는 이러한 상황을 기부자에게 솔직하게 알려야 한다. 기부자가 그것을 인정하는 순간 시스템은 제대로 돌아갈 수 있다. 뭔가 나쁜 생각이 있어 알리지 않는 것이 아님을 떳떳이 밝히고 기부자들을 교육시키는 것이 선행되어야 한국의 비영리단체는 새롭게 변화할 수 있다.

1) 개혁적 변화와 윤리성 확보에도 돈이 든다

현재 한국적 정서에서 볼 때 비영리단체들은 영리회사와 달리 간접비에 대한 지출을 민감하게 느끼고 있다. 많이 쓰면 무조건 불량 단체로 몰고 가는 분위기에서는 선뜻 나서는 단체가 드물 수밖에 없다. 기부자 관리 및 그들을 안심시킬 수 있는 시스템(보고서, 회계감사)을 만드는 데 비용이 들기 때문에 반드시 필요하다면 투자를 해야 하고, 그렇게만 된다면 모금도 투명하게 할 수 있다. 그렇지만 그런 것을 인정하지 못하는 국민 정서 때문에 이러지도 저러지도 못하는 딜레마에 빠져 있다. 우선적으로 그런 것을 인정할 수 있는 국민적 정서가 생겨나고 홍보가 선행된다면 공개가 쉬워질 것이다.

2) 비영리단체도 영리회사와 마찬가지로 보상을 바라는 사람들이 일하는 곳이다

비영리단체에서 일하는 사람들은 자원봉사자를 넘어서 전문인이다. 우스갯소리로 "비영리단체에서 일하는 부부는 빈민층"

이라는 말이 있을 정도이지만, 그렇게 살아야 한다는 잣대는 공평하지 않을 뿐 아니라 경영상의 효율도 떨어진다. 하지만 일반인의 정서는 그들에 대한 보상에 인색할 뿐 아니라 성직자 이상의 윤리관과 도덕성을 요구한다.

적절한 보상이 없으면 장기적으로 볼 때 '썩은 사과'가 나오기 마련이다. 몇 개의 썩은 사과로 인해 전체 사과 농장이 망가지기도 한다. 그 결과 스태프들의 열정은 소멸되고 이직이 빈번해져 전문성이 축적되지 않는 악순환이 발생한다. 현재 한국의 경우는 높은 수준의 급여를 제공하는 단체가 거의 없을뿐더러 가령 영리 수준으로 준다고 할지라도 회계장부에 공개하기를 꺼릴 것이다. 일 잘하고 능력 있는 사람들이 충분한 보상을 받고, 그에 대해 떳떳이 공개하더라도 사회로부터 인정받을 때 고질적인 부조리는 크게 줄어들 것이다.

3) "회계장부를 보여주지 않으면 기부하지 않겠다"고 말하는 기부자는 많지 않다

현재 한국 사회에서 비영리단체의 회계장부 공개는 관심 영역이지만, 홍보가 충분히 되어 있지 않을뿐더러 비영리단체들 역시 의지적으로 회계장부를 공개해야 한다는 긴박성과 필요성을 느끼지 못한다. 특히 대차대조표상 총 자산액 합계가 10억 원 미만이 대부분인 상황에서 한국의 일반 정서인 '정'의 문화가 깊이 깔려 있어 서로 믿음으로 나눔을 실천한다. 비록 회계장부를 공개하지 않을지라도 모금은 이루어지므로 단체와 기부자는 서로 눈치만 보고 있다. 한국에도 미국처럼 '가이드스타(www.guidestar.or.kr)'라는 제3자 비영리기관에 대한 평가 기관이 있어 재무의 투명성 확보를 위해 노력하고 있기는 하지만, 여전히 단체의 협조가 부족하다. 만약 한국의 기부자들이 이런 기관에서 제공하는 회계장부에 대한 평가를 열람한 뒤에 기부 결정을 해야겠다는 인식이 널리 알려진다면 많은 단체들이 자발적으로 하게 될 것이다. 그러므로 비영리단체를 비판하기 전에 기부자 교육이 선행되면 간단히 해결할 수 있다.

무지의 장막

우리가 몸담고 있는 비영리 생태계의 기본 게임 법칙이 정의로운지 아닌지를 생각해본 적이 있는가 묻고 싶다. 비영리단체에서 정책을 세울 때는 "진정한 정의란 무지의 장막 뒤에서 이루어진다"라고 한 존 롤스(John Rawls)의 말을 다시 한 번 생각해볼 필요가 있다.

누구에게 이로운지 전혀 알지 못하는 상태에서 판단하고 결정하는 것이 정의라는 것이다. 하지만 기부 생태계는 그렇지 못하다는 데 문제가 있다.

주장을 펼칠 모금 전문가를 정할 때는 가장 설득력 있는 위치에 있는 사람을 찾아내는 것이 중요하다. 주장의 논점을 정하는 것은 자유이지만, 모금 전문가의 설득력이 떨어지거나 오해를 받을 위치에 있다면 다른 사람에게 양보하고 그 외 최선의 선택을 찾아야 한다. 논쟁은 상황마다 다르고 장단점이 있어 옳고 그름을 따지는 것은 의미가 없다. 하지만 중요한 것은 누가, 현재 어떤 위치에 서서, 왜 그 말을 하는지를 살펴보는 것이다.

무엇인가를 주장할 때 자신이 처한 위치나 상황이 듣는 사람에게 어떻게 보일지를 먼저 알아야 한다. 그래서 모금 전문가에게는 "보여지는 것이 전부다!"라는 말이 가장 중요하다. 자신의 위치를 지키며 이익을 극대화하고 희생을 최소화하자는 주장은 자연스럽고 인간적이지만, 그 반대의 경우보다 설득력이 떨어진다.

"부자에게 세금을 더 부과할 것인가?"라는 문제를 놓고 펼치는 네 가지 주장을 예로 들어보자. 첫째는 가난한 서민이 부자에게 세금을 더 징수해야 한다고 주장하는 경우이고, 둘째는 부자가 부자에게 세금을 더 징수하지 말아야 한다고 하는 경우이고, 셋째는 서민이 부자에게 부당하게 과다 징수하는 것은 잘못됐다고 주장하는 경우이고, 넷째는 부자가 부자에게 특별 과세를 더 부과해야 한다고 주장하는 경우다. 이러한 주장 중에서 세 번째와 네 번째가 나머지 주장보다 좀 더 설득력이 있어 보인다. 그 중에서도 네 번째의 경우 가장 설득력이 있으며, 다른 사람들의 주목을 받게 된다. 셋째는 자신들에게 직접적인 희생이 없지만, 넷째는 인간의 본성을 벗어난 행위로 워런 버핏이 유산 세금에 대해 주장했던 것과 같은 맥락일 것이다. 이것을 표로 나타내면 다음과 같다.

부의 위치	올리지 말아야 한다	올려야 한다
서민	A. 반본능적, 희생 최소	B. 본능적
부자	C. 본능적	D. 반본능적, 희생 최대
B=C	설득력의 효과적 위치	B=C<A<D

여기서 부의 위치를 좀 더 세분화하고 주장의 선택을 지표 2×2에서 3×3으로 늘려 분석해볼 수도 있다.

예를 들어 대형 교회 목사가 성전을 크게 건축해야 한다고 주장하는 것과 가난한 교회의 목사가 그래서는 안 된다고 주장하는 것은 별 차이가 없어 보인다. 하지만 경험해보니 교회는 클 필요가 없다는 대형 교회 목사의 주장이 교회는 작아야 한다는 가난한 교회 목사의 주장보다 설득력이 있는 이유는 무엇일까? 가난한 교회 목사가 교회는 커야 한다고 주장하는 것은 신학적 의미보다 세속적인 성공 지향으로 오해할 소지가 있어 이것도 설득하기가 쉽지 않은 경우다.

그와 마찬가지로 모금 전문가에게 고액 임금을 보장해야 한다는 당위성에 대한 논쟁에서 경제적으로 여유 있는 모금 전문가가 비영리의 기금 조성이 고귀한 일이기 때문에 소액의 임금이라도 만족해야 한다고 주장하는 것은 경제적으로 어려운 상황에 있는 모금 전문가가 그 같은 주장을 하는 것보다 좀 더 설득력이 있다. 여기에서 조심해야 할 것은 가난한 모금 전문가 출신이 지금은 경제적으로 좀 안정된 위치의 교수가 되어 같은 주장을 한다면 설득력이 떨어진다는 점이다. 한편 경제적으로 안정된 모금 전문가가 모금 전문가에 대한 대우를 좀 더 해주어야 한다고 주장하는 것이 가난한 모금 전문가가 주장하는 것보다 솔직하고 자연스럽다. 다름 아닌 역이해 상충 효과(reverse conflict interest effect, 필자의 신조어) 때문이다. 자신의 기득권을 포기한, 자신과 반대쪽 위치에 있는 사람의 주장이 좀 더 설득력이 있다. 하지만 기득권 포기가 단지 미미한 아픔이라면 최상의 설득 효과가 없어진다. 워런 버핏에게 유산 세금을 더 내거나 덜 내는 것이 얼마나 중요할지 생각해보면, 그의 주장에 대한 세간의 저의는 의심받을 만하다. 좀 더 큰 희생을 감수해야 할 부자가 그런 주장을 했다면 좋았을 것이라는 아쉬움이 있고, 은퇴한 대형 교회 목사의 '간증형 회고'보다 당장 교회를 크게 지어야 하는 대형 교회 목사가 그 반대 주장을 했다면 훨씬 설득력이 있지 않았을까 생각한다.

우리는 누구나 자신에게 도움이 되는 주장이나 정책을 말한다. 만약 정책을 결정하는 자리에 있다면 자신이 영향력이 있음을 과시하려는 것이 인간의 본능이다. 비영리의 세계도 예외는 아니다.

모금 윤리와 도덕적 운

모금 분야에 직업적으로 종사하는 사람이거나 모금 일에 한번이라도 참여했던 사람이라면 도덕적 행동에 부분적으로 영향을 미칠 뿐 아니라 도덕적 가치판단에 결정적인 역할을 하는 '도덕적 우연'이 모금 행위 후 결과나 평가와 어떤 관계가 있는지에 대해 알고 싶은 충동이 일어났을 것이다. 만약 모금에 도덕적인 문제가 개입한다면 '우연' 혹은 '운'이 일반적으로 통용되는 도덕의 개념에 더해지면서 가치 혼란을 일으키기에 충분해진다. 사람들은 모금을 떠나서라도 평소에 '우연'이 실제로 도덕적 평가에 영향을 미치는 요인인가? 우리의 도덕적 생활에서 우연의 존재는 어떤 중요한 역할을 하는가? 만일 중요한 역할을 한다면 어떤 방식으로 하는가? 이런 질문에 대답하기 위해 철학자 토머스 네이글(Thomas Nagle)과 버나드 윌리엄스(Bernard Williams)가 시작한 도덕적 우연에 대한 논쟁은 모금 윤리학자들에게도 잘 알려져왔다. 그리고 "과연 모금의 도덕은 '우연'과 양립할 수 없는 것인가?"라는 질문으로 요약되어 현장 모금가에게 도전해왔다. 이러한 의문에 관심 있는 사람들은 답을 알기 위해 자연히 칸트를 통해 전통적 입장을 정리해보고, 반칸트주의의 입장에서, 특히 토머스 네이글과 버나드 윌리엄스가 제기한 도덕적 우연의 문제를 살펴보게 된다.

네이글과 윌리엄스의 말에 따르면 운(運)이 도덕적 차이를 만든다고 했다. 운이 도덕적 차이를 가져오는 경우를 '도덕적 우연' 또는 '도덕적 운(moral luck)'이라고 부를 수 있다고 했다. 네이글은 '운'과 '통제의 부족'이라는 개념 사이에 밀접한 연관이 있다는 점에 착안하여 도덕적 평가의 일반적 대상이 유감스럽게도 운에 좌우되는 '결과적 운', '인과적 운', '상황적 운', 그리고 '구성적 운'으로 나누어 기술했다. 인간은 어떤 종류의 인간됨에 관해서도 거의 통제할 수 없기 때문에 그는 '통제의 조건'을 부정했다고 볼 수 있다. 그럼에도 영국의 철학자 데이비드 흄(David Hume)은 이러한 사실이 사람들의 성품에서 비롯된 행위에 대한 책임을 면제시켜줄 수 있다고 보지 않았다. 왜냐하면 흄은 구성적 운에 의해 주어진 성품이라 할지라도 그것을 교정하는 것이 가능하다고 봄으로써 통제의 조건을 인정했기 때문이다. 흄에 따르면 교육에 의해서든, 칭찬과 비난 그리고 처벌과 보상에 의해서든 우리의 본성을 바꿀 기회는 열려 있으므로 교정 가능한 기회가 있었음에도 교정하지 않았거나 계속적인 행위에 대해 책임을 져야 한다고 보는 것이다. 이런 의미에서 흄은 우리 정신의 지속적인 성질이나 습관에 대해 스스로 책임을 져야 한다고 주장했다.

모금도 같은 도덕적 문제를 가지고 있다 하더라도 어떤 사람은 운이 나빠서 검찰에 송치되고, 어떤 사람은 운이 좋아 그냥 넘어가는 경우가 생긴다. 한마디로 "걸리면 나쁜 것이고 안 걸리면 좋은 것이다"라는 생각을 하게 한다. 모금계 종사자들은 부분적으로 행위자가 내린 결정의 결과로 일어나는 일에 따라 행위들이 옳거나 그르다고 판단하며, 도덕적으로 좋다거나 나쁘다고 간주한다. 다시 말해 모금가는 행위자의 통제 영역 밖에 있는 것에도 책임을 지운다. 그러나 일부 모금가 중에는 사람들에게 자신들이 통제할 수 없는 일들에 대해 책임을 부과해서는 안 된다고 생각하는 사람들도 있다. 그들의 잘못이 아닌 일에 대해서나 그들의 통제 밖에 있는 요인들에 의해 발생하는 것에 대해 도덕적으로 평가받을 수는 없다고 보는 것이다. 칸트 사상에 근거하여 요청된 것만 행하는 모험심 없는 태도는 비난받을 일도 없지만 칭찬받을 가능성도 없다. 이는 나에게 요청된 것만 정확히 하면 그 결과는 나의 잘못이 아니며 나의 명예가 되는 것도 아니라고 보는 사상에서 나온 것이다.

기부를 하거나 하지 않는 도덕적 문제와 책임, 모금액을 횡령하여 개인적인 영향력에 이용하는 등의 모든 도덕 문제를 도덕적 운과 연계해서 생각할 수 있다. 여기서 중요한 점은 그러한 운이 일어나서는 안 된다는 상식적인 생각과 그것이 일어나는 것을 막을 수 없다는 사실의 충돌에서 일어난다. 운이 도덕적 차이를 만든다고 할 때 가장 문제가 되는 것은 그러한 운에 의해 어떤 사람은 책임을 져야 하는 반면에 어떤 사람은 책임질 필요가 없는 경우가 발생한다는 것이다. 그래서 도덕적 우연을 묵과할 수만은 없는 현실적 모금의 딜레마를 갖게 된다.

어떤 성향의 기부자를 받아야 하는가

서양에서 모금의 본질은 앉아서 기부자를 기다리는 것이 아니라 찾아가는 모금이고, 달라고 요청하는 것이다. 하지만 한국인의 정서상 직접 찾아가 기부를 요청하는 사람은 아직 흔하지 않다. 모금가도 계층적 아비투스(habitus, 프랑스의 사회학자 부르디외가 제창한 개념으로 일정하게 구조화된 개인의 성향 체계를 일컫는다)가 같은 그룹에서 나와야 하는데 이것이 여의치 않다. 서양의 모금 방식은 기부자의 지갑을 열게 하기 전에 상대의 관심이 무엇인가 알아내고 질문해 주머니를 먼저 열게 만든다. 하지만 한국의 경우에는 모금 리더들이 기부금을 받기 위해 기부자에게 투자하는 것을 꺼리는 경향이 있다.

세상에는 두 가지 부류의 사람이 있다. 한 부류는 관리하기

까다롭고 늘 불만을 제기하는 사람으로 모금가에게 불만을 가질 확률이 높으며 높은 관리 비용이 들어가는 사람들이다. 또 다른 부류는 늘 작은 것에 만족하고 다른 사람을 칭찬하는 사람으로 모금가를 좋게 볼 확률이 높고 지갑을 쉽게 열며 낮은 관리 비용이 들어가는 사람들이다. 이 두 가지 부류의 사람들은 각기 장단점이 있다. 높은 관리 비용이 들어가는 조직은 단체를 운영하기는 힘들지만 늘 긴장하게 되어 책무성에 신경을 쓰게 된다. 하지만 비용이 너무 많이 들어가고 스태프들이 지치기도 한다. 반면에 낮은 관리 비용이 들어가는 조직은 비용은 적게 들지만 위기에 대한 대비가 약해지고 가장 큰 적인 안락감과 나태함에 빠지게 되어 발전하기 힘들다. 가장 좋은 것은 두 부류가 적당히 섞여 있는 것으로, 이는 오히려 단체를 건강하게 한다.

모금 행위는 이타심인가, 이기심인가?

모금 이론 중에서 가장 근본이 되는 것은 'WIIFM(What's In It For Me?) 원칙'이다. "그래서 나에게 무슨 이득이 있는가?", "주면 나에게 생기는 것은 무엇인가?"라는 뜻이다. 이 말을 이해하고 완전히 소화하여 굴복하는 순간 진정한 모금가가 된다고 한다. 그런 한편 이 말을 인정해야 단체가 살고, 인정하자니 자존심이 상하는 내적 갈등에 빠지는 이중성이 있다. 좋은 쪽으로 해석하면 남을 배려해야 기부금도 나온다는 이야기이지만, 무언가 수지 타산을 계산해야 한다는 부정적인 생각을 지울 수 없다. 처음으로 모금을 시작했을 때 고참 모금 전문가 사이에 "우린 WII FM 라디오 채널을 늘 틀어놓고 산다"고 농담하는 소리를 들었다. 그때는 무슨 말인지 잘 이해하지 못했는데 나중에 알고 보니 FM은 라디오가 아니라 기부자에게 무엇이 이득이 되는지 모르면 모금을 할 수 없다는 것을 깨닫게 해주는 말이었다. 지금 와서 생각해보면 모금이 잘 안 되었거나 기부자 설득에 실패한 이유는 대부분 내가 필요했던 것이고 상대가 필요했던 것은 아니었던 것이다. 단체가 아무리 훌륭한 명분을 갖고 있다 해도 기부자에게 조금이라도 이익이 되어야 한다는 것인데, 많은 단체가 이러한 기본 원리를 잊고 자신만의 이익을 생각하다 보니 사람을 잃고 있다는 것이다.

물론 일반적으로 자신에게 이득이 없으면 주지 않는 것이 당연시되는 영리 세계에서는 이해되지만, 필란트로피가 기본인 비영리에도 같은 이론이 적용돼야 한다는 것이 모금 초년병이었던 나로서는 받아들이기 힘들었다. 지금도 많은 비영리 종사자들이 이 법칙의 이중성에 대해 반기를 들고 "우린 좋은 일을 하니까 사람들이 우리에게 아무런 대가 없이 주는 것이 진정한 기부이며 비영리의 철학이다"라고 주장한다. 여기서 갈등과 분열이 생겨 단체 내부에서조차 기부자를 대하는 태도가 정립되지 않아 혼란이 발생한다. 특히 단체가 기업을 대상으로 제안할 때 협찬이든 후원금이든 회사에 이득이 되는 아이디어를 제안서 안에 포함하지 않으면 기부는 물 건너간 것으로 볼 수 있다. 성사된다고 해도 기업의 기부가 조건부 거래 형태로 진행될 확률이 높다. 미국에서 기업 모금이 활발하게 이루어지지 않는 이유는 철학적 배경이 서로 다르거나 아무리 노력해도 기업의 이익이 기대에 못 미치기 때문이다. 심지어 기업 모금은 필란트로피로 보지 않는 강경파도 존재한다.

그들에게 이익이 된다는 것이 반드시 경제적인 도움을 뜻하는 것은 아니다. 진정한 감사로 기부자를 기쁘게 하거나 기부로 인해 사회적 인증을 받는 것도 중요한 명분이 될 것이다.

"만약 기부자에게 이득이 되는 것을 마련하지 못하면 기부를 하지 않을까?" "순수한 이타주의적 기부는 없는 것일까?" "아무런 이익을 줄 수 없을 정도로 열악한 단체라면 어떻게 해야 할까?" 이러한 질문을 스스로 하지 않을 수 없고, 실제로 모금하면서 그것이 늘 부담으로 작용해왔다. 그러나 조금 시간은 걸리지만 이러한 법칙을 받아들이는 순간 단체의 스태프들이 기부자를 대하는 태도는 달라진다. 내가 말할 때 누군가 딴청을 하거나 집중하지 않을 때 WIIFM을 생각해보면 반드시 그 이유를 알 수 있다.

통나무 굴리기

누탈(Nuttall) 백과사전에는 '통나무 굴리기(logrolling)'를 "서로 저자들끼리 바꿔가며 상대방의 저작물에 대해 칭송하기"라고 정의하고 있다. 학계에서 인용 횟수를 늘리기 위해 논문 저자끼리 상호 인용한다든지, 정치인들이 자신들의 지역구에 유리한 법 제정 통과를 위해 다른 지역구의 사안에 찬성표를 던져줌으로써 서로에게 도움을 준다는 의미로 많이 쓰인다. 이 말은 주로 긍정적으로 쓰이지만 약간 비윤리적인 면도 있어서 때로는 이것을 농담의 소재로 삼거나 의구심의 눈초리로 보는 경우도 있다. 예를 들어 '악의 축'으로 지탄받는 국가의 원수들끼리 교류도 없으면서 서로 칭송하는 이유는 '소수의 단결'을 위한 심리적 '통나무 굴리기' 전략이라는 것이다. 서로 말이나 문서로 미리 약속하지 않고 먼저 도와주면 나중에 상대가 필요할 때 알아서 도와준다는 일종의 특화된 묵계형 약속이다.

서양에서는 이 말이 산에서 통나무를 베어 옮길 때 옆집 사람과 협조해 통나무를 굴려서 집으로 운반한다는 뜻에서 유래했는데, 한국의 전통적인 품앗이와 비슷한 개념이다. 한국형 기부인 '나눔'이라는 것에는 품앗이 개념이 포함되어 있어 누군가 묵계된 약속을 어기면 갈등의 소지가 되기도 한다. 그래서 때와 장소, 사안을 잘 헤아려 주고받는 것도 기술과 능력이라 할 수 있다. 딜레마를 해결하기도 하지만 딜레마를 만들어내기도 하는, 묘한 매력을 가진 단어이자 개념이다.

미국의 전 하원의장 낸시 펠로시(Nancy Pelosi)는 "나는 모금을 잘하는 모금가이고 통나무를 잘 굴리는 기술을 갖고 있다"라고 당당하게 말할 정도로 모금과 '통나무 굴리기'는 밀접한 관계가 있다. 모금가가 가져야 할 기술 중에서 서로 주고받는 기술이 매우 중요하다는 것은 누구나 아는 사실이다. 모금가와 기부자의 관계, 그리고 모금가와 다른 단체 모금가의 관계에서 너무 앞서 나가 비윤리적·불법적인 결과에 이르면 기부자의 신뢰를 잃어 자신이 파놓은 함정에 스스로 빠지는 경우를 종종 볼 수 있다.

재단은 사회 환원의 한 가지 방법인가?

개인 기부 컨설팅을 하다 보면 가장 많이 받는 질문 중 하나가 재단을 설립하고 싶은데 절차를 잘 모르겠다는 것이다. 사람들은 자신의 이름을 영원히 남기고 싶어 하며, 자신의 사회 환원에 대한 영향력을 가능하면 길게 누리고 싶어 한다. 이를 통해 자녀에게 교훈적인 모습도 보여주고 싶고, 자녀에게 재단을 운영할 수 있는 기회도 만들어주고 싶어 한다. 기부자들은 포드, 록펠러, 빌 게이츠 등을 롤 모델로 삼아 좋은 재단을 설립하고 싶어 한다. 이런 진정성이 있어도 가끔 오해를 불러일으키기도 한다. 자녀에게 불법증여를 하기 위한 편법으로 재단을 이용했다는 등의 오해나, 수혜자가 필요한 모금 시기를 놓쳐 "결국 누구를 위한 재단인가?"라는 의심을 받기도 하는 것이다. 그래서 기부 선진국에서는 재단의 기본 개념이 조금씩 바뀌고 있다. 재단이 영원히 보존되는 문제는 필란트로피의 근본 취지에서 벗어난다고 보는 시각이 서서히 이곳저곳에서 거세게 일어나고 있다. 얼마 전 미국의 필란트로피스트 존 헌팅(John Hunting)은 1999년도에 자신이 세운 재단의 모든 재산을 10년 안에 사회에 환원하겠다고 공언했고, 공헌대로 이행하자 학계나 모금 전문가 사이에서 화제가 되었다. 본래 사람들은 재단을 세울 때 영원히 유지되기를 원하는 것이 보통인데, 반대로 비교적 짧은 시간에 목적을 이루고자 하는 그의 의도가 참신하게 다가왔다. 그는 왜 그런 결정을 했을까? 그의 행적이 비영리단체와 기부자들에게 주는 교훈은 무엇인가? 이를 알아보기 위해 우선 관련이 있는 세 가지 요소를 살펴보자.

- 공익 목적이라는 패러다임이 법적으로 변하고 있다.
- 공익이라는 개념이 변하고 있다. 예전에는 공익이라는 명분으로 재단을 시작했지만 지금은 아닌 것이 많다.
- 설립 당시 미션의 외부 조건이 빠르게 변하고 있다. 처음에는 빌 게이츠 재단에서도 AIDS 홍보를 위해 기부하다가 지금은 환경이 바뀌어서 치료와 연구 분야에 기부하고 있다.

전문가의 말에 따르면 한국에서는 재단에 묶여 있는 돈이 계산할 수 없을 정도로 많아서 오히려 그것이 사회악이 되고 있다고 한다. 빠른 시간 내에 기금이 사회로 환원되어 순환이 이루어져야 하는데, 계속 묶여 있다면 비영리 안의 재단은 인간이 만들어 놓은 최대의 발명품 중 하나임에도 오히려 인간의 과도한 욕심을 부르는 기구로 전락하고 있지는 않은지 염려된다.

조건부 청혼은 약인가 독인가?

기부에서 조건부 요청은 약이 되기도 하고 독이 되기도 한다. 조건부 요청이 잘 '먹히는' 기부자가 있고, 조건부에 매우 민감한 반응을 보이는 사람이 있다. 어떤 CEO는 기부를 하나의 비즈니스 계약으로 생각해서 처음부터 밀고 당기면서 협상하기를 원하며, 어떤 CEO는 기부를 순수하게 생각해서 조건을 제시할 낌새만 보여도 한 발짝 물러선다. 그래서 사람들은 기부하는 동기, 개인 성향, 가치, 금전철학에 따라 기부하는 조건이 다르다. 초보 모금가는 기부자에 대해 연구와 조사를 하지 않고 자신의 잣대로 판단해서 조건부 요청을 하여 관계를 악화시키기도 한다. 모든 사람에게 비즈니스적 접근이 최상이라고 생각해서는 안 된다. 그래서 조사의 중요성을 강조하는 것이다. 조건도 조건 나름이지만 자존심 상하는 조건은 먼저 내걸지 말아야 한다. 기부자가 가장 두려워하고 혐오하는 것은 조건 때문에 기부했다는 말이고, 이는 마치 신랑이 신부를 사랑해서 결혼한 것이 아니라 조건을 보고 했다는 '뒷담화'를 듣는 심정과 비슷할 것이다. 결론이 같다고 하더라도 단어 하나, 단어를 쓴 순서나 톤만 달라도 흑과 백으로 나뉘는 것이 인간의 마음이고 모금 세계다.

어떤 고액 기부자와 기부 상담을 하게 되었는데, 마침 그가 졸업한 대학에서 컨설팅 자문 역할을 하고 있던 차라 기부자의 속마음을 들을 기회가 있었다. 그는 상당한 재력가인데 자신에게 기부를 받아내기 위해 많은 사람들이 온갖 조건—그의 말에 따르면 감언이설—을 내걸며 접근하는 통에 기부나 모금가를 보는 시각이 매우 부정적이었다. 왜 그동안 모교에 기부를 하지 않았는지 물어봤다. 그는 자신이 졸업한 학교에서 명예박사 학위를 줄 테니 기부를 어느 정도 해달라는 이른바 조건부 요청을 제안해서, 그것도 직접이 아니라 간접적으로 의사를 타진해와서 매우 언짢았다고 고백했다. 마치 신부에게 청혼하면서 "당신 아버지가 아파트를 사주면 당신이랑 결혼할게"라고 말하는 것처럼 들렸다고 한다. 사실을 확인해본즉, 그 학교의 총장은 전에 명예박사 학위를 주었는데도 약속한 기부를 하지 않은 후원자에 대한 경험이 있어서 서로 확실하게 하기 위해 사람을 시켜 의사를 타진한 것이고, '화끈한 것'을 좋아할 것 같아 솔직하게 말한 것이라고 한다. 학교 발전기금처는 기부자의 성향이 명예박사 학위—사실 그는 이미 몇 개의 명예박사 학위를 받았다—를 무척 원할 것이라고 생각했는데, 사실은 그가 명예박사 학위를 어떻게 받았는지에 대해 남들의 이목에 매우 민감하다는 것을 전혀 눈치 채지 못했다는 것이다.

위의 일화에서는 세 가지가 잘못되어 있었다. 첫째는 기부를 타진한 사람이 모금교육을 받지 않았거나 아무 준비 없이 관계가 무르익기도 전에 접근을 시도한 것이고, 둘째는 정식 요청 전에 만났을 때는 절대로 조건을 말해서는 안 된다는 불문율을 깬 것이고, 셋째는 전달 과정에서 결과가 잘못되었음을 알았으면서도 학교 측에서 오해를 풀기 위한 다른 시도나 움직임이 전혀 없었다는 것인데, 이는 관계의 정체를 가져왔다. 물론 가장 좋은 방법은 학교 측이 순수하고 진정성 있는 마음으로 명예박사 학위를 주고, 기부자도 그에 대한 감사의 마음으로 기부금을 내는 것이 이상적일 것이다. 하지만 학교 입장에서는 명예박사 학위를 기부의 조건으로 해왔기 때문에 이를 당연하게 생각했을 것이다. 그러나 이것이 모든 사람들에게 적용되는 조건이 아니라는 것을 잊어서는 안 된다. 모금가는 미리 그가 충분히 기부할 수 있는 능력이 있는지, 그리고 학교의 발전에 관심이 있는지를 파악하고, 명예박사 학위 수여는 단지 감사의 표현이라고 생각하는 것이 옳다. 기부금을 정식으로 요청하면서 정책적인 보상의 표시로 명예박사를 준다고 하는 것은 앞에서 말한 것과는 뉘앙스가 완전히 다르다.

오래전에 필자의 멘토가 한 말이 생각난다. 대학의 총장은 비즈니스맨인 CEO를 상대로 비즈니스 방식이 좋을 것이라고 착각하고, 기부자인 CEO는 총장이 순수한 학자로만 남기를 원한다고 착각하기 때문에 모금가가 그 중간에서 줄타기를 잘해야 한다는 것을 늘 강조했다. 결론적으로 고액 기부자는 세 가지 동기가 맞아야 기부로 이어진다. 첫째는 자신이 낸 기금이 정확히 어디에 쓰일지를 이해하고, 둘째는 단체의 모금 이유에 대한 기부자의 공감대가 감정적 수준에까지 도달해야 하며, 마지막으로 가장 중요한 것은 단체가 단지 돈만 보고 접근하지 않았다는 확신이 들 때 가능한 것이다.

사례 연구 : N7W 스캔들

2011년 12월 21일, 제주도가 '뉴세븐원더스(N7W) 재단'이 주최한 '세계 7대 자연경관'으로 확정되었다. 그러나 세계 7대 자연경관 선정 투표를 주관한 곳이 N7W 재단이 아니라 N7W 재단의 이사장 버나드 웨버가 개인적으로 설립한 사기업인 뉴오픈월드코퍼레이션(NOWC)이라는 것이 밝혀지면서 '대국민 사기극'이라는 의혹이 제기되었다.

'세계 7대 자연경관' 선정은 최종 후보지 스물여덟 곳을 대상으로 2009년 7월부터 2011년 11월 11일까지 인터넷/문자/전화 투표로 진행되었다. 그러나 NOWC는 사기업으로 '세계유산'을 선정하는 유네스코와 같은 공신력이 검증되지도 않았으며, 유네스코와는 아무런 관련성이 없는 단체라는 것이 밝혀지면서 '사기극' 의혹이 불거진 것이다. 게다가 NOWC가 선정에 사용한 '무제한 중복 전화 투표' 방식에 공정성·신뢰성 문제가 제기됨과 동시에 전화 투표 시 통화료가 NOWC의 주 수입원 중 하나라는 사실이 밝혀져 세계 7대 자연경관 선정은 NOWC의 돈벌이 캠페인에 불과했다는 주장이 제기되었다.

수익의 사용처와 관련하여 N7W는 "사업을 통해 발생하는 수익의 50퍼센트를 문화 다양성을 위해 전 세계 유적의 고증 및 문화, 자연 유산 보존에 사용하겠다"라고 밝혔다. 재단은 지난 2007년 '세계 신 7대 불가사의'를 선정할 때 수십억 달러의 수익을 올린 것으로 알려졌으나 재단이 공언한 대로 수익의 50퍼센트를 세계문화유산 보존에 실제로 사용했는지는 공개되지 않고 있다.

세계 7대 자연경관 선정을 위하여 제주도청은 170억 원의 행정 전화비에 사업비·홍보비 등 경상예산 45억5900만 원, 부서별로 여기저기서 끌어다 쓴 예산 등 총 300여억 원에 이르는 비용을 들였다. 그뿐 아니라 각종 기관·단체·도민들로부터 거둬들인 투표 기탁금 56억 7000만 원과 도민·국민·해외동포 등의 개별 전화 투표비 등도 고려한다면 전체 비용은 셀 수 없을 만큼 어마어마한 금액이 될 것이다. 그러나 연간 6300억~1조3000억 원에 이른다는 7대 경관 선정 효과는 지난 2007년 N7W 재단이 벌인 '세계 신 7대 불가사의' 선정 지역의 관광객 증가 주장을 토대로 추산한 것으로 신뢰성이 없는 것으로 밝혀졌다.

교류
기부문화
갈등

12

지금 비영리단체는 교전 중

현재 비영리단체들은 이전에 경험해보지 못한 세 가지 전쟁을 치르고 있다. IT 기술의 발달은 이 전쟁을 더욱 부추긴다. 특히 모금가는 이 전쟁에서 자유로울 수 없기에 원하지 않던 희생자가 나오고 적극적인 활동이 위축되고 있다. 유탄을 피하거나 숨기보다는 다음 세 가지를 이해하고 지혜롭게 준비해 전쟁에서 살아남아야만 모금을 할 수 있는 시대가 온 것이다.

1) 문화 전쟁

현재 우리는 두 개의 대립되는 가치, 이슈, 믿음으로 갈등을 겪고 있다. 세상은 점점 양극화되어 상대를 인정하지 않고 서로 적대시하기도 한다. 전에는 분명히 인정받는 가치였음에도 이제는 도전을 받는다. 소통 수단의 발전이 오히려 오해를 낳고, 문화의 갈등을 확산시키는 데 일조하기도 한다. 모금가는 그 거대한 흐름의 중간에 끼거나 한쪽에 서서 모금을 하게 되는데, 전쟁터에 나가다 유탄에 맞아 큰 위기에 봉착하기도 한다. 예를 들어 미국의 수전 코먼 재단(Susan G. Koman Foundation)은 낙태를 돕는 단체에 대한 지원을 중단하면서 갈등이 심화되어 모금 책임자가 사임한 바 있다. 이 밖에도 1퍼센트 대 99퍼센트 기부자의 부자세 문제, 환경보호주의자와 일거리 창출자 간의 팽팽한 대립, 걸스카우트가 양성애자를 받아들인 후에 겪은 갈등, 한국의 경우 남북 간의 지원 문제에 대한 입장 차이로 인한 갈등, 각종 종교적 갈등 등이 모금계에도 확산되고 있다. 최선의 전략은 이러한 문화 전쟁에 처음부터 개입하지 않는 것이다.

2) 세대 간 전쟁

역사적으로 서로 다른 목소리를 내면서 모금에 영향을 주는 여러 세대가 동시대에 존재한 경우는 지금까지 거의 없었다. 전에도 서로 다른 세대가 공존했지만 비슷한 취향으로 연결되어 있었지 이토록 확연히 구별되지는 않았다. 각 세대마다 소비 패턴, 정치 성향 및 문화에 대한 관심도와 기부 성향도 다르다. 이렇게 한꺼번에 한 상품을 놓고 서로 다른 많은 세대의 기부 성향과 태도를 분석하는 것은 비영리단체의 마케팅 차원에서 볼 때 아주 골칫거리다. 기부자 관리 면에서도 비용이 많이 들어간다. 서로 자신의 파이를 차지하려는 갈등이 고조되고 있다. 각 나라마다 세대 배경에 따라 부르는 이름이 다르고, 같은 베이비부머(baby boomer)라도 미국과 한국이 다르다. 미국은 제2차 세계대전 후 1945~1964년에 출생한 사람들을 베이비붐 세대라고 하며, 1965~1980년에 출생한 세대는 'Generation X'라 부른다. 한국은 한국전쟁 후 태어난 1955~1963년생을 베이비붐 세대라고 한다. Y세대, 베이비부머, 전후파(post war generation) 등 서로 다른 세대가 자신들의 영역을 고수하고 대립하여 모금가들이 구분하는 데 어려움을 겪고 있다. 기술의 발달 속도는 점점 빨라져 세대 간의 격차가 심화되고 새로운 세대는 더 빨리 등장하고 있다. 모금가는 새로운 세대에 적응하기도 전에 또 다른 세대가 등장하여 정신이 없다. 최선의 전략은 지금까지 천천히 걷고 있던 단체라면 경보로 바꾸어 함께 시스템을 갖추어나가는 것이다.

3) 섹터 전쟁

요즘은 비영리와 영리의 구별이 불명확하고 서로의 경계가 사라지고 있다. 가끔 서로를 적대시하기도 하지만 자신의 영역 지키기에는 관심이 없어졌다. 비영리는 영리의 개념으로 운영해야 살아남고, 영리에서는 비영리라는 공익적 사회 공헌을 이용해 윤리적 경영으로 보이기를 원한다. 서로의 장점 때문에 2섹터인 영리회사가 3섹터인 비영리 영역으로 가기도 하고, 비영리 섹터가 영리 섹터로 가기도 한다. 굳이 구분 지으려 하지 않는다. 또한 4섹터인 사회적 기업 형태가 나오기도 하고, 기존 영리회사에 공익의 의미를 가미한 베네핏 기업(benefit corporation)이라는 새로운 형태의 회사도 등장하고 있다. 특히 모금은 여러 섹터에서 해야 살아남기 때문에 점점 경쟁이 심화되고 있다. 전체 파이를 늘려야 함에도 좀처럼 늘지 않고 각 단체의 모금 파이는 점점 작아지고 있다. 최선의 전략은 다른 섹터와 파트너십을 맺어 전략적 제휴를 자유롭게 하는 문화를 만드는 것이다.

사례 연구 : 핑크 리본의 수난 스토리

2012년을 뜨겁게 달군 비영리단체 이슈 중에서 수전 코먼 재단(Susan Komen Foundation) 사건은 단연코 가장 큰 이슈였다. 그동안 연계 마케팅(cause marketing, 비영리단체의 브랜드나 명분을 이용해서 영리회사가 상품의 판매 이익의 일부를 나누는 판매 전략) 모델로 여성 건강에 해가 되는 음식, 향수, 총기류 회사로부터 후원금을 받은 문제, 그리고 상표 등록 이슈 등으로 인해 법적으로 뜨거운 쟁점을 일으킨 문제에서도 살아남았는데, 설립자인 낸시 브링커(Nancy Brinker)와 최고 운영진 몇 명이 단체를 떠나는 수난을 겪었다. 이 사건으로 모금액은 30~40퍼센트 줄었고, 기업 후원도 줄어드는 형편이다. 이 단체는 연 3억 달러, 127개 지사를 거느린, 여성 암에 관련된 단체로는 전 세계에서 가장 큰 단체이며, 설립 배경부터 많은 사람에게 감명을 준 매우 친근한 단체다. 그러나 정치인 출신으로 낙태를 돕는 단체에 기금 지원을 강력히 반대하는 의견을 가진 캐런 핸들(Karen Handel)이 부회장으로 부임하자마자 문제가 발생했다. 낙태를 돕는 'Planned Parenthood'라는 단체에 연간 40만 달러씩 주던 지원금을 끊음으로써 예상치 않은 반대에 부딪히게 된 것이다. 게다가 나흘 뒤에 그 단체는 시민단체로부터 기금을 받아 커다란 사회적 이슈로 부각되었다. 이 경우는 사회적 가치가 대립한 것으로, 낙태와 그 반대되는 가치의 갈등 속에 개입되어 표면으로 드러나도록 불을 붙인 것이다. 미지근한 대응이 문제를 더 크게 만들었고, 그 결과 운영진이 사임하게 되었으며, 지금도 그 여파가 계속되고 있다.

미국 모금이론의 적용

대부분의 모금 관련 이론들이 서양에서 확립되었기 때문에 이를 우리나라에 그대로 적용하기에는 많은 무리가 따른다. 그래서 서양과 우리나라가 모금을 할 때 근본적으로 다른 점이 무엇인지에 대해 고민을 해왔고, 결정적인 세 가지 차이점에 대해 고찰했다. 이에 대해 잘 알지 못하고 서양의 모금이론을 그대로 활용하려고 하면 많은 문제점이 따를 것이다. 이러한 차이점을 숙지하고, 이론을 공부할 때 우리의 문화와 현실에 맞도록 새롭게 적용해보는 노력을 기울일 필요가 있다.

1) 과정 중심 대 목표 중심

동양은 대체로 프로젝트를 진행할 때 '목표'보다 '과정'에 중점을 두고 생각하지만, 서양은 '목표'에 우선순위를 두고 진행하는데 차이가 있다. 어떤 프로젝트를 기획하는 멘털 프레임이 근본적으로 다르다. 서양에서는 목표가 설정되면 거꾸로 계산을 시작해 목표점부터 현재의 위치를 연결하는 프로세스가 결정되고, 각 단계별로 목표의 측정과 필요한 예산과 자원을 마련한다. 목표 금액이 설정되면 그에 필요한 자원이 결정되고, 누구에게 얼마를 요청해야 하는지 결정된다. 그것에 제한 요소나 가정을 분석하는 순서로 한다. 그래서 화성 탐사 같은 장기적인 대형 프로젝트가 가능하고, 한 번 프로세스가 정해지면 다른 프로젝트에 응용하는 것이 가능해진다. 하지만 한국에서는 목표가 하나의 비전이기에 구체적인 계획이 목표점을 대상으로 삼지 않고 가는, 즉 프로세스의 의미에만 가치를 두고 생각한다. 그래서 요청 금액도 모금가가 정하는 것이 아니라 기부자가 정하기에 얼마를 모금할 수 있는지 알 수 없으므로 측정도 어렵고 모니터링도 무색해진다. 중요한 것은 '누가 캠페인을 컨트롤할 수 있는가?'다.

2) 소득 의존 대 자산 의존

한국은 기부자의 수입(소득)에 의존하여 모금을 한다. 서양, 특히 미국은 자산에 의존하여 거액 기부나 유산 기부를 기본으로 모금한다. 한국은 단기적인 시야로 소액 모금 위주로 진행하며, 미국은 장기간의 거액 기부를 가능하게 한다. 마케팅 측면에서도 한국은 '상상의 구좌(mental account)' 개념으로 이미 다른 곳에 쓰기로 예정되어 있던 것을 마음을 바꾸게 해서 기부하도록 종용한다. 반면에 미국은 '사회적 교환(social exchange)' 개념으로 기부하게 함으로써 사회적 투자로 생각한다. 기부자에게 요청하는 방법에서도 한국은 직접 만나려 하지 않지만, 미국은 기부자의 월급에 의존하기보다 순재산 가치(전 재산에서 빚을 뺀 재산)를 기준 삼아 기부를 받으려 하기에 주로 직접 대면을 통한 요청을 계획한다. 그러므로 기부자와의 관계 다지기(cultivation)를 실행하는 방법도 달라서 기부자에 대한 사전 조사를 철저히 하여 관계 형성에 투자하고 장기적인 관계를 도모하려 한다.

3) 의무성 기부 대 자발성 기부

한국의 기부가 대부분 의무성 기부인 반면 서양의 모금은 자발성 기부를 원칙으로 한다. 한국은 오랜 전통의 나눔 문화인 '계'의 형태로 주고받는 기부이고, 묵계적인 의무이며, 대중매체를 통해 나눔이라는 사회적 책임을 강조한다. 반면에 미국은 조건이 없으며, 사회적 책임이 아닌 마음에서 우러나오는 자율적인 기부를 원칙으로 한다. 그러다 보니 한국은 자연히 기부를 가족 단위 또는 회사 조직 단위로 하기 때문에 사회적 규범을 뛰어넘는 기부를 하기 힘들다. 단체 기부는 개인적으로 최대 한도를 정해놓고 하기 때문에 개인적으로 모으는 것보다 행동심리적으로 총 금액이 적어진다. 그러나 미국은 개인을 원칙으로 한다. 개인이 필란트로피 실현의 주체이고, 단체가 요청하는 모금에도 최대 한도를 정하지 않고 자유로이 할 수 있다. 외부 환경으로부터 영향을 크게 받지 않기 때문에 장기간에 걸쳐 단체 역량을 키우고 디자인할 수 있다.

'후츠파'가 필요한가?

후츠파(chutzpah)란 담대함의 질을 말한다. 좋은 의도와 나쁜 의도를 모두 포괄하는 단어다. 본래 히브리어에서 나온 말로, 특히 유대인 모금가 사이에서 통용되었는데 지금은 일반적으로 서양에서 모금가들의 자질 문제로 연구와 논란의 대상이 되는 말이다. 좋은 의미로 '담대함', 그와 동시에 부정적으로 '무례함'이란 뜻을 가지고 있는 재미있는 단어다. 유대인의 기질 중에서 다른 사람과 가치관이나 정서가 맞지 않는 부분이 있다면 단연 후츠파가 상위에 있다. 그러나 때로는 후츠파가 유대인의 장점으로 작용하기도 한다. 유대인 회사에서는 부하 직원이 상사에게 '들이대는 것'을 자주 목격할 수 있다. 외부에서 보면 무례함으로 오해하기 쉽고 대드는 것처럼 보이지만, 사실 일 처리나 결과적인 면에서는 긍정적인 영향을 미치기도 한다. 뉴욕에서 오랫동안 유대인과 일한 어느 한국인 사업가는 "한 명의 유대인과 일하는 것이 벼룩 열 마리를 일렬종대로 세우는 것보다 어렵지만 그만한 가치가 있다"라고 말한 적이 있다. 초면에도 먼저 인사하고, 필요하다면 망설이지 않고 과감히 요청하며, 할 말은 다하는 이미지로 비즈니스 사회에서 그들의 입지는 이미 굳건하다. 역사적으로 유명한 유대계 인사들도 이러한 후츠파 기질로 인해 성공할 수 있었다고 보는 사람들이 많다. 모금 매니저들은 유대계 모금가를 선호하며, 그들과 함께 일하고 싶어 한다.

유대인을 이해하려면 후츠파의 의미를 이해해야 한다. 능력 있는 모금가는 약간의 후츠파 기질을 가질 필요가 있다는 것도 명백한 사실이다. 사실 미국의 전설적인 모금가 중에는 후츠파를 긍정적인 의미로 해석하고 행동으로 보여준 유대인 모금가가 많다.

더욱이 그들은 모금 요청에 있어 자신들의 종교적인 배경을 무기 삼아 더욱 당당한 자세로 요청한다. 유대인이 가장 자주 쓰고 좋아하는, 그들의 가치관과 행동 철학에 영향을 준 "나아세르 베니쉬마(na'aseh v'nishma)"라는 말이 있다. 유대교 율법에 나오는 말로, "먼저 행동하고 나중에 따진다"라는 뜻이다. 무조건 일단 저지르고 본다는 적극성과 대담성이 유대인의 민족성에 깔려 있음을 보여준다.

따지고 분석하는 것을 우선하며, 그런 다음에 서서히 행동으로 옮기는 한국인의 정서상 후츠파가 어떻게 받아들여질지 의문이다. 하루아침에 기질이 변할 수 있는 것은 아니다. 하지만 적당히 두꺼운 얼굴로 들이대는 기질은 모금을 잘하기 위해 지녀야 할 덕목 중 하나라고 생각한다. 체면을 중시하는 사회 분위기 때문에 요청을 제대로 하지 못하는 모금 관련자들이 많다. 물론 우리에게도 유대인의 후츠파 만큼이나 좋은 무기가 있고, 이를 찾아내어 효율적인 모금활동을 할 수 있도록 발전시키는 것이 중요하다. 필자가 생각하기에 우리의 가장 큰 무기는 '정(情)'의 문화다. 하지만 그 무기가 때로는 장애물이 되기도 한다.

비영리단체의 직원에게 주는 '특전'이 있다. 하지만 이것을 잘못 이해하면 횡령이 되어 법의 심판까지 받게 된다. 알고 할 수도 있지만 넘을 수 없는 선을 넘어서 문제가 되는데, "주방장이 떡 하나 더 먹어서 무엇이 문제가 되겠는가?"라든지 "떡을 좀 만지다 보니 손에 떡고물이 묻은 걸 좀 핥은 게 그리 큰 잘못입니까?"라고 가볍게 생각한다는 것이다. 비영리 세계에 몸담고 있는 정치인이 많은 우리의 사회적 정서로는 이해 상충에 대한 교육이 좀 더 철저히 이루어져야 한다. 그 '떡의 논리'가 지금도 있는지 모르겠지만, '떡값'이라든지 한국인의 '정(情)'이 그대로 비영리에 적용된 듯하다. 비영리단체 리더가 가진 윤리관의 깊이와 폭이 어떤지가 중요하다. 훈훈한 '정'과 위법이 종이 한 장 차이라는 것을 알기에 가끔 윤리적 딜레마에 빠지게 되는 것이다. 리더는 자신의 윤리관과 단체의 윤리관이 일치되는지 알아야 한다. 태생적인 것도 있겠지만 훈련과 교육을 통해 비영리조직에서 갖추어야 할 윤리관을 유지해야 한다.

외국인이 유대인의 후츠파를 이해하려면 많은 시간이 걸리는데, 한국인의 체면을 이해하는 데는 더 많은 시간이 걸리는 듯하다. 가장의 체면, 사장의 체면, 대통령의 체면 등 누구라고 할 것 없이 체면을 중시한다. 기부도 체면 때문에 한다고 하고, 선물도 체면 때문에 한다고 한다. 모금가 입장에서는 그런 정서를 무시할 수 없으며, 자기편으로 만들어 잘 사용할 줄도 알아야 한다. 상대의 체면을 알지 못하면 상대가 이해하지 못하는 행동을 하게 된다. 상대방을 가장 화나게 하는 행동 중 하나가 체면을 손상시키는 경우다. 하지 말아야 할 말이나 행동을 한 과오와 했어야 할 것을 하지 않는 과오가 있다. 사람마다 차이는 있지만 처음 잠재 기부자를 만났을 때는 그가 체면을 얼마나 중시하는지 살펴보는 것이 매우 중요하다. 상대의 체면을 어떻게 세워주는가가 모금가의 실력이기 때문이다.

공심과 사심의 싸움

나눔은 인간의 내면에 존재하는 사심(私心)과 공심(公心)의 문화적 가치 교류다. 하지만 문제는 사심 안에 공심이 있고 공심 안에 사심이 있다는 데 있다. 정조는 "사중지공(私中之共) 공중지사(共中之私), 즉 사심 안에 공심이 있고 공심 안에 사심이 있다"라고 말했다. 사심으로 아버지 사도세자를 기념하기 위해 수원성을 구축하지만 백성의 경제, 즉 공익에 도움을 준다는 말이고, 당파를 일삼던 신하들은 공익을 앞세워 사익을 챙기려 한다는 것을 꼬집은 말이다. 나눔 세계의 근본적인 분규는 공익과 사익의 살바 싸움에서 시작된다.

모금을 '타이밍'과 '말'의 예술로 정의한다면, 요즘 모금 캠페인은 체면이 말이 아니다. 타이밍도 안 맞고, 서로 주고받는 말들도 곱지 않다. 타이밍과 말이 맞지 않으면 공익과 사익이 뒤죽박죽될 수밖에 없다. 때로는 경계가 모호해 오해를 낳는다. 모금가는 그 사이를 오가는 파수꾼이다. 모금가는 공익에 사익이 끼어드는 것을 방지하고, 사익으로 시작했어도 결국은 공익으로 유도하는 역할을 해야 한다. 공심으로 모금을 시작했는데 결과에 사심이 들어 있는 경우를 자주 본다. 무엇보다 기부자들에게 그렇게 보인다는 것이 문제다. 자원봉사자들까지도 그런 장면을 목격한다. 의도는 좋았으나 나중에 사심이 발동해 싸움으로 발전하기도 한다. 예술인이 예술을 통해 자신을 알리기 위해 이벤트를 할 때 공연료를 받지 않고 기부하는 경우와 예술로 나눔을 베푼다고 하면서 단체의 미션을 알리는 데는 소홀하고 공연료만 챙기는 경우를 예로 들 수 있다.

모금과 기부의 부작용은 대개 경계선이 모호한 데서 기인한다. 처음에는 나름대로 선이 명확하고 일직선이었지만 반칙으로 선을 밟는 사람들이 많아지다 보니 경계선이 희미해졌다. 지금은 싸움을 통해 얻어낸 휴전선처럼 일직선이 아니라 곡선이 되고 말았다. 이름 없는 기업주가 공익에 힘을 보태고 유명한 비영리단체장이 오히려 사익을 챙기는 경우가 있다. 모금은 영리와 비영리의 영역 싸움이고, 내적으로는 사익과 공익의 경계를 넘나드는 영역 싸움이다. 때로는 내적인 가치 경계선과 외적인 경계가 혼합되어 복잡해진다. 내적인 경계는 자신과의 싸움인데, 문제는 서로 남몰래 야반에 남의 영역을 침범하고 아침에는 시치미를 떼기도 한다는 것이다.

단체는 미션과 흑자를 놓고서 늘 고민하고, 경계선을 이리저리 옮기기도 하며, 잣대도 이걸 썼다가 저걸 썼다가 한다. 얼마 전 신문에 고등학교 학생들이 강제성 위문금을 걷어 군에 보내 사단장으로부터 표창장을 받아서 문제가 되었다는 기사가 나왔는데, 표창을 받은 학생 중에는 불량 학생까지도 포함되어 있었다고 한다. 외부의 압력을 받지 않고 모금해야 정상이지만 실제로 현장에서는 약간의 압력이 있기 마련이다. 자원했는지 강제인지 경계선이 모호한 경우도 있다. 감사의 표현으로 준 어떤 표창장은 괜찮고 어떤 것은 문제가 된다. 겉으로 보기에 필란트로피 울타리 안에서 불량 학생을 선도하고자 표창장을 주는 것은 문제가 되지 않지만, 상황에 따라 어떤 때는 좋고 어떤 것은 안 되는지 신문 기사만으로는 기준이 명확하지 않다.

모금의 정체를 한마디로 정리한다면 "모금 이론은 실제를 통해 확인하는 작업이다"라고 할 수 있다. 이론이 없으면 실제는 없고, 실제가 없으면 이론은 허망해진다. 그리고 모금처럼 기획과 실행의 공간이 큰 것은 없다. 기획이 아무리 좋아도 실행이 없으면 무용지물이고, 실행에 기획이 없으면 실패한다. 모금의 명분과 논리가 맞아야 하고 감정이 뒷받침되어야 한다. 하지만 그 경계선이 애매모호하다. 모금은 예술이고 과학이다. 하지만 과학을 담지 못한 모금은 깊이 있는 기부문화를 성취할 수 없으며, 인문학을 배제한 모금은 기부문화의 넓이를 얻지 못한다. 고대 인도의 '중도', 고대 중국의 '중용', 서구의 '황금의 중도'를 생각하게 한다. 그러나 우리는 늘 문화적 경계선에서 갈등한다. 그 경계선을 주기적으로 점검하고 꾸준하게 확인할 필요가 있다. 지금 내가 서 있는 자리가 내일은 다른 영역 안에 들어가게 될지도 모르는 일이다.

스토리텔링의 덫

13

성공 신화의 진실

우리가 듣는 수많은 성공 스토리는 단지 높은 실패율을 이겨낸, 성공의 의지가 담긴 교훈일 뿐 그 이상도 그 이하도 아닌 경우가 대부분이다. 성공 사례를 찾아다니는 사냥꾼 기질의 기자가 성공 요소를 그 사례에서 찾기보다는 성공에 대한 자신만의 가설을 미리 세워놓고 그것을 증명할 사례를 찾아 끼워 맞춘 형태가 대부분이다. 그리고 그 사례를 상품으로 만들기 위해 적당히 포장하고 부풀려 마케팅을 한다. 실험을 통해 증명해야 하는 과학자처럼, 자신이 만들어놓은 가설에 위반되는 증거자료나 등장인물의 증언은 슬그머니 제외하거나 자신이 만들어놓은 가설에 유리한 쪽으로 변조하고 싶은 유혹을 떨쳐내기가 매우 힘들다. 하지만 객관적이고 비판적인 시각으로 성공 사례에 접근할 필요가 있다.

성공한 모금 사례에 지나치게 의존하게 되면 문제이지만, 성공 사례에서 분명히 배울 점을 찾을 수도 있다. 성공 사례를 맹종하게 되는 이유는 특별한 노력을 하지 않고 그 사례를 그대로 답습해서 재현하려는 게으름으로 인한 경우가 많기 때문이다. 성공한 사례에는 분석 가능한 기본적인 요소 외에 많은 다른 요인들이 존재한다. 모금은 서로 다른 성격과 요인들을 가지고 있기 때문에 요인들이 하나라도 다르게 되면 성공을 재현하기란 확률적으로 불가능하다. 백만장자가 되는 방법을 배우려고 비싼 강의를 듣거나 CD를 듣고, 책에서 배운 대로 실행해봐도 생각대로 안 되는 것과 같다.

성공한 사례를 똑같이 재현해서 성공할 확률은 마치 흑조(black swan)를 찾는 것과 같은 확률이다. 그만큼 순진하게 사례를 공부해서 그대로 재현해보는 것은 비효율적이고 비효과적이라는 것이다. 모금 분야도 예외는 아니다. 모금에 성공하기를 갈망하는 많은 모금가들이 현실성 없는 외국의 성공 사례나 미디어에 발표된 사례에 목매는 경우를 자주 목격한다. 모금 사례에서 실패 확률이 성공 확률보다 높은 것은 기대가 지나치게 크기 때문이다. 모금의 실패 사례는 관계자들이 슬그머니 사라지거나 실패자로 보이기를 원치 않기 때문에 발표되지 않는 것이다. 필자는 성공담보다 실패담을 더 신뢰한다. 그 이유는 실패담이 성공담보다 진실성이 있어서다. 실패를 반복하지 않는 것은 성공을 재현하는 것보다 훨씬 쉽다. 실패의 원인을 분석하고 그 원인을 제외시키면 어느새 성공에 한 발짝 더 가까이 다가갈 수 있다.

스토리텔링 기법의 역기능

시간, 돈, 재능은 제한되어 있기 때문에 경쟁이 존재할 수밖에 없다. 제한된 자원인 아이디어, 기금, 인력, 파트너십 등을 제대로 판단하고 지혜롭게 써야만 경쟁에서 살아남을 수 있다. 이러한 경쟁 사회 속에서 사람들이 사용할 수 있는 가장 효과적인 방법 중 하나는 자신의 의도대로 상대를 움직이는 것이다. 그리고 그 방법 중에서 스토리텔링이 단연 최고로 꼽힌다. 영리기업의 아이디어나 프로젝트, 상품 판매를 위한 설득 등에는 스토리텔링이 빠질 수 없으며, 비영리기관에서도 프레젠테이션, 홍보물, 기금 요청 등에 스토리텔링을 이용하기 때문에 이제는 스토리 피로 증후군까지 느낄 정도다. 숫자나 데이터 등은 어렵게만 느껴지고 스토리텔링은 달콤하게 느껴져 일시적으로 인간의 이성적인 판단을 보류시키는 마력이 있는 것이 사실이다. 그런데 스토리에 빠지게 되면 '가상 이야기'와 '현실 이야기'를 구별하지 못하게 된다. 일시적 마비 증상이 말하는 사람의 의도대로 듣는 자에게 즐거움을 주기도 하고 마음을 열게도 한다. 영리든 비영리든,

심지어 모금에서도 기부자를 설득하는 데 스토리텔링이 남용되고 있다. 하지만 스토리텔링 그 자체가 문제인 것이 아니라 스토리를 말하는 사람의 의도와 결과에 따라 어두운 면이 양산되기도 한다는 것이다. 여기서는 이러한 스토리텔링의 역효과에 대해서 설명하고자 한다.

스토리텔링이 어떤 사실을 설득하는 데 필요한 도구인 것은 사실이지만, 좋은 스토리가 전체적으로 진실한 스토리가 아닐 수도 있다. 스토리는 스토리일 뿐 사실과 별개로 생각해야 하는데, 허구와 진실을 혼동할 때가 많다. 객관적인 데이터를 보여주어야 하는 시점에도 스토리로 대신 메우려는 것도 스토리텔링의 어두운 면이다. 중요한 사회적인 문제를 하나의 스토리만으로 판단할 수는 없다. 데이터 대신에 사용된 스토리의 용량이 세밀한 프로젝트의 효율성을 증명하기에는 충분하지 않는 경우가 대부분이다. 사실을 감추고자 할 의도는 없었다 하더라도 중대한 문제를 가벼운 감성적 스토리텔링으로 슬쩍 넘어가려는 것이다.

본래 스토리텔링이란 이야기를 통해 관심과 재미, 교육을 목적으로 사실과 관계없이 디자인된 것이다. 하지만 현실 세계에서 비영리의 모금을 단순한 스토리로만 대응하기에는 문제가 있어 보인다. 스토리텔링의 방법이 나쁘다는 말이 아니라 스토리텔링을 넘어 더 많은 정보를 제시할 필요가 있다는 뜻이다.

스토리는 재미있기 때문에 중독 증상에 빠지게도 한다. 점점 강도를 높여야 만족하므로 웬만한 스토리에는 감동받지 않는다. 그래서 더욱 자극적인 스토리가 요구되고, 완벽한 스토리를 제공해야 한다는 압력을 받는다. 그래서 스토리 생산자는 인위적으로 가공하여 윤리적인 선을 넘어버리기도 한다.

사례 연구 : '세 잔의 차' 스캔들

히말라야 산자락에 사는 발티(Balti)족의 속담, "처음 차를 마실 때는 이방인이고, 두 번째로 마실 때는 영예로운 손님이며, 세 번째로 차를 마시면 가족이 된다"는 말을 인용해 2006년에 『세 잔의 차(Three Cup of Tea)』라는 책을 내서 베스트셀러 작가가 되고 노벨 평화상 후보까지 거론된 모금가 그레그 모텐슨(Greg Mottelson)의 스캔들이 또다시 모금계를 뒤흔들고 있다. 그는 파키스탄과 아프가니스탄 고지대 마을에 특히 여자아이들을 위한 학교를 짓겠다는 명분으로 모금을 해왔다. 마치 영화의 한 장면을 연상케 하는 여동생의 죽음, 히말라야 K2 등반, 탈레반의 위협, 여자아이들을 위한 학교 등 그의 이야기는 미국인들의 감성을 자극하기에 충분했다. 스토리텔링으로 인해 그의 명성은 연예인 이상이 되었고, 개인 비행기까지 소유하고 있었다. 강연비가 회당 3만 달러에 달하는 메가톤급 모금가로서 많은 모금가들의 부러움을 샀으며, 교과서적 모델이 되었다.

하지만 모금 전문가들은 이미 그가 선을 넘고 있다는 것을 알고서 언젠가 큰 문제가 될 것이라고 예견했다. 지나치게 완벽한 이야기였고, 상업적으로 과대 포장되어 있음을 알고 있었던 것이다. 얼마 전 미국 CBS의 '60 minutes'라는 프로그램에서 그의 행적이 도마 위에 올라 그가 몸담고 있는 단체인 CAI(Central Asian Institute)는 고사 직전이고, 다른 단체들도 모금에 어려움을 겪고 있다고 한다. 책에서 말한 그의 실적과 행적은 과장되어 있었고, 사실이 아닌 일들이 마치 사실인 것처럼 만들어진 것이 많았고, 그 많은 공금이 자신의 책 홍보를 위한 투어 비용(170만 달러)으로 쓰이고 있다고 폭로되었다. 그 뒤 막대한 후폭풍이 불어 기부자들의 신뢰를 잃었으며, 다른 선량한 단체도 함께 영향을 받고 있다고 한다.

이 사례를 통해 한국의 모금가들이 배워야 할 점은 너무 완벽한 스토리를 만들려고 욕심내지 말라는 것이다. 그리고 반드시 확인 가능한 사실에 근거하여 기부자를 설득해야 한다. 모금을 한 뒤에 어떤 결과가 있었는지에 대한 측정이 불가능하거나 애매모호하면 결국은 문제가 생기게 된다. 그레그 모텐슨이 말한 171개 학교는 과장되었거나 그와 함께 사진을 찍은 사람들 대부분이 책을 파는 사람들이거나 모금 홍보를 위해 임시로 동원된 사람들이다. 기부금이 개인의 왕국 건설을 위해 쓰인 것에 대한 폭로는 한국의 모금가에게도 일침을 주는 대목이다.

실화 스토리텔링의 명암

요즘 사람들은 스토리에 열광한다. 문화 산업, 정치, 심지어는 기업 마케팅 분야에서도 스토리의 중요성에 대해 목청을 높이고 있다. 스토리가 있어야 영화가 성공하고 방송 시청률이 유지되고, 감동적인 스토리가 있어야 기부받을 수 있으며, 비영리단체도 설립 과정이나 성공 과정에 감동을 주는 이야기가 있어야 롱런할 수 있다고 생각한다. 그래서 시청자나 청취자들은 웬만한 스토리 갖고는 꿈쩍도 하지 않는다. 전에는 인기를 누릴 수 있었을 법한 이야기에도 내성이 생겨 시큰둥하며, 좀 더 강하고 자극적인 이야기를 원한다. 하지만 완벽하고 강한 자극적 스토리는 실제 상황에서는 일어나기 힘들다. 제공하는 사람 입장에서 보면 '짝퉁' 유혹에 빠지기도 해서 때때로 부정한 방법으로 실화 스토리를 만드는 부작용도 생긴다.

매주 나가는 방송의 예를 들어보면, 작가 입장에서는 휴먼 드라마든 동물 이야기든 시청자의 만족을 위해 감동적인 스토리를 만들어야 한다. 미리 작가가 구성해놓은 스토리 라인을 바탕으로 현장에서 카메라맨이 스토리에 맞지 않는 장면은 빼고, 가공한 장면을 찍으면서 마치 진짜인 것처럼 꾸미라는 압력을 받는다. 완벽한 스토리를 구하기가 점점 힘들어진다. 하지만 너무 완벽하다면 한 번쯤 의심해봐야 한다. 이미 만들어진 스토리에 반대되는 구성 요소와 장면은 슬그머니 빼서 편집해서 내보내는 것이 많다. 문제는 그런 스토리를 접한 사람들이 자신에게 잘못 적용시킨다는 데 있다. 예를 들어 기업의 성공 신화를 사례 연구로 만들어 발표한다면 사람들은 그 방법 그대로 벤치마킹하려다 실패를 초래할 수 있다. 어느 유명한 부동산 투자가가 부동산에 투자하여 큰돈을 벌었다고 소문이 났고, 부동산 투자 방법에 대한 책을 썼으며, 수많은 지역에 강연도 하러 다녔다. 그가 쓴 책과 강연을 들은 사람들은 그대로 흉내 내지만 모두 부자가 될 수는 없다. 실제로 그가 큰 수입을 얻게 된 것은 아이러니하게도 부동산 투자에 대한 가공된 노하우를 쓴 책을 팔거나 수많은 강연을 다니면서 벌어들인 것이었다.

현대사회는 가히 스토리 과잉 시대라고 할 수 있다. 구매자들이 점점 더 많은 스토리를 요구함으로써 이제는 스토리만 가지고는 살아남을 수 없다. 스토리에 목매는 현대인 스스로 파놓은 함정이다. 결국 우리는 스토리의 한 구성원이자 노예가 되고 말 것이다. 우리 자신의 평범한 삶의 스토리는 '완벽한' 스토리에 비교되어 주목을 받기는커녕 '깜'도 되지 않는다.

베스트셀러의 이면

책이 베스트셀러가 되거나 강사가 유명해지려면 성공 사례를 많이 넣거나 들어야 한다고 한다. 자신의 주장을 증명하기 위해서는 무엇보다 스토리텔링이 효과적이기 때문에 사례를 들어 설명하는 것만큼 좋은 것이 없을 것이다. 어떠한 공식으로 증명하기도 힘들기에 저자 입장에서는 사례 찾기에 열심이다. 주로 사례는 자신의 경험, 다른 사람에게 들었거나 책에서 읽은 실화나 실험에 근거한다. 하지만 실제로 세상일이 이론과 100퍼센트 맞아떨어지는 경우는 드물다. 특히 오염된 사례가 많은 인터넷 정보가 넘쳐나는 이런 시대에는 주제를 미리 정해놓고 그 이론이나 가설을 뒷받침할 사례를 찾으려고 노력하기에 약간의 수정도 마다하지 않는다. '아하~'라는 탄성이 나와야 책이 팔려서 누군가는 밀린 빚도 갚고 누군가는 논문 통과도 할 수 있기 때문에 자신의 경험만을 이야기하는 것으로는 부족해서 인터넷이나 여러 정보를 통해 유명인의 사례를 찾아내기도 한다.

최근 들어 인터넷을 통해 만들어진 사례에 대한 리서치는 매우 위험하다. 다양한 취향에 맞게 수정된 데이터에 근거해서 짜맞춘 사례도 많음을 알아야 한다. 책을 읽다 보면 그럴듯하고 자신의 경험과도 동일시하기 쉽기 때문에 이를 쉽게 인정하게 된다. 책에 기술되어 있는 사례가 어떻게 만들어졌는지는 일반 독자들은 모르거나 굳이 알려고 하지 않는다. 인간의 생명을 다루는 자연과학의 실험에 대한 데이터 조작에 비해 사회과학 분야는 약간 관대하거나 '좋은 게 좋은 것'이라는 정서가 팽배하다. 출판사는 책이 팔리려면 유명인의 사례를 많이 찾아야 한다고 종용하지만 누구도 그 사례에 대해 확인하는 사람이 없다.

유명 대학의 MBA 과정에 쓰이는 기업 성공 사례 중에도 기업에서 성공한 요소를 찾을 때 가설에 위반되는 데이터는 슬그머니 제외시키는 경우가 빈번하게 있다. 필자도 직접 경험했지만, 그 가설을 쓰기 위해 약간의 수정이 필요할 경우가 생기면 윤리적이지 않다는 것을 알면서도 유혹을 뿌리치기가 힘들다. 인터넷을 통해 정보를 수집했다면 그것을 사용하기 전에 그 정보의 근원을 찾아봐야 한다. 'chain of custody(소유권의 시간별 변경 과정을 보여주는 문서)'를 보면 본래 의도와는 다른 근본적인 의미를 발견하게 된다. 사실에 근거한 것과 기자나 연구원이 기술한 글은 차이가 크다. 그리고 그 글이 유통되고 배달되는 과정이 폭로되면 곤란을 겪을 사람이 많이 있을 것이다. 그래서 자기계발서나 처세술의 성공 사례를 그대로 우리 자신의 경우로 적용하려면 책에서 말한 것처럼 되지 않는다. 말은 그럴싸하지만 실행이 쉽지 않은 것은 결과가 일률적이지 않기 때문이다. 필자의 경험으로는 대부분의 사례 중 1/3은 맞는 것 같고, 1/3은 전혀 다르며, 1/3은 맞기도 하고 때로는 안 맞기도 한다. 따라서 성공 사례를 무조건 맹신하지 않는 비판적 사고가 절실히 요구된다.

어떤 수학자들은 실험실에서 행해진 실험 데이터로 작성된 논문은 인정하지 않는 경향도 있다. 그만큼 신뢰할 수 없다는 뜻이다. 얼마 전 한국의 저명한 교수의 실험 논문이 과학계에 물의를 일으켰는데, 과학계의 경우는 임상 실험도 꽤 까다로운 과정을 거쳐 검증한다. 그러나 인문학, 사회과학, 경영학 쪽에서 몇 사람에 대한 심리 실험 또는 어느 기업이나 개인 사례로 증명하려는 것은 실험실에 있는 거친 약을 그대로 사람에게 먹이는 것과 다르지 않다. 이것이 베스트셀러 뒤에 감춰진 성공 사례의 문제점이다. 베스트셀러는 많은 사람에게 좋은 영향을 미친다는 점에서는 순기능을 갖고 있지만, 시간과 노력을 투자해 실생활에 적용하려면 실망을 감수해야 한다. 그래서 필자는 이 책에서 소개하는 사례를 반드시 성공 사례라고 말하지 않는다. 단지 내 경험이며, 나머지는 독자 스스로 증명할 수 있는 열정을 일깨워주기 위해 노력할 뿐이다.

보고 듣고 읽은 것이 모두 진실은 아니다

우리가 보고 듣고 읽은 것들, 심지어는 우리가 먹는 음식의 맛도 진짜가 아닐 수 있다. 누군가 인공적으로 그렇게 느끼도록 만든 것이다. 사실과 거리가 멀 수도 있다. "진짜인지 가짜인지 그게 뭐가 중요해? 그저 느끼는 것이 진짜지"라고 한다면 할 말은 없지만 그 느낌을 갖고 그대로 재현해보면 실망할 것이다.

경영 컨설턴트인 스테파니 윈스턴은 『성공하는 CEO들의 일하는 방법(Organized for Success)』(2005)에서 "책상을 정리하면, 즉 생각을 체계화하면 성공할 수 있다"는 전제 아래 "성공한 CEO들과 역대 대통령들의 책상은 잘 정돈되어 있었고, 성공하기 위해서는 책상을 잘 정리해야 한다"라고 썼다. 책상이 지저분하고 정리가 안 되어 있는 사람 중에도 성공한 사람은 많다는 말은 슬그머니 빼놓고 기술한 것이다. 세상에는 여러 부류의 사람이 있다는 것을 잊어서는 안 된다. 정리만 하면 성공할 만한 사람이 있고, 정리하면 성공하는 데 도움이 되는 사람이 있고, 책상 정리와 성공과는 무관한 사람도 있으며, 오히려 책상을 정리하면 일이 잘 안 되는 사람도 있을 수 있다. 사람들 중 몇 퍼센트가 어떤 부류에 속해 있는지 모르지만, 한쪽에 치우쳐 단적으로 이야기하는 것은 옳지 않다. 비록 정리가 중요하다고 해도 습관이나 개인의 문화 성향이 다르기 때문이다. 자신이 어떤 사람인지 아는 것만으로도 충분하다.

특히 행동을 요구하는 자기 계발은 또 다른 차원이다. 그것은 마치 비만인 사람에게 다이어트에 대해 이야기하는 것과 마찬가지다. 행동의 전환을 이끌어내기 위해서는 우선 느낌의 전환이 있어야 하고, 이어서 생각의 전환이 이루어져야 하며, 그다음으로 태도의 전환이 있어야 하는데, 그것도 한 번이 아니라 습관적으로 반복되어야 효과가 있다.

다섯 번의 윤리적 유혹

앞에서는 임의로 이야기를 조작하거나 이야기를 너무 남용해서 생기는 문제점에 대해 살펴봤다. 그 밖에도 데이터를 수집하는 과정에서 정보의 조작이나 남용이 생길 수 있다. 여기서는 이러한 정보 조작에 대해 살펴보자.

현대는 데이터를 많이 갖고 있는 사람이 왕이다. 논쟁하거나 설득할 때 데이터를 근거로 설명하면 이길 가능성이 크다. 그래서 사람들은 어떻게 해서든지 데이터를 가지려 하고, 복제와 조작도 서슴지 않으며, 자신이 정해놓은 결론에 맞게 각색도 마다하지 않는다. 비영리단체 종사자들도 예외는 아니다. 기부자에게 보여주기까지 다섯 번의 유혹을 받는다. 첫째, 현장에서 데이터를 모으는 과정에서 자신이 원하는 데이터만 손에 넣고 나머지는 슬그머니 버리거나 모르는 척하고 싶은 유혹을 받는다. 둘째, 그렇게 모은 데이터를 분석하고 해석할 때 자신이 원하는 방향으로 끌고 가고 싶은 유혹을 받는다. 셋째, 해석한 자료를 '시각적 효과를 극대화한 정보(infographic)'로 만들거나 시각화하기 위해 극적으로 손질하고 싶은 유혹을 받는다. 여기까지는 실제 있었던 상황과 많은 차이가 있을지도 모른다. 넷째, 스토리를 만들려는 과도한 욕심으로 맥락

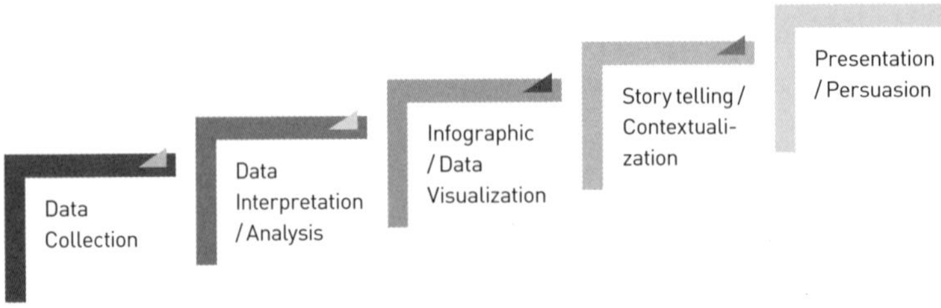

을 억지로 만들고 싶은 유혹을 받는다. 다섯째, 스토리를 전달하는 과정에서 다른 사람들을 설득하기 위해 감성을 자극하고자 하는 유혹을 받는다. 결국 마지막으로 데이터의 실수요자는 사실과는 동떨어진 데이터를 접하게 된다. 따라서 데이터를 다루는 사람은 이런 유혹에서 벗어나기 위한 내적 윤리관이 확립되어야 한다.

어설픈 '야마'에서 벗어나야 기부문화가 산다

국내 기자들 사이에 통용되는 직업 용어 가운데 '야마'라는 은어가 있다. 기사의 주제나 핵심 정도로 정의되지만, 쓰임새를 보면 그리 간단하지 않다. 본래의 의미는 필요하고 좋은 것이겠지만 모금가에게는 골칫거리다. 정통 기사보다는 기획 기사에서 더 심하다. 야마는 넓게 보면 미디어의 본래 이념, 성향, 가치의 방향과 틀을 말하고, 좁게는 기자나 편집부의 어느 한 주제에 대한 고정된 개념이나 견해를 말한다. 일부 국내 학자는 야마를 '틀(frame)'과 동일시하지만, 보통은 언론인이 특정 정치 이슈나 논쟁의 대상이 되는 공적 이슈를 정의하고 구성하는 과정 전반을 꿰뚫는 기제로 본다. 이와 같은 한국 언론 특유의 '야마' 관행을 속속들이 파헤치고 싶지는 않다. 하지만 온·오프라인 매체 기자들의 심층 인터뷰와 실제 보도 사례를 바탕으로 기자들은 야마를 어떻게 생각하며, 취재·보도 과정에서 야마를 잡을 때 어떤 전략을 사용하는지, 현장 기자와 데스크 간에는 어떤 상호작용이 이뤄지는지 등을 심층 분석한 보고서나 책을 보면 모금가들도 알 것은 알아야 한다고 생각한다.

한국의 기부나 모금 사례도 미디어가 야마를 조직적으로 남용하는 과정에서 문제점이 발견된다. 예컨대 미리 정해진 야마에 맞춰 사실을 재구성하거나, 보여주고 싶은 내용만 담거나, 전체 맥락을 배제하고 일부만 과장해서 보여줌으로써 진실 보도라는 저널리즘의 원칙을 훼손하고 있다는 것이다. 필자는 모금 성공 스토리를 100퍼센트 신뢰하지 않는 것이 좋다고 피력했다. 문제는 기사를 읽는 독자가 기부의 실체를 다르게 보게 된다는 것이다. 실제로 모금을 하다 보면 현장에서 전혀 다른 반응을 느끼고 당황하거나 실망할 수도 있다. 특히 편집부에서 기부와 모금이라는 주제는 야마의 범위를 벗어나기 힘들다. 그리고 야마에 기사의 '숨은 의도'가 파묻혀 있다는 데 문제가 있다. 현장 기자들이 기부 혹은 모금 관련 기사거리를 취재해 보고하면 선배나 데스크로부터 "그 기사 야마가 뭐야?"라는 질문이 날아들고, 출고한 기사에 대해 "야마가 없다"거나 "야마가 엉성하다"는 질책을 받기 일쑤라고 한다. 그러다 마감 시간에 쫓기면 사례를 억지로 끼워 맞추거나 내용을 과장하고 싶은 유혹에 빠진다. 언론이 기부에 대해 객관적이고 공정하며 때에 따라서는 비판적이어야 하는데, 편집부가 기부에 대한 얄팍하고 비전문적인 개념으로 야마를 만들어놓으면 참 답답할 때가 많다. 기부 관련 기사는 편집부의 야마의 그늘에 갇혀 빠져나오지 못한다. 필자가 기부와 관련해 기자를 많이 상대해본 경험에 비추어보면 현장 모금가는 기자의 취재와 보도 활동에 대해 '야마와의 전쟁'을 치르고 있다고 해도 과언이 아니다. 그래서 필자는 기자에게서 기사 의뢰가 오면 가장 먼저 "야마가 뭐야?"라고 묻고서 맞지 않으면 처음부터 다른 곳으로 안내한다. 열심히 설명해도 야마에 안 맞으면 서로 시간 낭비이기 때문이다.

최근 우리 사회를 요동치게 했던 기부 관련 세금법 처리 과정과 기부금 횡령 논란에 대해 각 매체가 어떤 야마에 따라 재구성했는지 자연스레 드러났다. 또한 각 매체가 구체적인 사안별로 제목·지면·단수 등을 어떻게 다루었는지, 한국 사회를 미디어라는 잣대로 들여다보는 방법을 기부자에게 어떻게 설명할 것인지 등이 모금가에게는 큰 숙제라고 할 수 있다. 큰 틀에서 보면 바로 그 문제가 한국 기부문화에 끼치는 영향이 크다고 본다.

지금도 '야마' 관행에 사로잡힌 기자들이 현장 모금가나 기부자들과 인터뷰를 한다. 다양한 분야에서 나쁜 기부와 좋은 기부도 말하고 모금 관행을 비판하며 바람직한 언론의 역할을 고민하는 모든 이들에게 외친다. 이제 '야마'에서 벗어날 때도 되지 않았는가!

한국 기부문화의 지형도

14

'겨자 모금'은 지뢰밭을 통과하기 어렵다

모두가 진정성을 갖고 시작했다고 해도 한 발짝만 잘못 디디면 지뢰를 밟게 된다. 모금 캠페인은 '전속력으로 지뢰밭을 뛰어서 통과하기'에 비유할 수 있다. 지뢰가 어디에 묻혀 있는지 표시해놓고 뛰는 것과 모르고 무작정 운에 맡기고 뛰는 것은 차이가 있다. 1970~80년대 한국에서는 '초코파이 모금'이 유행했는데, 우스갯소리로 기업 기부는 초코파이로 때운다는 말이 있었다. 또 한때는 '스타 모금'이 유행하여 웬만한 일반 모금가는 쳐다보지도 않는 사회 풍조로 인해 모금하는 사람들의 사기가 떨어졌는데, 요즘은 '겨자 모금'으로 빨리 달리다가 헛발을 디뎌 지뢰를 밟기도 한다. 충분한 공감대를 형성하지 못하고 준비가 안 된 상태에서 기부가 반강제적으로 비쳐졌다면 이미 지뢰를 밟고 있는 것이다. 발을 드는 순간 미디어에 부정적으로 "성의 표시인가, 울며 겨자 먹기인가?"라는 제목으로 도배되어 전체 모금 캠페인에서 탄력을 잃고 만다. 충분한 설득과 관계 형성 없이 짧은 시간 안에 무리한 감동 스토리를 만들어보려고 어설프게 끼워 맞추다 보면 부작용이 생긴다.

어떤 병원은 직원들 대상으로 모금을 해도 문제가 없고, 어떤 병원은 문제가 되는가? 어떤 병원은 모금 담당 팀을 만들지 못해서 문제이고, 어떤 병원은 전담 팀까지 설치했다는 대중매체의 칭찬 아닌 빈정거림도 있었다. 내부 직원부터 모금을 시작하는 것은 모금 이론상 지극히 정상이지만 강제적으로 보여도 문제가 된다. 모금가가 충분한 훈련 없이 모금을 각출이라 생각한다면 한국뿐 아니라 어느 나라에서도 문제가 될 것이다. 또한 각자 낸 기부금을 공개해 벽보에 써 붙이는 방법도 무언가 씁쓸하게 한다. '외부에 알리는 것'이 기부자에 대한 예우일 때는 중요하지만, 단체 기부 등에서 기부하지 않은 사람에게 과도한 압박을 가하거나 수치심이나 죄책감을 느끼게 하는 것이라면 본래 의도에서 벗어난 것이다. 내부 모금은 상징적인 재미를 더해주고, 작은 금액으로도 부담을 느끼지 않게 시작해야 한다. 모금가는 어떤 결과를 가져올 것인지 항상 최악의 경우를 염두에 두고 철저히 준비해야 한다.

한국 NGO 세계

얼마 전에 NGO(non-governmental organization, 비정부기구) 설립에 대한 자문을 의뢰받았다. 설립자는 단체 설립을 위해 '비전을 확고하게 수립하는 것(vision casting)'이 가장 먼저 이루어져야 한다는 조언을 듣고 나에게 사람들의 모금과 참여를 이끌어낼 수 있는 비전을 만들어줄 것을 청했다.

그러나 전문가의 입장에서 그가 들은 조언이 전부 옳다고 할 수는 없다. 비전만으로 사람들의 참여를 이끌어낼 수 있다고 여기는 것은 지나치게 순진한 생각이다. 많은 NGO 단체들이 있지만 사람들의 참여나 호응은 많지 않다. 좋은 취지를 가지고 시작한 단체라 할지라도 그 단체가 내세우는 비전이 얼마나 실현 가능한가에 따라 사람들의 관심과 호응이 달라지는 법이다. 예를 들어 "한국의 불우 아동들 모두에게 대학 진학 등록금을 지원해준다"는 것은 분명히 듣기에도 그럴듯하고 굉장한 의미를 갖는 것처럼 보인다. 그러나 현실적으로 생각해보면 실현 가능성이 낮다는 것을 금방 깨닫게 된다.

중요한 것은 얼마나 그럴듯하고 멋진 비전을 내세우느냐가 아니라 비전을 현실화할 수 있는 준비가 얼마나 되어 있느냐다. 실현 가능성이 높은 비전을 설정한 뒤에는 사람들에게 왜 우리 단체여야 하는가, 그리고 단체가 비전을 실현시키기 위한 준비가 얼마나 잘 되어 있는가를 보여주어야 한다. 믿을 만한 근거를 제시하고 신뢰를 얻어야만 비로소 사람들의 참여를 이끌어낼 수 있기 때문이다.

여기서 끝이 아니다. 단체가 제시하는 비전이 나와 무슨 연관이 있으며 단체에 참여함으로써 얻는 것은 무엇인가를 고민하는 사람들에게 확실한 동기를 부여해줄 수 있어야 한다. 사람들에게 동기부여를 확실하게 해주지 못하면 그 비전은 결국 실현되지 못할 또 하나의 이상이 되어버릴 뿐이다. 그동안 수많은 비전들이 실현되지 못하고 사라져간 것은 사람들에게 확실한 동기를 부여하지 못해서 적극적인 참여를 이끌어내지 못한 탓이다.

사람들의 참여를 이끌어낼 만한 비전이 완성되면 다음으로는 단체의 구체적인 활동이 이루어져야 한다. 비전이란 어느 한 개인의 꿈에서 시작될 수는 있지만 그 완성까지 개인의 범주에 머물러서는 안 된다. 한 개인이 꿈꾸는 비전을 일방적으로 내세우는 것은 다른 이의 충분한 공감과 참여를 이끌어낼 수 없기 때문이다.

비전을 많은 사람들과 공유하기 위해서는 되도록 많은 관련자들의 현실적인 참여가 이루어져야 한다. 우선 이사진과 핵심 스태프들, 주요 후원자들이 모두 모여 공개된 비전에 대한 다양한 의견을 나누고 수렴하고 조율하는 과정이 필요하다. 이를 '전략회의'라고 부르며, 여기에서 단체의 사명 선언문과 목표가 함께 완성된다.

전략회의는 앞으로 단체의 성공 여부를 판가름할 수 있는 중요한 자리다. 또한 참여자들로 하여금 자신이 직접 참여해 만든 비전을 성공적으로 이루기 위해 적극적으로 행동하는 계기가 마련되는 장이기도 하다. 전문 컨설턴트들은 어떤 사람들이 그 단체를 구성하고 참여하고 있는지, 그들이 얼마만큼의 열정을 가지고 있는지가 승패의 중요한 열쇠라고 본다. 그만큼 모임의 구성원을 결정하는 것은 중요한 문제이며, 구성원이 제대로 조직되지 않았을 경우에는 충분한 시간을 갖고 철저한 준비 과정을 거쳐 더 나은 구성원을 갖추기 위해 노력해야 한다고 조언한다.

한국 기부문화의 현황

기부를 보는 프레임은 사람마다 다르고, 더욱이 '문화'라는 단어는 오해를 유발하거나 잘못 사용되고 있는 단어 중 하나다. 그런 두 단어가 혼합되니 학자마다 견해가 다르고, 쓰는 사람마다 서로 다른 개념과 경험을 가지고 이야기하게 된다. 한국의 기부문화를 서양의 잣대로 비교하는 것은 잣대가 굽을 수밖에 없다. 기부문화를 이해하기 전에 먼저 기부가 과연 문화가 될 수 있는지를 생각해봐야 할 것이다.

우선 레더라크(J. P. Lederach)는 『평화 준비하기: 다른 문화 사이의 갈등 완화(Preparing for peace: Conflict transformation across cultures)』(1995)에서 "기부문화는 기부라는 지식, 생각, 행동을 공유

한 어떤 그룹이 그들의 문화를 사회적 환경이나 현실에 반응하고 표현하고 해석하고 받아들이면서 만들어진 것이다"라고 정의했다. 그러나 필자는 경제학자 맥그루(W. C. McGrew)가 "문화는 단순한 지식적 차원이 아닌 과정의 차원"이라고 말한 것에 좀 더 공감이 간다. 그의 말을 인용하면, 문화는 여섯 단계로 점차 프로세스화 한다고 한다. 여섯 단계란 다음과 같다. 1) 새로운 행동 패턴이 창조되고 기본 행동이 변경된다. 2) 새로운 행동 패턴을 창조한 사람은 다음 사람에게 옮긴다. 3) 변경된 행동은 실행자가 거의 동일하게 따라 하고 다른 사람들도 쉽게 알아볼 수 있다. 4) 전달받은 사람이 새로운 행동을 오랜 기간 동안 유지할 수 있어야 한다. 5) 새로운 행동이 더 큰 그룹, 사회로 퍼져 나간다. 6) 그런 패턴이 다음 세대까지 유산으로 연결되어야 한다.

내용 면에서 기부문화에는 기부라는 사회적 행동을 뛰어넘어 기부에 대한 아이디어, 믿음, 가치, 지식 등이 포함되기도 한다. 만약 한국의 리더가 기부문화를 선도하고 싶다면 주목해야 할 대목이다. 얼마 전 발표에 따르면, 한국에서 전체 인구의 37퍼센트인 3분의 1 정도만 기부에 참가한 경험이 있다고 한다. 한국의 기부문화는 확고한 '문화'로 자리 잡고 있다고 보기에는 아직도 넘어야 할 산이 많고 시간도 좀 더 필요할 것으로 보인다.

그러나 기부 정서는 조금 다른 차원이다. 문화로 넘어가기 전에 정서는 규모가 작고 짧은 의미가 있다. 정서는 사회 전반에 폭넓게 퍼져 있고 공통된 행동 양식과 가치가 있다고 하더라도 짧은 시간에 변화하며, 한순간 다른 사건으로 변할 수도 있는 특징을 갖고 있다. 한국의 기부문화에는 비정상적으로 형성된 모금 리더십에 대한 과잉 기대와 과잉 환멸이라는 비극적 '정서'가 있어 고급문화로 승화시키는 데 걸림돌이 되고 있다.

기부 행위는 인간이 가질 수 있는 가장 상위에 있는 정신적인 가치 개념 중 하나다. 그래서 기부문화가 자리 잡힌 사회는 그 하위에 있는 도덕적인 문제가 해결된 뒤에 자연히 토대를 만든다. 하지만 하위 가치가 성립되어 있다 하더라도 아직 기부문화가 자리 잡지 못한 나라도 많이 있다. 그런데 기부가 종교적으로 사회 전반에 자리 잡거나 아니면 하위 개념인 공중도덕이라든지 질서 유지, 배려, 이해 상충 같은 개념이 사회 전반에 올바르게 자리 잡지 못한 상태에서 기부문화를 주장한다면 기부는 일회성 이벤트로 끝나 오래 유지할 수 없을뿐더러 부작용이 나오기 마련이다. 마치 아직 경제적인 여유도 없고 시간도 없는 사람이 충분한 실내 연습도 하지 않고서 골프를 치러 필드에 나간 형국이 되는 것이다.

또 슈퍼마켓이나 편의점 등에 있는 불우 이웃 돕기용 저금통이나 동네마다 설치된 헌 옷 수거함이 기부문화로 자리 잡지 못하고 사람들에게 외면을 받고 있다. 기부가 오래 유지되려면 먼저 개인적·사회적·문화적 가치 개념부터 정립되어야 할 것이다. 가장 좋은 방법은 어릴 때부터 교육을 통해 정립시키는 것이다. 하지만 좋은 본보기 없이는 교육이 위선으로 비칠 수 있다. 무엇보다 한국 사회의 리더들이 앞장서서 한국 기부문화의 장기적인 방향 설정에 관심을 갖고 모범을 보여주어야 한다.

한국적 기부문화의 어두운 면

한국의 기부문화가 올바른 방향으로 나아가는 데는 몇 가지 문화적 제약이 있다. 우리 사회는 격변의 현대사를 겪어오면서 비정상(비상식)이 정상(상식)을 압도해버리고, 마침내 그 비정상이 사회적인 대세로 자리매김했다. 우리는 그것을 고유한 정서라고 주장하면서 면죄부를 주고 있다. 다시 말하면 지금의 정서를 '일시적인 사회 병폐 현상'과 혼동해서는 안 된다는 것이다. 여기서 설명할 세 가지 문화적 특성은 이러한 우리의 사회적 병폐와도 관련되어 있으며, 제대로 된 기부문화를 정립시키기 위해서는 반드시 알고 고쳐나가려는 노력이 필요하다.

1) '보여주기'식 소비와 '보여주기'식 기부

요즘 젊은 층의 과소비 행태는 주변의 시선을 의식하는 데서 비롯되었다고 한다. 월급 대부분이 신용카드 할부금으로 빠져나간다고 하는 사람들은 "어떤 차를 타고 어떤 브랜드의 옷을 입고 밖에 나가느냐에 따라 사람들의 시선과 태도가 변한다"라고 말한다. 그래서 주변 사람들의 시선 때문에 과소비를 끊지 못한다고 말한다. 어떤 젊은이는 "소개팅에 나갈 때 명품 옷을 입고 나가면 상대 여성의 눈빛이 달라진다"면서 "명품은 대한민국에서 다른 사람들에게 뒤처지지 않기 위한 필수 아이템"이라고 말했다. 이처럼 젊은이들은 명품을 소유함으로써 자신도 명품이라는 메시지를 전달하고 싶어 한다. 전문가들은 젊은 세대들이 상대방에게 자신의 내면을 보여주기보다는 명품을 통해 자신이 부유하다는 메시지를 표출하려 하며, 보는 이들 역시 어떤 것을 가졌는지에 따라 사람을 판단하려고 하는 것에 깊은 우려를 나타낸다. 일부 전문가는 우리 사회는 인내심을 가지고 개개인의 잠재력과 개성으로 사람을 평가하려고 노력하기보다는 단일 기준으로 쉽게 판단하고 단정하려는 인스턴트식 성향이 있다고 말한다.

기부문화도 마찬가지다. 내실이 부족한 단체는 남의 눈을 의식해서 무엇인가 보여주기 위해 명품을 찾아 겉치레에 치중한다. 그래서 단체의 역량을 넘어서는 홍보와 설득으로 오류를 범하게 된다. 남과 나를 차별화하는 데 필요한 것은 겉으로 보이는 것이 아니라 내면이기 때문에 사회 전반에 걸쳐 내면적인 가치를 중시하는 교육을 해야 한다.

2) 사람을 '종적'으로 판단하는 한국인

미국 사람들은 처음 사람을 만날 때 그 사람이 무엇을 할 수 있는지에 호기심을 가지며, 직접 묻기도 한다. 그리고 그것을 통해 인물에 대한 평가를 하고, 자신이 하고 있는 일과 어떤 것이 연결될 수 있는지에 대해 생각해본다. 하지만 한국인은 그 사람이 어떤 위치에 있는 사람인가를 더 알고 싶어 한다. 그리고 그의 지위로 사람을 평가한다. 미국 사람들이 횡적 시각에서 사람을 본다면 한국은 종적으로 사람을 본다. 우리나라 사람들은 전 세계를 통틀어 혈연, 학연, 지연 의식이 가장 강하다고 한다. 옛날에는 본관과 누구의 몇 대손인가를 따졌고, 지금은 직업과 직위를 따지고 어느 명사와 어떤 관계라는 것을 내세우고 싶어 한다. 이렇게 서열을 비교하며 높고 낮음을 가늠하여 인간관계를 맺는다. 하지만 이러한 성향은 모금을 하는 데 약점으로 작용한다. 물론 모금은 관계를 맺음으로써 이루어지는 것이지만 지나치게 밀착된 관계에 의존하는 모금은 명분을 등한시하게 만드는 단점이 있다.

모금 생태계에 몸담고 있는 사람들을 보면 직책에 '부(副)' 자가 붙는 경우가 많은데, 이것은 어떤 직위라기보다는 기능적인 위치로 볼 수 있다. 하지만 한국에서는 베스트만 최고이자 최선이라 생각하며, 차선은 인정하지 않는다. 어찌되었든 우리나라의 부모들은 자식이 우두머리가 되기를 바라기 때문에 '부' 자가 붙는 직위를 별로 달가워하지 않는다. 그래서 모금 업계에서 부총장, 부원장 등의 직위는 모금가로 키우거나 동기를 유발하기에는 역부족이다. 모금이 3D 직종의 하나라고 생각하고 기피하는 현상은 이러한 서열 의식에서 나온 것일 수 있다. 직종이 좋고 나쁜 기준이 기능, 역할, 사회적 수요 등이 아니라 사농공상(士農工商) 같은 해묵은 서열 의식이 아직도 살아 있는 것은 아닌지 의심스럽기만 하다.

3) 뭐든지 '빨리빨리'주의인 성격 급한 한국인

모금을 하는 데 있어 빨리 하는 것이 너무 느린 것보다 좋은 것은 사실이지만, 인간관계는 빨리 재촉한다고 되는 것이 아니며 빨리 뜨거워지면 그만큼 빨리 식는다. 지구상에서 사계절이 가장 뚜렷한 지대가 북위 30~40도 사이라고 하는데, 한반도가 바로 여기에 속해 있다. 벼농사를 하려면 날씨가 따뜻해야 하는데 온도 차가 심한 상황에서 수천 년간 농사를 짓다 보니 추위가 오기 전에 추수를 빨리 해야 하고, 천재지변으로 생긴 불행을 빨리 회복하고자 한 습성이 있어 모든 일을 빨리 처리하고 싶어 하는 문화가 안착되었다고 보는 설이 있다. 그러나 모금은 그렇게 빨리 처리할 수만은 없는 속성이 있다. 후다닥 해치우는 이벤트에는 능하지만 긴 안목을 갖고 투자하는 일에는 서툴기만 하다. 결과가 빨리 나오지 않으면 바로 실망하여 쉽게 포기하거나 다른 일로 전환할 것을 결정해버린다.

좋은 비영리단체를 만들기 원하고, 빨리 모금을 성사시키고 싶은 리더에게 전해주고 싶은 법칙이 있다. 심리학자 존 헤이스(John Hayes)는 『10년 법칙』이라는 저서에서 역사를 바꾼 열 명을 표본으로 누구든지 새로운 것을 발견해 그것으로 기술의 도약을 이루기까지 최소 10년 동안은 그것과 관련된 기술이나 학문을 부단히 배우고 연습해야 한다고 주장했다. 모차르트가 피아노 협주곡 9번을 1777년에 발표하기까지 12년이 걸리고, 아인슈타인이 특수상대성이론을 발표하고 샹폴리옹이 로제타스톤 상형문자를 해독하는 데 10년이 걸린 것은 우연이 아니라는 것이다. 역사적으로 보면 다윈, 아인슈타인, 레오나르도 다빈치, 모차르트와 같은 천재들조차도 창조적 기회로 가는 멀고 험난한 여정에서 지름길은 허용되지 않았다는 말이다. '갑자기 하늘에서 떨어진 천재(Sudden Genius), 유레카'는 없으며, 10년 이상 혹은 1만 시간 이상의 훈련을 통해 어느 경지에 도달한다는 것이다. 결론적으로 "99퍼센트의 땀과 1퍼센트의 영감"이라는 에디슨의 말에 비추어 볼 때, 10년(120개월) 동안 열심히 훈련한 사람에게는 한두 달(1퍼센트) 동안 '번뜩이는 영감'을 맛볼 수 있는 절호의 기회가 주어지지 않을까 생각한다.

마찬가지로 모금가나 비영리단체도 꾸준히 10년 정도 운영하면서 각종 난관을 이겨낸 경험이 있어야 모든 단체가 부러워하는 유산기부 프로그램을 설치할 수 있으며 효과도 제대로 발휘된다. 하지만 가끔 뉴튼(Isaac Newton) 처럼 10년도 안되어 사과를 머리에 맞고 과학의 역사를 바꾼 것처럼 자신의 단체만은 10년 법칙에서 예외가 될 수 있다는 꿈을 꾸며 산다.

한국인의 기부 성향

기부를 받기 위해서는 우리나라의 문화적 토양을 바탕으로 사람들이 어떤 기부 성향을 갖고 있는지를 아는 것이 중요하다. "내가 차려놓은 잔치에 손님을 초대하고 싶으면 남의 잔치에 먼저 가야 한다"는 것이 한국인의 기부 습성을 이해하는 기초가 된다. 남의 자녀 결혼식에 참석해서 축의금을 내야만 최소한 내가 낸 정도의 금액을 들고 상대방도 참석할 것이다. 한국에서는 기부도 이 같은 마인드로 생각하는 경향이 있다. 내가 상대의 기부 이유가 되는 곳에 많이 참석했으면 그만큼 돌려받는다는 뜻이다. 아무리 명분이 좋은 모금이라도 남에게 베푼 기록이 미미한 단체의 리더는 사실 남에게 요청하는 일에 두려움과 민망함을 느끼게 된다. 기부도 서로 주고받는 상호 기부가 사회 전반에 걸쳐 하나의 문화로 자리 잡고 있다. 그래서 일방적인 부탁이나 요청은 오래가지 못한다. 비영리단체가 모금가를 고용할 때는 이미 많은 씨앗을 뿌린 사람을 고용하는 것이 이상적이고, 최소한 씨를 뿌릴 수 있는 사람을 고용해야 한다. 모금에 관한 가장 큰 세 가지 문화적 걸림돌을 꼽아보면 다음과 같다.

1) 남에게 부탁이나 요청을 하지 못하는 문화

상류층에 접근하는 것이 용이하거나 그들의 리스트를 갖고 있는 모금가가 자원봉사로 재능기부를 하거나 스태프로 있으면 좋겠지만 현실은 그렇지 못하다. 그래서 눈높이가 맞는 단체의 이사장이나 리더가 가장 적합하지만, 기부 요청을 부탁으로 여기거나 갚아야 할 빚으로 보기 때문에 요청하는 것이 어려워진다. 어느 정도 재력이 있는 단체의 리더는 요청하는 것을 더욱 어려워한다. 그래서 눈높이가 낮아도 문제이고 비슷해도 문제가 되는 딜레마에 빠진다. 요청을 해야만 그나마 목표액에 근접할 수 있는데 기부 요청하기를 매우 꺼린다. 그래서 모금 캠페인 등에서 목표액을 채우지 못하는 경우가 많다.

2) 문서화가 정착되지 않은 문화

우리 사회는 주고받는 행위에 있어 문서 사용이 원활하지 않다. 그래서인지 모금의 뼈대라고 할 수 있는 모금 명분서, 모금 정책 등의 사용을 주저한다. 또한 계약서를 주고받는 것도 꺼려하며 그저 구두로 이루어지는 것을 원한다. 그때그때 상황이나 사람에 따라 모금하는 방법이 다르기 때문에 프로세스를 시스템화하기가 어렵다. 기부 후 기부자와 단체 간에 법적 분쟁이 발생했을 때도 갈등을 해결할 근거가 되는 문서가 없기에 판사는 감각으로 판결해야 한다.

3) 한국인의 '정(情)' 문화 안에 존재하는 기부문화

한국에서의 기부는 '정'이라는 테두리 안에서 이루어져 모

금 상품이 주는 논리에 대한 이해가 약해질 수밖에 없고, 관계에 의지하다 보면 일회성으로 끝날 수도 있으며, 프로세스화하기가 어려워진다. '정'을 넘어서야 하는데 그 안에서만 맴돌고 있다. 인간관계에 의한 보답성 기부가 대부분이어서 기부 명분이 관계로만 이루어져 사회에 끼치는 모금의 영향력이 큰 힘을 발휘하지 못하는 형편이다.

모금가들이 느끼는 장애물

앞에서는 우리나라 기부문화의 특징과 문제점에 대하여 살펴봤다. 그렇다면 이러한 문화 속에서 직접 모금 활동을 하는 모금가들이 생각하는 애로 사항을 알아보는 과정이 필요하다. 한국에서 기초 모금교육 후에 모금을 열성적으로 하려는 사람들은 머지않아 아래와 같은 세 가지 큰 장애물을 만나게 된다.

1) 보상을 충분히 주는 곳과 일할 자리가 아직 없다

얼마 전 신문에서 "안철수 씨가 세 번 직업을 바꿀 수 있었던 것은 그가 의사였기 때문이며 일반인은 불가능했을 것"이라는 논평을 읽었다. 일리가 있어 보인다. 필자가 모금가 교육을 하면서 꿈 많은 젊은이나 은퇴를 앞둔 사람들에게 아무런 대책 없이 인생의 2~3모작을 종용했던 것이 부끄럽게 느껴진다. 교육을 받아봐야 적절한 보상을 해주는 곳도 없고 아직은 그 사람들이 일할 일터도 없는데, 마치 교육을 받으면 당장 고소득이 보장되는 것처럼 생각하지 않았을까 염려된다. 또한 보상만을 바라고 모금을 한다는 것도 아직은 한국 정서상 이상한 사람으로 취급받기 쉬우며, 새로운 가치의 패러다임으로 변화된 모금 리더들로 세대가 교체된 후에나 가능한 이야기다. 리더들이 다른 사람에게는 모금가의 사회적 책임을 이유로 희생을 요구하지만, 정작 자신들의 보상 문제에 민감한 것은 그들에게는 아킬레스건이다.

2) 이론을 배워도 아직 단체에 적용하기 힘들다

모금 원리가 무색할 정도로 이론은 단지 이론일 뿐 현장의 상황과는 매우 다른 것을 발견한다. 그러한 것은 모금 선진국에서나 가능하며 아직 한국에서는 적용하기 힘들다고들 한다. 또한 모금에 대한 두려움을 없애기 위한 길거리 모금 현장 실습 등도 사람마다 성향이 달라서 현장에 적용하기 힘들다고 토로한다. 본래 모금은 이사회, 사무총장, 모금 총책임자, 기부자라는 4개의 축이 상호작용을 하면서 이루어지는데, 한국에서는 모금가와 이사회의 역할이 불분명해서 두 개의 날개를 잃은 잠자리처럼 제대로 날 수가 없다. 마찬가지로 서양에서 말하는 모금 과정에서 모금가의 역할 분담, 책임 한계, 그리고 이사회의 역할이 없으면 풀뿌리 모금이

든 조직 모금이든 현장에 적용하기는 힘들다. 대부분 일회성에 그치거나 열정만 소진시킬 뿐이다. 모금가는 자신이 배운 이론을 현장에 제대로 적용하고 싶지만 현장은 준비가 안 되어 있어 딜레마에 빠질 수밖에 없다.

3) 모금가와 기부자가 서로를 보는 이미지가 다르다

모금가는 이미지로 먹고사는 사람들이다. 그런데 모금가는 기부자를 순수하게 보지 않고, 기부자도 모금가를 보는 이미지가 그리 좋지는 않다. 본래 모금의 이론은 상호 간에 신뢰가 있어야 적용할 수 있다. 모금가는 한국 사회의 상류층은 기부에 인색하다는 편협한 생각을 갖고 이런 불경기에는 기부할 사람이 없을 것이라는 부정적인 생각을 하며, 기부자는 모금가를 구걸하는 사람이나 사심이 가득한 집단으로 보는 경향이 짙다. 서로에 대한 불신의 벽을 깨지 않고는 모금은 힘들어진다. 따라서 서로를 긍정적으로 보는 소통과 교감이 절실히 필요하다.

스티븐 핑커(Steven Pinker)는 베스트셀러 『빈 서판(The Blank Slate』(2002)에서 "두 가지 옵션이 상충되는 딜레마가 아닌 트릴레마(trilemma), 즉 삼중의 딜레마 상태에서는 얻을 수 없음"을 언급하면서 "사회가 공정, 자유, 평등을 동시에 얻을 수는 없다"고 주장했다. 만약 사회가 공정하다면 어떤 사람은 열심히 일해서 더 많은 부를 축적할 것이고, 모든 사람이 자유로워진다면 부모는 자식들에게 더 많은 유산을 남겨주어 어떤 사람은 태어날 때부터 행운을 안고 태어나기에 평등할 수 없다는 것이다. 마찬가지로 세 가지 장애물인 보상과 지위, 현장 모금 환경, 이미지가 완벽히 갖추어진 조건에서의 모금은 이론상 불가능할지도 모른다. 보상을 특별히 많이 해주면 지위가 올라가 단체 내에 반목과 갈등이 생겨 나쁜 이미지가 만들어질 것이고, 평등하게 보상한다면 모금에 자원하지 않아 모금 생태계가 인력난을 겪게 될 것이다.

우리 사회는 이러한 난관을 뚫고 나갈 대단한 영웅을 기대하지는 않는다. 보상이 형편없고 자리도 없으며 노력해봤자 써먹을 데도 없고 알아주는 사람이 없다고 투덜대거나 포기하기보다는 차분히 때가 오기를 기다리든가 아니면 최소한 준비라도 하는 것이 바람직하며, 모금가의 장래를 걱정하는 사람끼리 가끔 소통하며 격려하는 것도 나쁘지 않다. 그래야 어려운 장애물도 해결하고 견뎌나갈 수 있다. 본래 딜레마는 어떤 패러다임 안에서 보는 시각에만 흑백으로 존재하므로 딜레마라는 틀 안에만 갇혀 있지 말고 다른 옵션을 생각해볼 때가 된 것 같다. 파괴적 딜레마에서 벗어나 모든 것이 가능하다는 건설적 딜레마로 전환해야 한다.

'나눔'이라는 개념의 문제점

기부는 '나눔'을 넘어 사회적으로 더욱 광범위한 의미를 지니고 있다. 그러므로 기부를 나눔이라는 협소한 그릇으로만 이해하면 많은 문제점이 야기되고, 기부문화가 제대로 나아갈 방향을 찾지 못하게 될 것이다. 그런데 한국에서는 나눔이라는 틀 안에서 기부를 이해하고 있는 것 같다. 그래서 여기서는 기부의 사회적 교환으로서의 역할, 그리고 기부를 '나눔'으로 번역했을 때의 문제점에 대해 설명하고자 한다.

1) 기부와 사회적 교환 이론

모금 이론 중 '사회적 교환'이라는 개념이 차지하는 비중은 매우 크다. 사회적 교환이란 "다른 사람에게 행한 자신의 행동이 그에 상응하는 결과를 가져다줄 것이라는 기대에서 사회적 행동이 이루어진다"는 이론으로 '교환'과 '관계'가 핵심 요소다. 관계 마케팅과 사회적 교환 이론은 종종 모금의 기초 개념에서 찾아볼 수 있다. 현대 모금의 기초를 다진 믹서(Mixer)는 자신의 이론에 시스템 이론을 더하여 "모든 단체는 자급자족할 수 없으며 주위 환경과 교환을 통해 존재할 수 있다. 주는 자와 받는 자가 끊임없이 상호 이익을 추구하기 위해 교환하는 과정을 유지해야 한다"라고 말했다.

현대의 모금 전문가들은 기부문화를 기부로만 보지 않고

사회적 교환의 틀로 접근한다. 하지만 일반적인 시장에서의 교환과 달리 기부에서의 교환은 기부자에게 금전적인 보상이 돌아가지 않을 수도 있고, 때로는 사회로 환원되기도 한다. 로드(Lord)는 "사람은 받기 위해 준다. 기부자는 투자한 것에 대해 무언가 받기를 원하기 때문에 기부는 교환 과정의 하나이며, 모금가는 기부자에게 빚을 진 것이다"라고 말했다. 철학자인 마이크 마틴(Mike Martin)은 "기부는 이타주의와 이기심의 합산에서 나온 것이다. 이기심이 이타심보다 관계를 유지하는 데 있어 조금 더 강하게 작용하기는 하지만 이기심만으로는 관계를 유지할 수 없기 때문에 이 두 가지가 서로 연결되어야 한다"라고 했다.

한편 프랫(Pratt)은 "기부금은 일종의 힘과 영향력을 갖고 있어서 기부자와 단체 사이에 힘의 균형이 깨지면 서로를 이해하거나 공평한 소통은 사실상 힘들다"라고 말했다. 특히 열악한 단체의 경우는 힘의 균형에 밀려 기부금 요청이 '구걸' 형태가 되기 쉽다는 것이다. 하지만 단체에 내는 기부금은 실제로 사회에 대한 영향력으로 작용하기에 당당히 동등하게 가야 한다고 주장하는 학자들도 많다. 그래서 서양식 기부문화에서는 자연스럽게 모금 명분서와 기부금이 교환된다. 기부자는 사회 환원을 통해 미래에 투자하는 것이다. 가장 바람직한 기부 생태계의 역할 관계라고 하면 기부자는 사회적 투자가가 되고, 단체는 그것을 관리하는 사회적 은행이 되는 것이다.

2) 나눔이 '공유(sharing)'로 번역될 때의 문제점

나눔은 인간의 덕망 중 하나이지만, 사회가 기부를 '나눔'의 개념으로만 몰고 갔을 때 생기는 부작용을 생각해야 한다. 우리 사회의 나눔에는 전형적인 동양적 사고방식이 존재한다. 한국적인 계·두레·향약 같은 협업, 공익을 위해 자신의 것을 내놓는 의미 등으로 쓰인다. 하지만 그 이면에는 보이지 않는 계약이 있다. '이번에 내가 주었으니 다음에는 네가 주어야 한다'는 암묵적인 계약이 있는 것이다. 이것을 어기는 자는 사회에서 외톨이가 된다. 또한 '대가성' 기부는 심각한 윤리적 문제를 초래하기도 한다. 이러한 문제점을 세 가지로 정리해보면 다음과 같다.

첫째, 자연스러운 기부로 유도하는 데 나눔이 부정적인 영향을 미칠 때도 많다.

기부 선진국에서는 기부에 '공유'라는 말을 거의 쓰지 않는다. 개인주의와 자본주의, 이타주의와 이기주의 사이에서 줄타기하며 기부문화를 논하는 것은 복잡한 사회적 교환 개념으로 받아들여지고 있다. 공유는 약간 부정적인 의미를 내포한다. 특히 본인이 원하지 않는 공유는 불만의 씨앗이 되기도 한다. 기부 선택에 대한 자유로움은 선진 기부문화의 기본이라고 할 수 있는데, 이것이 보장되지 않는 한국에서의 나눔은 공익을 위해 서로 공유하자는 사회적 압박이 내포되어 있다.

동상이몽처럼 기부자와 단체 사이에는 나눔을 받아들이는 개념과 기대치가 제각기 다르다. 기부자의 동기와 기대가 단체와 상충되어 사후 관리에 불만과 갈등이 생긴다. 상대로부터 같은 양의 보답을 받지 못하는 '품앗이'형 기부에는 소극적이 되며, 기부한 후에도 후속 조치가 희미하면 실망이 앞선다. 또한 사회적인 분위기와 주변의 압박으로 인해 억지로 기부하게 되면 누군가는 불편한 반응을 보이기 마련이며, 이는 잘못된 기부 메커니즘만 만들게 될 것이다.

둘째, 나눔에 공유의 개념이 강하면 단체가 책무성을 구현하기 어렵다.

단체는 나눔의 정의가 불명확할 경우 동정과 시혜로서의 나눔인지, 아니면 사회 구성원으로서 하는 상부상조의 의미인지 명확히 선을 그을 필요가 있다. 미디어 또는 단체 홈페이지 등에서 기부의 동기를 자기만족감이나 자아효능감, 사회적인 차원만 지나치게 강조하는 것은 기본적인 기부문화에 위배될 수 있다. 책무성 평가에서도 공유를 측정하는 기준 지표가 부족하기에 공감대를 형성할 수 있는 정책을 만들기가 매우 힘들다. 또한 과학적으로 측정 가능한 정확한 가이드라인이 없어 기부문화 정착에 문제가 있다. 공유라는 개념 안에서는 투자금을 어떻게 써서 사회에 어떤 영향을 미치는지에 대한 보고의 의무가 아무래도 약할 수밖에 없다.

오래전에 미국의 모금 전문가가 한국에 와서 모금 컨설팅을 하고 나서 기고한 글을 봤는데, 한국에서는 규모가 큰 캠페인에도 모금 명분서 없이 구두로 모금 이유를 설명하는 것과 주로 기업체가 기부하는 것이 이상하게 여겨졌으며, 무엇보다 모금 단체가 "돈을 벌었으니 그 돈을 사회와 나누어야 한다"는 한국적 정서 안에서 특별히 책무성을 느끼지 못하는 것이 가장 큰 문제라고 지적했다. 사회적으로 기부가 이기적인 목적으로 쉽게 악용되는 경우가 있으며, 개인이나 기업이 기부를 통해 나중에 다른 방법으로 대가를 바라는 악순환이 계속되고 있다고 보고했다.

셋째, 나눔을 적극적인 기부로 유도하기에는 그릇이 너무 작다.

나눔은 주로 개발도상국에서 기부를 유도하기 위한 개념으로 사용된다. 시작점에서는 충분히 유용하지만 선진국으로 갈수록 기부문화의 근본 개념은 개인, 자유로움, 필란트로피에 있기 때문에 단체의 적극적이면서 건강한 기부 유도가 요구된다.

최근 미국에서 유행하는 '과감한 기부(bolder giving)' 바람은 나눔이라는 개념 안에서는 실현하기 힘들다. 진정한 기부문화는 소액 기부에서 거액 기부로, 그리고 유산 기부로 발전해야 하는 것인데, 현재의 나눔에 대한 개념만으로는 부족하다. 적극적인 요청을 금하는 사회적 정서에서는 발전하기 힘들기 때문에 좀 더 큰 그릇으로 옮겨야 한다. 시스템 이론의 관점에서 보면 모금가는 불확실한 외부 환경으로 인한 충격을 완화하고 이해관계자와의 관계에서 쌍방의 소통을 조율하는 경계선 역할을 해야 하는 대외 협력 관계의 입장을 포함하고 있기 때문에 이제는 한국에서도 편협한 나눔의 개념에서 탈피해 좀 더 큰 개념으로 기부자를 유도할 때가 되었다. 그렇게 되면 단체도 나눔 차원에서 받는 기부금이 아니라 투자 차원에서 기부를 받을 수 있기 때문에 철저하게 준비하여 신용 자본을 쌓으려고 노력하게 될 것이다.

희망을 찾는 여정

15

목적에 맞는 모금

미국의 모금 전문가들 사이에서 많이 쓰이는 'pet project'라는 말의 본래 뜻은 '개인적인 취향으로 진행되는 프로젝트나 활동'이다. 다시 말하면 비영리단체의 근본 설립 목적에서 벗어나 설립자나 단체 내 모금 주체 그룹의 개인적인 취향에 맞는 프로젝트나 모금 상품을 그 단체의 주 모금 상품에 끼워 넣는 것을 말한다.

자신이 구상하고 있는 모금 상품이 pet project인지 아닌지 자문해보면 대부분 답이 나온다. 하지만 어떤 경우에는 애매모호하거나 경계선이 불분명한 것이 있다. 이럴 때는 이사회 내에 소위원회를 소집해 판단할 수 있다.

이해를 돕기 위해 약간 과장된 예를 하나 들어보자. 어느 비영리단체의 설립 목적이 노인 치매 방지를 홍보하고 치매 노인들을 돕는 것이라고 하자. 그런데 설립자의 친척이 운영하는 일반 노인요양원에서 노인들의 이발을 돕고 영정 사진을 찍는 프로젝트를 개인적으로 부탁해왔다. 그런데 설립자가 평소에 노인들 이발을 해주거나 영정 사진을 찍어 드리는 소망을 갖고 있어서 그런 부탁을 해온 것이라면 설립자 개인의 영향력으로 인해 단체의 주된 설립 목적에서 벗어난 것이다. 이런 경우 단체의 모금 팀은 일반 노인들의 이발과 영정 사진을 위해 모금을 하게 되는데, 이것이 바로 pet project가 될 수 있다.

단체에 이런 pet project가 많아지고 본래 궤도에서 벗어나면 모금의 효율성이 떨어지고 전문성이 결여돼 경쟁에서 뒤처지게 되며 결국 기부자들이 등을 돌리게 된다.

한국에는 이런 양상이 미국보다 좀 더 심한 것 같다. 대부분 설립자의 영향력이 절대적이어서 주위의 부탁을 받게 되고, 모금 이유 개발과 모금 상품 품목 선정에도 직접적으로 깊은 영향을 미치게 된다. 도와준 분들에게 거절하기 힘든 입장도 이해된다. 하지만 대부분 비영리단체 모금 담당자들은 심정적으로는 알고 있으면서도 대놓고 그것이 잘못됐다고 말하기 힘들 뿐 아니라 그런 상황을 어떻게 처리해야 하는지도 잘 모른다. 마치 설립자의 권위에 도전하는 것 같아 정서상으로는 반대하기가 매우 어렵다.

이런 경우 제3자나 외부 컨설턴트를 활용해 잘못을 지적하고 설립자를 설득해야 한다. 하지만 이는 한국에서는 쉽지 않은 작업으로 보인다. 어쨌든 이런 프로젝트에 모금 전문가가 동원되는 것은 문제가 있다. 현재 미국 NPO들의 불경기 대처 방안 중 가장 눈에 띄는 것은 pet project가 구조조정 대상 1순위라는 것이다.

자신이 종사하는 단체에는 과연 어떤 pet project가 있는지 깊이 고민해봐야 하지 않을까.

유명인을 통한 모금

요즘 모금계에는 유명인을 동원한 모금이 주된 관심사다. 유능한 몇 명의 모금 전문가보다 한 명의 유명인이 모금하는 것이 낫다고 생각하기 때문에 모금가가 무용지물이라고 말하거나 모금교육 때 복잡한 이론을 설명해주기보다 유명인을 섭외하는 방법을 가르쳐 달라거나 아는 유명인이 있으면 소개해달라고 부탁해 당황한 적이 많다. 또한 모금가의 능력을 평가할 때 유명인을 얼마나 알고 있으며 얼마나 동원할 수 있는지로 평가받는 불쾌함도 감수해야 한다. 어느 단체는 몇 년 전에 유명한 연예인이 다른 단체로 옮기고 나서 많은 후원금(1회 방송 출연에 5000명 후원)이 그 단체로 옮겨가기도 했다. 유명인의 지명도와 단체의 브랜드네임이 비례한다는 웃지 못할 소리까지 나온다. 감동적인 스토리를 만들어 텔레비전 프로그램에도 나오고, 유명인과 비영리단체가 환상적인 콤비를 이루어 서로 '윈-윈' 하는 모금 방법임에는 틀림없다.

비영리단체와 유명인을 악어와 악어새로 표현한 풍자만화도 나왔다. 미국에서는 둘 사이를 연결하는 전문 브로커도 있고, 밝히기 어려운 뒷거래도 있다는 소문이 무성하다. 유명할수록 더 유명한 단체와 관계 맺기를 원하고, 단체의 홍보대사가 누구인가에 따라 단체의 '품위'가 결정되는 듯한 현상이 벌어지는 것을 보면 작은 단체나 신생 단체 입장에서는 씁쓸하기만 하다. 그리고 브랜드네임에 몰리는 경향이 있어서 자괴감에 빠지기도 한다. 그러나 유명인이 스캔들에 연루되면 비영리단체도 함께 곤욕을 치르기도 하며, 그 카드를 버리는 경우도 있다. 또한 갈등이 생겨 다른 단체로 옮기기도 하고, 여러 단체에 이름만 등록해놓고 별다른 활동을 하지 않는 경우도 있다. 미국의 미디어나 모니터링 기관(예를 들면 Charity Navigator)에 따르면 많은 연예인이 모금 행사에 참여하지만 실제 수혜자에게 가는 모금액 비율이 너무 적다는 비판이 끊이지 않는다. 비록 많은 비판을 받더라도 부정적인 손해보다는 이익이 크다고 보는 단체 모금가들이 많아서 긍정적인지 부정적인지를 떠나 결코 무시할 수 없는 모금 방법으로 자리 잡고 있다. 단지 유명인만 앞세우고 현장 모금가는 손을 놓는 상황까지만 가지 않기 바랄 뿐이다. 유명인이나 연예인이 모금에 참여했을 때 나타나는 문제점을 살펴보면 다음과 같다.

첫째, 유명인이나 연예인에게만 지나치게 초점을 맞추면 습관이 되어 일반 모금가가 주도하면 관심을 보이지 않는다. 또한 점점 중독되어 더 유명한 연예인만 찾게 되면서 웬만한 유명세 갖고는 모금 캠페인이 힘들어진다.

둘째, 모금은 이벤트가 아니라 과정이다. 의미 있는 이벤트가 연결된 맥락적 과정에서 모금 캠페인이 디자인되어야 하는데, 잘못하면 일회성 이벤트로 끝날 수 있다. 따라서 단체의 시스템적 역량 개발에 도움이 안 된다.

셋째, 모금은 필란트로피의 일부여야 하는데, 잘못하면 연예인의 상업적인 값을 치르는 문화를 만들어 유명인의 이미지에 밀려 단체의 사명이 희석될 우려가 많다.

그런 상황을 방지하고자 필자는 다음과 같이 유명인이 단체를 돕기 위해 참여하는 단계를 정리하여 교육 프로그램에 사용한다. 유명인이 모금에 참가해서 할 수 있는 역할 세 가지를 생각해본다. 우선 단체의 모금 이유를 알리는 역할이고, 모금에 직·간접으로 참여해서 영향력을 행사하기도 하며, 궁극적으로 유명인이 리더의 역할을 할 수 있도록 하는 것이다. 이렇게 되도록 모금가가 도와야 한다. 역사적으로 유명인이 활동한 모금 뒤에는 모금 전문가들의 역할이 거의 절대적이었다.

그러나 자신의 홍보에만 신경 쓴다든지 과도한 보상을 요구하는 경우는 잘 설득해야 한다. 서로를 이용하는 차원을 넘어서

유명인의 나눔 활동

유명인 참여의 모델

Level	Awareness	Funding	Advocacy
Low	Patron	Appeal Letter Donor	Public Letter
Medium	Spokes Man	Personal Foundation	Convener
High	Ambassador Author	Benefit Tour Public Foundation	Endorser, Themed Film
Transforming	Visionary Leader		

스티븐 허다트(Stephen Huddart)가 말한 진보된 사회적 명분에 대한 유명인의 역할에 대한 이해

진정한 마음으로 동참하는 파트너가 될 수 있도록 설득하고, 자신의 유명세를 사회에 환원하는 길을 안내하는 것이 모금가의 주요 임무이다. 그리고 유명인들이 스스로 모금 이유를 개발하고 나아가 직접 단체까지 설립해서 필란트로피 리더로서의 역할을 할 수 있도록 뒤에서 돕는 것도 모금가가 해야 할 일이다.

법적 소송에서 배우는 기부자의 의도

필자는 지난 몇 년간 미국에서 발생한 단체와 기부자 간 법정 분쟁 중에서 모금가들에게 주목을 받고 관심을 끈 사례를 중심으로 법원 자료도 수집하고 시간별로 각계의 반응을 모니터링하면서 그 결과에 관심을 가져왔다. 그 중에서 지난 5년 동안 너무나도 결과를 예측하기 어려웠고 팽팽한 입장 대립으로 많은 모금가들의 관심을 끌었던 뉴콤(Newcomb) 사례의 최종 판결이 최근 대법원에서 나왔다.

19세기에 조세핀 루이즈 뉴콤(Josephine Louise Newcomb)이 루이지애나 주에 있는 툴레인(Tulane) 대학교 안에 여성의 권리와 리더십 신장에 써달라는 의도로 기부하면서 여성대학이 설립되었다. 그러나 허리케인 카트리나가 캠퍼스에 광범위한 손상을 일으킨 후 어쩔 수 없이 대학은 한 학기에 가까운 기간 동안 문을 닫게 되었다. 툴레인 대학교는 전면적인 구조조정 계획의 일환으로 2006년에 여학생만의 학부는 문을 닫고 일반 남학생을 포함한 학부에 합병시켰다. '여성을 위한 대학'이라는 정체성을 지키기 위한 노력의 일환으로 여성을 위한 리더십과 연구 프로그램을 제공하는 뉴콤 대학 연구소를 설립했지만, 별도의 학위를 부여하는 기관으로서의 뉴콤 여성대학을 유지하지는 못했다. 이에 불만을 가진 자손과 일부 동문들의 법적 소송으로 뉴콤 대학을 복원하기 위한 5년간의 법정 싸움이 시작되었는데, 2009년 루이지애나 주 판사는 여성을 위한 별도의 대학인 뉴콤 기념 대학을 되살려달라고 요구한 소송을 기각했다. 다시 상위 법원에 항소했지만 루이지애나 대법원은 하급 법원의 판결에 동의하는 투표에서 기권 1표, 찬성 4표, 반대 2표로 대학의 손을 들어주었다.

소송에 패배한 자손과 동문들은 "모든 기부자들에게 매우 슬픈 메시지를 주는 것"이라며 판결이 주는 의미를 확대 해석했지만 결국 승복해야 할 입장이 되었다. 한마디로 기부자의 의도를 문자 그대로 끝까지 존중해야 한다는 주장과 시대가 변하고 환경이 달라졌으니 기부자의 의도도 변해야 한다는 학교 측의 주장이 맞선 것이다. 법원은 근사(近似)의 원칙(cy-pres doctrine), 즉 기부자의 의도가 처음에는 그랬다 하더라도 단체에 어쩔 수 없는 사정이 발생했거나 현실적이지 못하거나 불법 등의 조건이라면 그에 근접한 방법으로 의도를 변경할 수 있도록 허락하는 법철학에 의거해 판결했다. 이러한 소송의 결과가 주는 교훈도 있겠지만, 모금계는 불만을 가진 잠재 기부자들이 앞으로는 기부를 꺼릴지 모른다고 우려한다. 이러한 문제가 발생했을 때 단체는 최대한 노력하는 모습을 보여주어야 하고 적절한 대안을 준비해야 하는데, 증거 자료를 준비하는 데 있어서 논리와 수사학적 근거를 만들 충분한 시간과 노력이 필요하다.

우리나라에도 이와 비슷한 사례는 많으며, 앞으로 유사한 법적 소송 사례도 많아질 것이다. 따라서 어떤 전략으로 기부자의 만족과 단체의 미션을 동시에 유지할 수 있는지가 모금가에게 당면한 과제라 할 수 있다. 모금가가 기부자의 의도에 맞지 않는 일이 미래에 발생할 수도 있다는 시나리오를 처음부터 기부자에게 설명해주고 동의를 구하는 것이 최선의 방법이다. 기부자의 의도에 대한 실행 약속 기간을 정한다든지(보통은 20~30년), 다른 대안의 선택을 미리 상의하는 것이다. 하지만 혹시라도 기부를 망설이게 될까봐 두려워서 무조건 이런 것을 받아두는 것은 오히려 나중에 문제의 씨앗이 되기도 한다. 그래서 모금은 '협상의 예술'이라고 하지 않는가?

기부 이전이 아니라 기부 이후가 문제다

기부 행위처럼 겉과 안이 다르거나 전과 후가 다를 때 오는 부작용이 큰 행위도 드물 것이다. 행위 그 자체는 숭고하지만 숭고함이 생명력을 유지하는 데 영향을 주는 복잡한 변수가 너무도 많다. 변수는 뒤에 숨어 있거나 밑에 깔려 있어 좀처럼 표면에 드러나지 않아 자칫 잘못 다루면 기부의 축복이 재앙으로 바뀌는 사례를 목격하게 된다. 양면이 좋은 방향이나 발전 지향적인 길로 가면 좋겠지만, 문제는 주로 기대에 어긋나는 방향으로 간다는 데 있다. 겉과 안이 다른 것은 태생적이어서 컨트롤하기 힘들지만, 그나마 전과 후는 마음이나 태도의 패러다임에 따라 달라질 수 있다. "누구나 원하는 것을 얻은 뒤에 예전과 같은 마음으로 기부자를 대할 수 있을까?"라는 질문에서 자유로운 사람은 많지 않다. 기부의 전 과정이 너무나 힘들어서 기부를 받은 후에는 포만감으로 방심할지도 모른다. 새로운 기부자를 찾는 일에 에너지와 정성을 쏟느라 기존 기부자를 등한시할지도 모른다. 마치 '잡은 고기' 취급을 한다면 충돌은 불가피해진다. 하지만 기부가 관계의 끝이 아니라 시작이라고 생각한다면 다를 것이다. 기부로 시작해서 평생 이어지는 LTV(Life Time Value, 평생가치)를 염두에 둔다면 수많은 갈등과 법적 소송을 방지할 수 있을 것이다.

처음에 기부자와 단체가 만나 서로 명확하게 필요한 것을 말하지 않으면 자연히 단체는 과도한 약속을 하게 되고, 기부자는 자신의 숨어 있는 의도로 인해 상처받게 된다. 특히 단체 또는 단체의 대표가 경험이 부족하거나 기부자도 처음 기부하는 경우는 충돌할 가능성이 매우 높다. 그리고 해결되지 않은 기부자의 숨어 있는 의도는 생명력이 아주 길어 단체가 어려울 때마다 표면에 드러나 단체를 더 어렵게 만든다. 단체의 과도한 약속은 생명력이 매우 짧으나 기부자의 숨어 있는 의도는 좀처럼 없어지지 않으며 생명력이 길다. 사실 기부자들은 자신의 기부금이 정부나 영리기업 등이 해결하기 어려운 사회문제를 해결하는 데 사용될 것을 기대한다. 그러나 이러한 기대에 부응하지 못하게 되면 자신의 기부 행위 자체가 기만당했다고 느끼게 되어 기부자들은 해당 단체뿐만 아니라 기부문화 전반에 대한 불신을 갖게 된다.

이런 문제는 소통과 근본적인 관계에 대한 신뢰가 무너질 때 발생한다. 대부분 법적 소송까지 가는 일은 기부자가 기부 후에 소외감을 느꼈을 때 벌어진다. 기부한 후 찍은 사진이 신문에 실리거나 단체가 자축 파티를 하는 허니문 시절이 지나가면 기부자는 어느 기간 동안은 포만감으로 살아가지만, 시간이 지나 사람들의 기억에서 사라질 때쯤 되면 섭섭한 마음이 들게 된다. 단체의 담당자나 대표가 다른 사람으로 교체되면 예전에 나누었던 교감은 희미해진다. 기부자와 단체가 서로에게 느끼는 감정 변화의 시간표는 사뭇 다르다. 기부자는 영원하기를 원하고, 단체는 짧은 시간을 원한다. 또한 이러한 사례를 전해들은 아직 기부에 동참하지 않은 일반 대중의 마음까지도 굳게 닫아버릴 수 있기에 문제다.

새로운 가치를 창조하는 곳, '재단'

"받는 것으로 삶을 유지하지만 주는 것으로 인생을 말한다"는 말이 있다. 사람을 알아가는 데 있어서 누군가에게 무엇인가를 줄 때의 자세를 살펴보면 그 사람을 이해하는 데 도움이 된다. 단순히 모든 것이 풍족하기 때문에 베풀 수 있는 것은 절대 아니다.

새로운 가치 창조로 인해 서로 무엇인가를 주고받는 과정에서 풍족함을 느끼는 것이 중요하다. 가치 창조란 그저 가치를 이리저리 옮기며 교환하거나 축적하거나 재분배하는 개념이 아니다. 더욱이 다른 사람의 것을 빼앗아도 안 된다. 가치 창조의 진정한 뜻은 예전에 없던 것에서 새로운 가치를 만들어내는 데 있다. 예를 들어 미소를 지으면서 문을 열어주는 것, 어떤 사람의 가능성을 발견하도록 도움을 주는 것, 상대의 아픔을 감싸주는 것 등이 그렇다. 가치 창조는 재생산할 수 있는 능력 또는 에너지를 만드는 작업이다. 한 번 만들어놓으면 스스로 재생산할 수 있다. "은혜에 대한 고마움을 자신뿐 아니라 다른 사람에게 전하라"는 개념과 '사심 없이 남을 돕는' 원리가 작동하기 때문이다.

모금가는 '순가치를 창조하는 사람(net value generator)'이 되어야 한다. 아침에 일어나면 스스로에게 오늘 하루 내가 순가치를 얼마나 생산해낼 수 있는지 물어봐야 한다. 순가치란 생산해낸 가치에서 생산을 위해 소모한 가치를 뺀 값으로, 플러스가 나오면 순가치를 만들어낸 것이고 마이너스가 나오면 만들어내지 못한 것이다. 예를 들어 모금가가 1만 원을 얻어 필요한 사람에게 1만 원을 준다면 오히려 순가치로는 마이너스가 될 수 있고, 필요한 사람에게 일자리를 알선했다면 플러스가 될 것이다. 이것이 1년 혹은 삶을 살아가는 동안 실적이 쌓이면 그 모금가의 인생이 되는 것이다.

모금가가 단순히 소득의 재분배만 돕는 사람이라고 생각한다면 큰 오해다. 재단이나 비영리단체의 진정한 의미는 바로 순가치를 창조하고, 순가치 창조라는 기초 위에 세워져야 한다. 왜 빌 게이츠 재단에 200~300명이나 되는 전문가들이 모여 있겠는가? 그들은 단순히 재산의 분배를 위해 일하는 사람들이 아니라 자신들 나름대로 순가치 창조를 위해 많은 부분에서 고민하고 연구하며 교육하기 위해 일하는 것이다. 진정한 재단은 재산 분배의 기능을 넘어 새로운 가치를 창조하는 자료를 제공해야 할 의무가 있다. 재단을 설립하거나 평가할 때도 과연 순가치를 창조하는 단체인지 아닌지 고민하면서 꾸준히 살펴봐야 할 것이다.

잘 몰라야 모금이 된다

전문 모금가들은 "현재 모금계는 주로 두 그룹에 의해 움직인다"고 농담처럼 말한다. 하나는 고도의 전문성을 갖춘 프로들에 의해 진행되고, 다른 하나는 관련 경험이 전혀 없는 초보자 그룹에 의해 진행되거나 유지된다. 이러한 우스갯소리는 모금에 대한 전문 지식이나 체계가 잡히지 않은 상태에서 주위의 성공담에 대한 환상이나 순수한 열정만으로 모금을 시작하게 되는 경우를 빗대어 표현한 것이다. 이러한 시도는 성공이냐 실패냐를 떠나 모금을 통해 남는 결과들은 어떤 형태로든 수혜자를 위한 혜택으로 지불된다. 모금은 이러한 순환 과정으로 진행되어왔으며, 지금도 진행되고 있고, 앞으로도 진행될 것이다. 즉 모금이란 전문적인 체계에 따라 전문 모금가에 의해 주도되는 것도 있지만, 대부분은 처음 시도해본 모금가에 의해 막연한 기대치를 갖고 진행된다는 것이다.

비슷한 예로 한여름 피서철에 성황을 이루는 바닷가의 민박을 들 수 있다. 대부분의 피서객들은 민박 시설이 그 지역 주민에 의해 운영되는 것이라고 여기지만, 실상은 그 지역과는 아무런 연고가 없는 외지인들에 의해 운영되는 경우가 많다. 즉 여름철 성수기의 틈새 시장을 노려 큰돈을 벌기를 기대하는 외부인들이 사람들이 많이 몰리는 휴가 기간 동안 단기 임대 계약 등을 통해 수익을 올리는 것이다. 그러나 결과는 그들의 환상과 기대를 충족시키지 못한다. 그럼에도 해마다 이러한 현상들이 반복되는 까닭은 실정을 잘 알지 못하는 사람들이 결과를 예측하지 못하고 끊임없이 도전을 감행하기 때문이다. 그래서 수익이 시원치 않음에도 불구하고 매년 민박 사업이 성행하게 된다. 모금도 이와 마찬가지다. 모금활동에서 단 한 번이라도 실패를 경험한 사람들은 모금에 다시 참여하는 것을 주저하고 망설인다. 그러나 모금을 잘 알지 못하거나 이제 막 모금교육을 마친 사람들은 샘물처럼 솟아오르는 열정과 에너지로 낙관적이고 희망에 찬 태도로 모금에 임하게 된다. 이러한 이유로 직접 모금에 참여해본 경험이 있는 비영리단체나 모금단체에 속한 사람들은 컨설팅이나 자문 같은 소극적인 모금

활동에는 적극적이지만 실제로 몸을 움직이고 활동해야 하는 모금 실무 참여에는 큰 열정을 보이지 않으며 내키지 않아 하는 경향이 있다. 순수한 마음으로 모금에 가담한다 하더라도 그에 맞는 보상이 따르지 않는다면 처음의 순수했던 열정은 지속되기 어려우며, 이러한 탓에 모금운동은 대개 단발성에 그치고 마는 경우가 많다. 전문성과 체계성은 부족하지만 당장 도움이 필요한 수혜자를 위해 순수한 마음으로 도전하는 사람들의 모금활동에 박수를 칠 수밖에 없다. 이것이 바로 모금을 진행하게 하는 유일한 힘일지도 모른다.

현대사회는 지식의 비만화로 골병이 들고 있다. 2008년에 세계보건기구(WHO)에서 발표한 백서 자료에 따르면, 전 세계적으로 비만에 관련된 병으로 죽는 인구가 해마다 450만 명인데 이는 굶어 죽는 사람보다 많은 숫자라고 한다. 약간 모자란 듯해야 오래 산다고들 한다. 우리가 매일 보고 듣는 정보는 살아가는 데 도움이 안 된다. 우리는 필요 이상으로 범람하는 정보의 홍수 속에서 살아가고 있다. 일에 관계되는 정보와 지식도 필요 이상으로 섭취하게 되어 혼란만 가중된다. 불행히도 우리 뇌는 자동으로 쓸데없는 것을 소멸시키는 것이 아니고, 이는 머릿속에 남아 축적되어서 행동장애를 가져오기도 한다. 마치 과다 복용한 비타민이 오히려 몸에 해로운 것처럼 정보가 서서히 축적되어 비만화되면 무기력해져서 정보의 중독화가 가속될 수 있다. 모르면 행복할 것도 알기 때문에 불행해질 수 있고, 발달된 IT는 소통을 넘어 갈등을 만들기도 한다.

목사의 설교나 강의 내용도 인터넷 정보보다 못하다 하여 권위가 떨어지기 일쑤이며, 상대에 대한 정보를 많이 아는 것이 소통에 도움이 될 것 같지만 오히려 방해가 되기도 한다. 사람도 그에 대해 꼭 필요한 것만 아는 것이 관계에 도움이 된다. 너무 많이 알게 되면 편견이 생기고, 호기심이나 사랑의 감정이 생기다가 말기도 한다.

모금에도 알면 도움이 되는 것과 알 필요가 없는 것이 있다. 모금 관계에서도 적당히 아는 선에서 움직이는 것이 좋다. 모금을 제대로 알지 못할 때 오히려 열정이 최고에 다다를 수 있고, 그 열정은 오래 유지된다. 모금의 어두운 면에 대해 너무 많이 알게 되면 선뜻 모금에 나서지 못하기도 한다. 때때로 너무 알아서 무기력감을 느끼기도 한다. 원효대사의 일화처럼 모르고 마실 때는 맛있던 물이라도 그것이 썩은 송장에서 나온 물이라는 것을 알게 되면 기겁하듯, 모든 것은 생각하기에 달렸다. 꼭 알아야 하는 것을 모르는 무지의 문제가 아니라 지식의 비만이 너무 심해 움직일 수 없는 지경에 이르는 것을 염려하는 말이다.

모금 선진국에서는 이미 이러한 현상과 과정을 파악하고 더욱 효과적이고 효율적인 모금 형태를 개발하기 위해 모금 리더들이 전략적으로 모금의 활성화를 위해 끊임없이 노력해왔다. 추상적인 이론에만 치우치지 말고 형식에 얽매이지 않는 건강한 기대치를 가질 수 있도록 지속적인 지원으로 여러 계층 사람들이 모금 활동에 참여하여 해답을 얻기 위한 노력을 해야 한다.

영리가 비영리를 이용할 때

모금 전문가들이 'N7W 스캔들' 사례에 관심을 가지는 이유는 영리의 마인드를 가진 사람이나 집단이 비영리를 이용할 때 생기는 전형적인 충돌 사례이기 때문이다. 보기 드물게 규모가 커서 비영리 경영 사례 수집가에게는 물 만난 고기처럼 느껴질 것이다. 기부에는 인간의 숨겨진 동기, 전략, 이해 상충 등 많은 요소들이 이야기를 구성하고 있다. 배워야 할 점이 많이 있어 보이며, 그것으로 인해 발생한 이슈는 교과서에 교육 자료로도 활용될 수 있다. 이러한 문제를 세 가지로 함축해서 생각해보자.

1) 창의적인 아이디어가 사익과 공익 사이에서 방황할 때

한 서양인이 큰 키와 재력, 그리고 코카시안(Caucasian)이라는 장점과 화려한 브랜드네임을 가진 스위스 재단을 자신의 배경으로 두고 기발한 아이디어와 상업적인 마인드로 재단이라는 공익을 이용한다면 이것은 기부자의 환상을 이용한 사례처럼 보일 것이다. 기부도 하고, 자연보호도 하며, 관광으로 나라 살림에도 보탬이 될 것이라는 착시 현상을 이용하는 것이 전략의 요지처럼 보인다. 아마도 당사자는 이것을 하나의 창의적인 기업가 정신으로 여긴 나머지 재단을 성공 뒤에 얻은 우승 트로피로 생각할지도 모른다. 성공한 기업가로 남을 것인가, 아니면 훌륭한 일을 한 공익 재단 대표로 남을 것인가? 슬픈 이야기이지만 동시에 두 마리 토끼를 쫓다가 망하거나 감옥에 가는 사람이 많다. 그만큼 욕심은 나지만 모금이 쉽지만은 않다는 이야기다. 여기에서 필자는 아이디어를 낸 사람의 진정성을 따지고 싶지 않다. 창의적인 아이디어가 사익과 공익 사이에서 방황하고 길을 잃었을 때 누군가는 눈물을 흘리는 일이 발생할지도 모른다. 결론은 기부자가 기부 후 만족하지 않는다면 문제가 있다는 것이다. 왜 이런 종류의 아이디어는 서양에서 나와야만 '먹히는' 것인지 모르겠다. 만약 한국에서 어떤 사람이 같은 방법으로 시도했다면 어떠한 결과가 나왔을까 생각해본다.

2) 선의의 경쟁은 공정함이 생명이다

우리 문화에서 공정성이라는 개념은 선진국과는 많은 차이가 있다. 필자가 보기에는 국익을 위해 '열정'과 '단결'이라는 이름 아래 다른 경쟁자가 사용하지 않는 방법으로 새치기하듯이 모금하는 것도 공정성의 범주에 속하는 것으로 보인다. 전 세계에서 일곱 곳에만 영예의 자리를 주는 경쟁이라는 심리전에서 기부자들은 잠시 집단적으로 이성이 마비되어 멀리 내다보는 '독수리 비전'이 아니라 편협하게 바로 앞만 바라보는 '터널 비전'을 갖게 된다. 순수한 모금 캠페인의 결과와 자연의 경이로움에 대한 과학적 평가가 혼합되어 혼란을 만들어냈다. 처음부터 자연보호와 관광 홍보가 같은 공간에 있다는 것이 매우 불편했다. 사실 이것은 현대판 '봉이 김선달'처럼 느껴져 전문가로서도 이해의 틈새를 도저히 채우기 쉽지 않아서 씁쓸한 마음을 금할 길 없었다. 투자 목적으로 아파트에 당첨되기 위해 여러 사람이 중복 신청하게 되면, 정말로 아파트가 필요한 선의의 신청자는 기회를 잃어버린다. 스케일이 커져서 이러한 사고방식이 범국가적 차원으로 작용한 것이다.

또한 우리나라의 경우 IT가 발전하지 못한 다른 나라를 배려하는 마음이 부족했던 것이 사실이다. 그리고 주체 측이 정한 대상은 개발도상국, 제3세계, 관광자원이 반드시 필요한 나라 등이었다. 이것은 한국인의 자존심과 윤리 문제다. 모금이라는 목적을 위해 수단이 정당화될 수 없는데, 이런 경우는 국가의 공익을 위한다는 목적이 설득력에 제한을 갖게 된다. 글로벌한 자연보호보다는 공정한 윤리 문제가 선행되어야 한다고 본다. 모금 액수가 중요한 것이 아니라 모금의 진행 과정이 더 중요하다. 제주도가 얻는 관광 수익이 수조 원이 된다 하더라도 잃어버린 자존심으로 인한 경제적 손실이 더 클 수 있다. 산 정상에 올랐을 때의 환희는 잠깐이다. 내려와서 베이스캠프까지 안전하게 도달해야 성공한 것이다.

3) 포기와 뒷마무리

한국 비영리 관계자들의 동기는 순수했더라도 결과가 생각대로 나오지 않았으면 과감히 포기해야 한다. 만족하지 못한 기부자가 있다면, 그로 인한 결과에 대한 잘못을 스스로 인정해야 한다. 비영리단체에서 주관하는 캠페인의 끝마무리가 깨끗하지 않으면 다음 캠페인이 힘들어진다. 그대로 밀고 나간다면 손실은 눈덩이처럼 커진다. 사실 관계자들은 공익을 위해 순수한 마음으로 희생한 점은 인정하면서도 과정은 생각하지 않고 결과만 따져 묻는다. 아무리 자존심이 상하더라도 다른 나라들처럼 포기하는 아픔을 겪을 용기가 필요한 시점이다. 사과할 시기에 사과할 줄 아는 것이 진정한 비영리의 리더십이다. 결과에 대한 잘못은 오직 그 결과에만 국한시켜야 하고, 관계자의 인격까지 언급해서는 안 된다. 캠페인은 조직이나 어느 한 개인이 실패한 결과를 가져오게 한 것이 아니라 공동의 책임이며, 이러한 결과로 얻은 교훈의 가치는 실로 크다고 하겠다. 그러므로 끝까지 함께 동참해서 마무리를 잘 해야 한다.

정치적 상류층의 사회 환원

"미국에 사는 한인 상류층들은 벌판(golf course)에 가면 많이 볼 수 있고, 한국에 사는 상류층들은 산에 가면 많이 볼 수 있다"는 말을 들은 적이 있다. 그래도 왕년에 공익을 위해 일했다는 사람들이 은퇴 후 할 일이 없어 우왕좌왕한다는 말에서 나온 것이리라. 누가복음 12장 48절 "많이 맡은 사람에게 많이 내놓으라고 할 것이다"라는 구절은 명사들이 '노블레스 오블리주(nobleness oblige)'에 대해 이야기할 때 자주 인용하는 대목이다. 즉 "이 세상에서 많은 축복을 받은 만큼 사회에 환원해야 한다"는 말이다. 특히 정치계에 몸담고 있던 사람들의 공익에 대한 경험, 재능, 영향력, 진정성이 그대로 사장되는 것 같아 안타깝다. 정치를 하고자 한다는 것은 스스로 국민을 위하는 필란트로피를 실현하는 것과 같다. 만약 그 가치를 평생 지킨다면 처음의 진정성이 위선이 아님을 보여주는 것이다. 그들에 대한 진정성 논란은 현직에 있을 때가 아니라 은퇴 후부터가 진짜다. 사실 그 사람이 진정성이 있었는지 없었는지가 중요한 것이 아니라 수혜자에게 어떻게 보이는지가 더 중요하다. 은퇴 후 관 뚜껑을 덮기 전까지의 행적이 진짜다. 은퇴 후에도 같은 대우를 받기 원하는 것은 이해하지만, 방법에 대한 가치관의 틀을 바꾸어야 한다. 다른 나라에서는 현직에 있을 때는 그다지 성과가 없던 사람도 퇴직 후 사회에 영향력을 끼치는 사람이 많다. 그리고 서로 선의의 경쟁을 한다.

만약 아직도 그의 주위를 맴도는 사람들이 있다면 그들을 모아서 모금을 하고 사회에 공헌도 하며 실제로 결과의 정도에 따라 세력과 인기를 과시하기도 한다. 하지만 한국에서는 김장철이나 달동네 연탄 나르기 정도에 얼굴만 잠시 보이는 정도의 홍보형, 전시형으로 끝나고 만다.

한국의 상류층들이 재산 말고도 사회에 환원할 수 있는 방법은 많다. 귀찮아서 그렇지 하고자 마음먹고 그들의 지식, 전문성, 네트워크, 영향력, 남을 돕는 열정 등을 활용하면 사실 재물보다 더 큰 역할을 할 수 있다. 이런 것들의 대부분은 현직에 있을 때 대중으로부터 얻은 것이기 때문에 받은 것을 되돌려주는 진정한 사회 환원이다. 유대인의 지혜 중 "조물주가 두 손을 준 의미는 한 손은 무엇인가를 사는 데 쓰고 다른 한 손은 파는 데 쓰라는 것이다"라는 말을 모금 전문가 입장에서 보면 "한 손으로는 주면서 그와 동시에 다른 손으로는 모금에 직접 참여하는 것"과 같은 의미라고 할 수 있겠다. 그들은 일반 사람들에게 연예인 이상으로 참여를 독려할 수 있는 힘이 있다. 다시 말해 '착한 요청'을 할 수 있는 능력을 갖고 있다. 그리고 그렇게 마련한 기금을 적재적소에, 실질적인 결과를 볼 수 있는 곳이나 지렛대나 마중물 역할을 할 수 있는 곳에 쓰도록 참여하는 것이다. 아이디어를 잘 살펴보면 창의적이고 효과적인 것이 많다. 그들은 사회 엘리트층이고 똑똑한 사람들이기에 현명하게 쓰일 곳을 찾아낼 수 있는 능력이 있다.

사회 환원에도 등급이 있다. 자신이 가진 것을 죽은 뒤에 주는 것보다 살아 있을 때, 그것도 건강할 때 준다면 더 의미 있고 가치 있을 것이다. 장기 기증도 죽어서 하는 것보다 살아 있을 때 장기 기증 서약을 하는 것이 더 감동을 주는 것과 마찬가지다. 사회 환원은 일회성 이벤트가 아니라 진행 과정이므로 상류층의 생각의 변화에 따라 한국의 기부문화는 새로운 길을 걷게 될 것이다.

특권층 마케팅에 대한 오해

많은 사람들이 특권층 마케팅이라 하면 VIP를 연상하거나 아마도 파레토 법칙, 즉 20퍼센트의 구매자가 80퍼센트의 구매력을 갖는다는 법칙을 연상할 것이다. 그래서 상위 20퍼센트에 집중하는 것이 상업적으로 효과적일 것이라는 생각을 하게 된다. 여기에서 오해는 VIP 마케팅은 VIP만을 목표로 해야 한다고 생각하는 데서 시작된다. 판매자의 입장에서는 모든 계층이 자신의 제품을 구매하는 것만큼 좋은 것은 없다. 그리고 부정적인 선입관이기는 하지만 그들의 특권 의식에 초점을 맞추어 금액을 책정한다는 사실이다. 그러나 본래의 뜻은 상류층만을 겨냥한 것은 아니다. 판매회사 입장에서 볼 때 자신들이 생산한 제품을 상류층만 구매한다면 구매력은 한정되어 있으며, 제품에 대한 한계효용이 낮아짐에 따라 구매하고 싶은 욕망은 점점 식어갈 것이다. 먼저 상류층이 그 물건을 쓰면 중·상류층이 모방하고, 중·상류층이 쓰면 많은 사람들이 속해 있는 중류층이 쓰는 것을 궁극적인 목적으로 한다. 원래 골프 클럽 회원권도 처음에는 상류층 상대로만 판매되었다가 지금은 중·상류층도 소유하게 된 경우와 같다고 하겠다. 사람들은 현재 자신의 위치보다 상위 계층으로 가고 싶은 본능적 욕망이 있기 마련이며 그들이 머무는 장소, 하는 행동, 특히 가지고 있는 물건과 행동을 모방하고 싶어 하는 심리가 있다.

같은 이론이 비영리의 기부에도 적용된다. 기부는 모방과 흉내에서 출발한다. 어린아이가 아직 어려서 필란트로피에 대해 알지 못할 때는 부모나 다른 어른들이 하는 것을 보면서 따라 하게 된다. 유명인이 기부하면 일반인들도 모방하기 때문에 홍보대사로 위촉하기도 하고, 그들이 기부하는 모습을 홍보하여 상류층의 기부를 알리려고 노력한다. 기부가 상류층의 상징이 된다면 자연히 중류층은 자신도 그런 특권적 권위를 갖기 원할 것이다. 사실 모금 기법 중에도 일반인을 염두에 두고 일부러 상류층에서 먼저 시작하는 경우가 있다. 상류층만 상대하여 기부를 받아낸다기보다 상류층을 먼저 마케팅한다는 의미가 더 크다. 기부의 역사를 살펴보면 대부분 상류층에서 먼저 시작해 자연스럽게 사회 전반적인 문화로 자리 잡은 경우가 많다.

80퍼센트의 사람들이 기부하는 것을 보고 마지못해 밀려서 기부하는 경우는 극히 드물다. 반면에 20퍼센트가 하는 기부를 보고 나머지 80퍼센트가 하는 경우는 많다. 그래서 모금의 기본 법칙은 위에서 아래로 모금해야 한다는 것이다. 미국의 경우는 오래전에 상류층이 거액 기부를 시작했고, 상류층처럼 재단을 만들지 못하는 사람들을 위해 많은 사람들이 모방해서 중·상류층들도 개인 조언 기부 기금(Donor Advising Fund)을 만든다고 한다. 물론 정부에서 발 빠르게 많은 세금 혜택을 주고 금융기관에서도 판촉 활동을 하고 있다. 하지만 한국은 그 반대로 소수 고액 기부가 무르익기 전에 다수 소액 기부가 오히려 활성화되는 양상을 띠고 있다. 오히려 언론에서 분위기 조성에 일조를 하고 있고 단체에서도 권장하는데, 이것이 꼭 건강한 모델은 아니다. 서민층까지도 뜻깊은 기부에 동참하고 있는데 상류층이 그러면 안 된다는 식의 질타성 분위기는 오히려 기부문화 확장을 더디게 한다. 모금가는 상류층의 마음을 움직이기 위하여 그들의 눈높이에 서서 그들만의 문화와 언어를 이해할 수 있어야 하며, 더욱 열심히 그들을 만나 요청해야 한다.

물론 우리나라 상류층의 출신이 미국과 다르고 부에 대한 사회 환원 개념이 아직 자리를 잡지는 못했지만, 사실 한국의 단체는 그들을 수용할 준비가 아직 미흡하다. 특수층 마케팅에서 모금가의 중간 역할이 매우 중요함에도 모금가의 자질이나 역량 강화에는 투자하지 못했다. 특수층 마케팅에 관심 있는 단체는 우선 그 대상층에 대한 기준을 명확히 세워야 하며, 그 계층이 필요로 하는 것보다는 원하는 것이 무엇인지 파악한 뒤 모금 상품을 개발하고 그들과 소통이 가능하도록 모금가 역량 강화에 투자해야 한다. 결국 전략적인 접근 순서와 방법만 다를 뿐 진정한 기부는 모든 계층이 참여해야 한다.

거액 모금가와 부르디외의 아비투스

거액을 모금하고자 하는 모금가는 VIP 마케팅의 원리를 이해해야 한다. 그 중에서 많이 쓰이는 이론은 부르디외(Pierre Bourdieu)의 아비투스(habitus) 이론이다. 거액 잠재 기부자를 이해하고 소통하기 위해 그들의 생각과 취향, 행동을 좀 더 면밀히 아는 데 도움이 되는 기본적인 이론이다. 부르디외에 따르면 거대 자본을 소유하고 있는 사람들은 기존 질서를 있는 그대로 받아들이고 보존하려 한다. 또한 특별한 환경에서 다른 언어를 사용하여 지배 엘리트의 언어적 상징 자본이 되고, 그들의 분류 체계와 위계질서 체계는 그 사회 내에 상징적 자본 형태를 갖는다.

아비투스(habitus, 습관)란 개인의 일정한 행동 속에 내면화되고 육체화된 성향 체계를 지칭한다. 일반 윤리나 도덕, 양심과 구분되는 에토스(Ethos, 특정 집단의 기풍)와 유사한 개념이다. 그들이 자라고 살아온 생활 조건이 상이한 아비타트(habitat, 인간의 거주 환경)를 생산한다. 그것이 실천을 통해 차별적 격차 체계의 형태로 생활권 내에서 객관적으로 각인된다. 예를 들어 예술품을 평가하는 것이나 기부에 대한 평가가 달라지는 것은 개인의 아비투스를 성향 차이에 따라 분류하려는 행동을 유발하는 원리다.

성격적 탁월성의 근원은 바로 습관에 있다. 탁월한 행위의 축적에서 탁월성이 나온다면, 그 탁월한 행위의 축적과 그것이 산출하는 탁월함은 구분되어야 한다. 이때 행위의 축적과 반복은 곧 습관이자 에토스가 된다. 산출되는 탁월함은 바로 헥시스(hexis, 품성 상태)다. 이것이 기부와 맞물리면 그들의 기부 동기를 이해하는 데 도움이 되는데, 이때 단체가 어떤 보상 정책을 디자인하는지가 매우 중요하다. 화려한 모금 이벤트는 그들이 다른 엘리트들과 만나는 장을 만들어주는 역할을 해야 한다고 주장하는 모금 전문가도 많다.

필요한 것과 원하는 것의 차이

사람들이 원하는 것과 필요로 하는 것은 다르다. 특히 어린아이일수록 그 차이는 더 심하다. 부모의 입장에서 어린아이가 원하는 것만 주어서는 안 된다는 생각에서 갈등이 시작된다. 모금도 마찬가지다. 마케팅 차원에서 모금 전문가 교육을 할 때 수혜자에게는 "그가 원하는 것이 아니라 그의 필요를 찾으라"고, 기부자에게는 "그의 필요가 아니라 그가 원하는 것을 찾으라"고 강조한다. 모금가의 입장에서 볼 때 전략적으로 수혜자와 기부자에 대한 접근 방식은 다를 수밖에 없다. 수혜자에게는 '필요'에, 기부자에게는 '그가 원하는 것'에 초점을 맞추어야 기부 생태계가 순방향으로 원활히 순환된다고 믿고 있는 것이다. 영리 분야에서 온 마케팅 출신의 모금가가 말하는 21세기식 모금가의 정의는 "모금가란 수혜자에게는 필요를 채워주고 기부자가 원하는 것을 찾아주는 사람"이라고 한다. 하지만 뒷맛은 개운치 않다. 수혜자에게 필요한 것만 채워준 후에 돌아서서 모든 것을 잊어버린다거나 기부자가 원하는 것만 찾아주는 것은 옳지 않다. 누구나 자신이 원하는 것보다 필요한 것을 얻으려면 무엇보다 용기와 도전이 필요하다. 수혜자의 필요와 원하는 것이 같으면 다행이지만, 막상 수혜 현장에 가보면 다르다. 원하는 것만 채워주다 보면 결과는 필요한 것이 아닌 것으로 드러나기도 하고, 단체의 본래 사명이나 효율성 문제는 뒷전으로 밀려나고 만다. 말처럼 쉬운 것은 아니지만 비영리단체들이 그들만의 경험에 근거한 전문성으로 그 간격을 좁히는 노력이 필요하다.

미국인들이 아프리카의 굶어 죽는 아이들을 돕는 손길보다 태평양의 고래를 살리자는 기금에 더 열광하는 이유는 무엇일까? 마치 사람들이 넥타이를 매는 이유와 같다. 다시 말해 넥타이의 기능은 추워서 매는 것도 아니고 튀어나온 배를 가리려는 것도 아니다. 실상 넥타이 자체의 기능은 별로 없다. 사람들은 휴대전화가 고장 나지 않았는데도 새로운 기종이 나오면 비싼 값을 치르고서라도 바꾸려 한다. 결국 사회적 지위를 드러내고 자신의 개성을 표현하려는 심리적 욕망이 있을 뿐이다. 이와 같이 기부 시장에도 "우리는 남들과 달리 고래까지도 사랑하는 숭고한 사람이다"라는 것을 과시하고자 하는 기부자의 욕구를 충족시키는 모금 상품이 존재한다. 여기에서 중요한 포인트를 발견할 수 있다. '기능적 필요'로만 보면 새로운 기부층 확대에 한계가 생기지만, '심리적 욕망'이라는 관점에서 보면 그 한계가 사라진다는 점이다. 고전 경제학에서 말하는 '한계효용 체감의 법칙'이 더 이상 적용되지 않는다는 말이다. 기부가 포화 상태에 이르렀다는 말, 너무 많은 기부금 요청으로 인한 피로 증후군 핑계는 더 이상 통하지 않는다. 그래서 모금교육을 할 때 목소리를 높여서 "지금은 기부자 피로 증후군은 없고 모금 피로 증후군만 있을 뿐"이라고 강조한다. 단순히 단체의 필요와 기부자의 필요를 일치시키고 그들을 설득하려는 사고의 중심으로 잠재 기부금을 예측하는 시대는 지나갔다. 욕구를 강조하는 세상에서는 기부금 수요를 얼마든지 새로이 창출할 수 있기 때문이다. 이제는 기부자 중심으로 그들의 마음을 알고 진정한 욕구를 끄집어내는 단체만이 생존하는 시대가 되었다고 할 수 있다. 하지만 "그것이 올바른 기부문화인가?"라는 질문에는 쉽게 대답할 수 없다.

수혜자와 기부자 간에 필요와 욕구 사이를 수없이 오가며 현명하게 접근하는 사람이 모금가다. 법적·윤리적·사회적 규범 안에서 기부자가 원하는 것을 들어주는 것이 모금가의 의무이자 책임이다. 그 선을 벗어나면 다음 날 조간신문에 그 모금가의 얼굴이 부정적인 모습으로 대문짝만 하게 실리게 될지도 모른다.

성공적인 영리의 CEO, 실패하는 비영리의 대표

국제적으로 영리 분야 출신 임원이 비영리조직으로 자리를 옮겨 성공한 사례도 있지만 갈등을 겪고 물러나는 사례도 많다. 비영리 분야를 쉽게 생각했다가 낭패를 본 경험자들의 말을 인용해보면 비영리에서의 위치가 영리에서보다 몇 곱절 더 어렵다고들 한다. "어! 영리에서는 먹혔는데 비영리는 왜 그리 말도 많고 복잡하지?" 하며 볼멘소리를 하는 사람들도 있다는 이야기다.

현재 미국 비영리 생태계에서 발생하고 있는 가장 큰 문제 중 하나로 영리 분야에서 은퇴 후 비영리 분야로 자리를 옮기려는 임원들이 줄고 있어 비영리 리더가 매우 부족하다는 것이 통계자료에서 나온다. 다시 말해 수요와 공급의 불균형 상태다.

앞으로 한국에서도 영리 분야에서 퇴임한 많은 CEO들이 생계 목적이 아닌 자아실현의 일환으로 비영리 분야로 진출하게 될 것이고, 그렇게 해야 한다. 사실상 영리 분야와 비영리 분야는 운영 관리나 리더십 차원에서 유사한 점이 많다. 그래서 요즘은 비영리와 영리의 구분이 명확하기보다는 교집합이 더 많다고 한다. 그러나 분명한 차이도 존재하기 때문에 이에 대한 이해가 필요하고, 때에 따라서는 별도의 조치도 필요하다.

영리 분야에서 성공한 CEO가 반드시 비영리 분야에서 성공한다는 보장은 없다. 영리는 특정한 제품과 서비스를 소비자에 제공하고 그 대가를 받는다. 그러나 비영리 분야에서는 무형의 제품과 서비스를 기부자에게 제공하면서 요청해야 하는 두려움이 담긴 모금활동, 즉 영리와는 완전히 다른 차원이 존재한다. 하지만 비영리 리더에 대한 수요는 꾸준히 늘고 있고, 영리 출신의 리더가 꾸준히 영입되지 않으면 수요와 공급의 문제가 발생할 것이다.

영리에서의 성공적인 경력이 비영리 분야에서도 그대로 적용되기 위해서는 영리와 비영리가 확연히 다른 부분을 이해하고, 소정의 전환 훈련을 통해 스스로 변화하여 성공 확률을 높이는 것이 바람직하다.

첫째, 합의를 도출해내는 과정이 다르다. 영리회사에서는 명령에 따라 일사불란하게 움직이지만, 비영리조직은 이해관계자 구성이 다르기 때문에 프로세스가 복잡하며 의사결정 방법도 다르다. 적절한 과정을 통해 합의에 이르지 않으면 아무것도 되는 일이 없다. 많은 영리 출신 CEO가 이러한 차이점을 충분히 이해하지 못해 오해를 받는 경우도 있으며, 열심히 움직이지만 그 결과가 부실하기도 하다.

둘째, 소통하는 방법이 다르다. 영리는 소통에 실패하면 제품이나 서비스를 철회하면 되지만 비영리에서 철회가 불가능하다. 소통 방법 혹은 소통 전략이 완전히 다르다. 일방통행이 아니고 쌍방통행이다. 비영리 분야의 소통 방식을 이해하지 못하면 능력을 발휘하기가 어렵다. 부정적인 사안을 다루거나 조직의 문제점을 방어할 때도 비영리와는 완전히 다르다.

셋째, 통제하는 방법과 과정이 다르다. 영리에서는 스태프가 마음에 안 들면 해고할 수 있고, 보상과 벌을 부여하는 것이 비교적 자유롭지만 비영리는 통제가 자유롭지 못하다. 많은 영리 출신 CEO들이 비영리 분야에서 조직 통제를 가장 어려워한다. 비영리 대표는 조직의 권위적 위치보다는 조직적 기능이 우선임을 알아야 한다. 권위를 내세우기보다는 조직 내 비전 공유를 위한 합의점에 도달하는 역할을 해야 한다. 통제라기보다 조율이 더 맞는 말이다.

위와 같은 세 가지 차이점을 이해하여 비영리의 역할로 전환하는 과정에서 낮은 자세로 임하고, 적절한 기초 교육과정 이수와 자기 성찰이 동시에 이루어진다면 영리 분야에서의 성공 경험이 매우 유용할 것이다.

판도라 상자 속의 희망

처음에 호기심으로 판도라의 상자를 열었을 때는 풀기 어려운 문제들이 세상 밖으로 튀어나왔지만, 마지막으로 상자 안에 남아 있던 것은 희망이었다. 마찬가지로 모금의 판도라 상자를 열었을 때 많은 어려움을 직면하게 되지만, 결국 마지막에는 희망을 발견할 수 있다. 역사상 사회가 만들어낸 4대 발명품 중에 비영리 시스템이 포함되어 있을지 모르겠다. 분명히 인간 사회를 향상시키는 디자인임에는 틀림이 없지만 그 안에 있는 사람이 늘 문제였다. 비영리 시스템은 기부와 모금을 통해 유지되기 때문에 인간을 시험하는 판도라의 상자로 전달된 것이다. 모금을 한다는 것은 마치 판도라의 상자를 여는 것과 같다. 모금은 신이 인간에게 준 선물이지만, 상자를 여는 순간 인간이 보여줄 수 있는 만 가지 어두운 모습이 튀어나온다. 그리고 그 어두운 모습은 이미 우리 사회와 한 몸이 되어 있다. 싸우거나 피하거나 친숙해져서 생활의 일부처럼 여기면 된다. 하지만 사회에 어떤 긍정적인 도움을 주기 위해 비영리 생태계에 몸담은 사람들이 모든 사람들로부터 악의 형상이 튀어나올 것이 두려워 즉시 상자의 뚜껑을 닫는다면, 상자 안에 남아 있던 희망을 발견하지 못할 것이다. 마지막에 남은 희망을 만나지도 못하고 상자를 그대로 닫을 것인지 아니면 다시 열 것인지, 그리고 어떻게 그 희망을 보고 사용할지는 전적으로 우리에게 달려 있다.

수많은 어려움에도 불구하고 비영리에 몸담고 계속해서 모금에 임하는 이유는 우리에게 모금의 문제를 해결할 수 있는 의지와 지혜가 충분히 있기 때문이다. 인간에게는 문제를 해결할 자기 방어적인 메커니즘이 있다.

1) 유머의 능력

유머로 윤리적 딜레마나 갈등을 해결하고 나중에 발생하는 문제점도 해결할 줄 아는 능력은 인간에게만 있다. 비영리에서도 유머로 모든 부정적인 것을 표현할 수 있는 환경이 조성되어야 한다. 모금에서 강압적이고 무거운 분위기는 최악이다. 있어서 나오는 유머와 없어서 나오는 유머는 다르지만, 그래도 어설픈 모금 교육보다는 유머 감각을 키우는 것이 현명하다. 딱딱하고 숭고한 일을 한다고 해서 감명을 줄 수는 없다. 이미 서양에서는 모금가나 모금 행위를 자기 비하적 유머로 스스로 폄하하면서 사람들이 자연스럽게 기부에 접근하게 하고 있다. 거론하기 힘든 종교 문제, 성 문제, 금전 문제를 유머로 풀어나가는 재주는 유대인이 탁월하다. 유대교 랍비, 기독교 목사, 가톨릭 신부 간에 생긴 돈 문제, 그리고 인간의 본성을 그대로 인정하면서 기금 모금을 유머러스하게 표현하는 것은 오히려 모금과 기부문화에 활력을 준다.

2) 망각의 능력

남녀가 만나서 결혼할 때 적당한 호기심과 기대가 있어 그 순간 살짝 비이성적이어야 프러포즈도 하고 결혼을 받아들인다. 상대를 너무 많이 알면 기대감도 줄어들게 된다. 영화도 줄거리를 알면 재미없고, 책도 내용이 궁금해야 구매하게 된다. 단체의 자원봉사자도 좋은 점을 발견해야 봉사도 한다. 모금도 잘 몰라야 열심히 모금운동을 한다. 신은 적당히 잘 몰라야 일이 진행되도록 세상을 디자인했기 때문에 필요 이상으로 알려고 노력할 필요는 없다. 비영리 세계가 우리의 기대에 미치지 못해 실망하고 또 실망하지만, 그 모든 것도 시간이 지나면 잊어버려 또다시 새로운 도전을 반복하게 한다. 인간은 망각할 수 있는 축복을 받았다. 적당히 잊어버릴 수 있기에 다시 비영리 세계에 발을 들여놓는다. 잊지 못하는 사람들이 있어 이런저런 문제에 대해 불평하지만, 이내 다른 새로운 세대가 밀려들어온다. 인간 세상의 산업은 성공하는 자만 있으면 돌아가지 않는다. 실패하는 자가 있기 때문에 또다시 도전하면서 산업이 원활히 돌아간다. 비영리는 지나치게 알려질 필요가 없다. 너무 자세히 알면 오히려 접근하지 않는다. 모금 산업도 아마추어와 프로가 뒤섞여 돌아가야 한다. 모금가는 단연코 기적을 일으키는 사람이 아닌데도 아직도 그렇게 생각하는 사람들이 많다.

어쩌면 모금 전문가는 그런 착각을 두려워하면서도 즐기는지도 모른다.

3) 카멜레온의 능력

문제가 발생했을 때는 좋다거나 나쁘다거나 하는 가치를 보는 관점의 패러다임을 바꾸면 된다. 보통 가치를 고정된 것으로 생각하지만, 모금에서는 두 개의 가치를 충돌로 보지 않고 조화로 보면 문제는 간단해진다. 사실은 유동적인 파동 형태로 보면 모든 것이 달라지는 것이다. 수중 파동, 전자 마그네틱 파동, 빛 파동처럼 고주파가 합쳐지면 저주파가 된다. 다음 두 가지 경우를 그림으로 이해해보자.

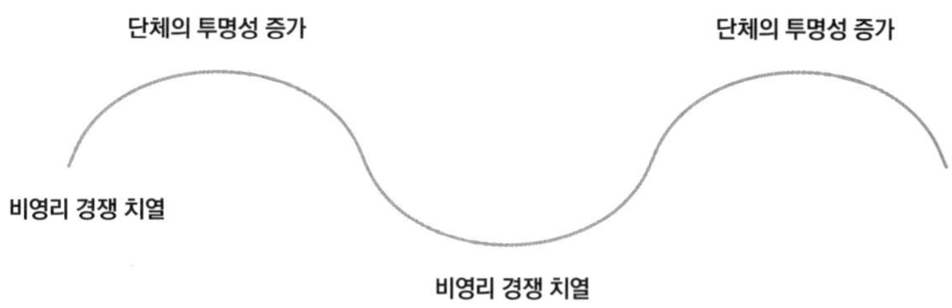

순환주기에서 경쟁이 치열할수록 투명성을 가져야 살아남을 수 있고, 그러다 보면 선의의 경쟁이 치열해지면서 다시 투명성이 증가할 것이다.

보는 관점에 따라 정부의 지원 감축이 다르게 받아들여지

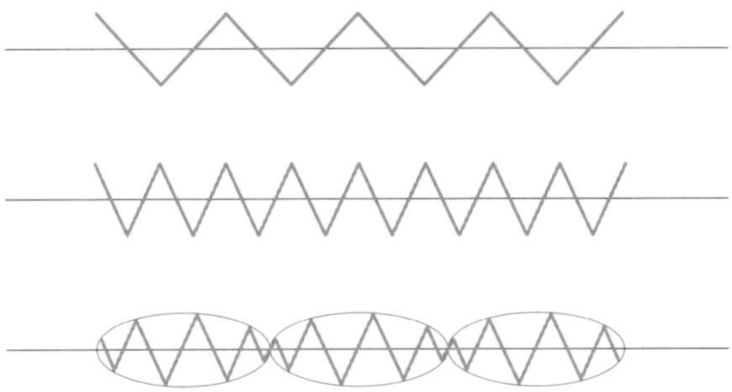

High Frequency Wave + High Frequency Wave = Low Frequency Wave

겠지만, 고주파처럼 재앙으로 보일 수도 있다. 비영리단체 간의 경쟁도 고주파이고, 그 두 고주파가 합쳐지면 기부문화가 저주파가 되어 선순환이 증진하는 결과를 가져온다.

4) 희망이 단순히 긍정적 사고만은 아니다

결코 희망을 단순히 긍정적으로만 생각하자는 것은 아니다. 현대사회는 '긍정적인 것'과 '좋은 것'을 같은 뜻으로 남용하는 경향이 있다. 내 책의 편집자가 나의 기억력이나 철자를 신뢰하지 않는 전제하에 일해주기를 원하는 것처럼, 또는 비행기 조종사가 긍정적인 안전 상황뿐 아니라 엔진 이상도 염두에 두고 승객을 안전하게 착륙시켜야 하는 것처럼 모금가는 생길 수 있는 가장 위험한 시나리오를 염두에 두어야 한다. 때로는 심리학자 줄리 노렘(Julie Norem)이 말한 '방어적 비관주의'가 필요한데, 군집 생활을 통해 감시의 눈으로 침입자를 가려내고 경계 신호를 보내 경계망을 늦추지 않는 것이 동물들의 생존 전략인 것처럼 말이다. 판도라의 상자를 열 때 함께 튀어나온 먼지를 무시하여 모른 척하거나 받아들이지 않아 미리 준비하지 않는다면 사회적인 재앙이 될 것이다. 기부와 모금을 좀 더 심각한 자세로 분석하고 이해하려는 이유는 인간의 호기심으로 풀리지 않은 퍼즐 문제를 푼다기보다는 좋은 삶을 살고자 하는 인류라는 종(種)으로 살아남기 위한 생존의 문제로 받아들여야 하기 때문이다. 지금까지 모금이나 기부 산업에 종사하는 사람들은 '긍정적 사고'라는 미명 아래 문제를 일시적인 것으로 보거나 공중에 떠다니는 무해한 먼지 정도로 취급하며 카펫 안으로 슬쩍 쓸어 넣는 '눈 가리고 아웅' 식 태도로 일관해왔다. 하지만 지금부터라도 긍정적 사고의 대안이 절망이 아닌 것처럼 자기 감정이나 환상에 취해 있지 말고 있는 그대로 인정하고 지뢰밭을 걷듯이 긴장하며 걸어가야 한다. 모금과 기부에 문제가 있다면 인정할 것은 인정하고 싸워야 할 것은 싸워서 모금 세계에 건설적인 긍정의 힘과 균형을 유지해야 한다. 행복 속에는 위험과 기회, 그리고 보람과 불확실성이 뒤섞여 있다는 것을 깨닫는 것이 중요하다.

에필로그

사귀고 싶은 상대에 대해 알게 되면 좀 더 현실적이고 적절한 관계를 통해 현명한 결정을 내릴 수 있을 것이다. 마찬가지로 기부와 모금을 좀 더 깊이 알고 참여하고 싶다면 더 이상 선택이 아니라 죽을 때까지 함께해야 하는 운명인 것이다. 이 글을 읽는 독자는 기부와 모금을 깊이 이해해 같은 편이 되어줄 것이라고 기대해본다.

만약 우리가 모르는 진실이 모금이나 기부 세계에 존재한다면 계속되는 모금과 기부는 그 진실을 향해 인간의 감정과는 무관한 인과관계, 개연성, 우연이라는 자체의 알고리즘에 의해 전개된다는 사실을 서서히 깨닫는 과정을 배우게 될 것이다. 모금교육의 목적은 현재와 미래를 연결하는 거리를 최소한으로 단축하게 하는 개인적·단체적 기부문화를 만드는 일이다. 문제는 단체와 기부자 간에 정보 공유의 불균형에서 온다. 단체는 일방적으로 말만 전하는 마케팅이 아니라 공유하는 마케팅으로, 터널 비전의 사명을 넘어 독수리의 비전으로 생각하고, 단순한 결과물이 아니라 가치의 실현으로, 거래의 모금이 아니라 변화의 필란트로피를 목표로 삼아야 한다.

하지만 현재 한국 내 비영리단체의 모금 상황에 대해 어떤 모금가는 한마디로 "온탕 속의 개구리"라고 표현하기도 하고, 좀 더 심하게는 "마치 독 안에 든 쥐가 살기 위해 버둥거리는 것 같다"는 심한 자책의 문구를 쓰기 한다. 그나마 움직이지 않으면 물밑에 가라앉게 될 것이다. 모금 교육자를 평가할 때 모금 결과에 따라서만 평가하는 것을 보았다. 사실 모금교육은 수영을 가르치는 것이다. 그렇지 않으면 비영리의 바다에서 돌처럼 가라앉고 말 것이다. 일반 모금 강의는 물에 떠 있는 기본 교육이 되어야 하고, 앞으로 나아가고 시합에서 이기는 교육은 다른 차원의 교육이 되어야 한다. 그것은 아주 개인적이며, 자신이 속해 있는 단체마다 결과는 다르게 나온다. 얼마나 오랫동안 버틸 수 있는가? 그 기술을 가르치는 것이다.

우리나라 사람들은 언젠가 더 큰 평수로 옮길 생각에만 사로잡혀 지금 사는 아파트를 '모델하우스'로 여긴다는 말을 들었다. 뿌리를 내릴 집이 아니다 보니 이웃끼리 정을 주고받을 마음의 여유도 생기기 어려운가 보다. 마찬가지로 비영리, 특히 모금에 뿌리를 내리려고 생각하지 않으니 건성건성 만난다. 인간관계에 큰 투자를 하고 싶지 않다는 뜻이다. 같은 업종에 종사하는 사람끼리도 그러니 기부자를 대하는 태도는 더 심각할 수 있다. 한국에서 고액 기부를 받기 힘든 이유는 보험 가입자의 90퍼센트가 2년 안에 '고아 계약(보험 계약을 모집한 설계사의 이직이나 퇴직 등으로 계약자 관리가 되지 않는 계약을 말함)'이 되는 충격적인 통계와 유사하다. 단순히 치고 빠지는 관계이니 누가 믿고 큰돈을 투자하겠는가! 단체는 중요한 모금에서는 위험을 인식하고 최악의 시나리오를 알고 대비하는 신뢰할 만한 모금가에게 일을 맡긴다. 기부자도 그런 사람에게 기부한다.

미국에서 모금활동을 하고 나서 한국에 들어와 모금을 체계적으로 잘할 수 있도록 교육하고 싶어서 왔는데 아직 기금 조성 문화가 구축되지 않아 안타깝기 그지없다. 하지만 그런 어두운 모습은 유독 한국에만 있는 것이 아니라 모금 선진국에서도 같은 일이 반복되고 있으니 자책할 필요는 없다고 생각한다. 이 책은 모금계에 대한 애정으로 시작하여 한국 기부문화의 선순환을 위해 쓴 것이다. 그래서 기부에 대한 생각들이 잘 실현되는 데 이 책이 도움이 되었으면 하는 것이 나의 바람이다.

참고 문헌

Bekay Ahn, CFRE(2010), *비영리 단체 모금 전략*, 예영.

Bekay Ahn, CFRE(2011), *푼돈의 달변 큰돈의 경청*, 단열삼열.

Bekay Ahn, CFRE(2012), *The Secret of Asking(착한 요청의 비밀)*, 단열삼열.

Bekay Ahn, CFRE(2014), *비영리 단체 모금 전략(2nd Ed.)*, 한국기부문화연구소.

John Paul Lederach(1996), *Preparing for Peace: Conflict Transformation Across Cultures (Syracuse Studies on Peace and Conflict Resolution)*, Syracuse University Press.

Thaler, Richard H.(2005), *Advances in Behavioral Finance, Volume II (Roundtable Series in Behavioral Economics)*, Princeton: Princeton University Press.

Simone P. Joyaux, ACFRE(2004), Philanthropy: Its Many Faces of Power

Plenary Session · AFP Mid-America Conference.

Bernard Williams(1982), *Moral Luck*, Cambridge University Press.

Martin J. Gannon(2004), *Understanding Global Cultures (3rd Ed.)*, SAGE Publications, Thousand Oaks, CA.

Laura Fredricks(2006), *The Ask*, Jossely- Bass Wiley,

Association of Fundraising Professional(2004), *Code of Ethical Principles and Standards of Professional Practice*, Alexandria, VA.

Greenfield, J.(2010), *Fundraising Fundamentals: A guide to Annual Giving for Professionals and Volunteers (2nd Ed.)*, New York, Wiley.

Bernard Ross & Clare Segal(2002), *Breakthrough Thinking for NPO*, Jossey Wiley.

Michael S. Dobson and Ted Leemann(2010), *Creative Project Management*, McGraw Hill.

Lindahl, W. E.(2008), *Principles of fundraising: Theory and practice*, Sudbury, MA: Jones and Bartlett.

Association of Fundraising professionals(2009b), *Principles of the e-donor bill of rights*, Retrieved July 18, 2009, from http://www.afpnet.org/Ethics/EnforcementDetail.cfm?ItemNumber=3285.

Sargeant, A., & Jay, E.(2004), *Fundraising management*, London: Routledge.

Warwick, M. & Hitchcock, S.(2001), *Ten steps to fundraising success:*

Choosing the right strategy for your organization, San Francisco: Jossey-Bass.

Kotler, P. & Armstrong, G.(2007), *Principles of marketing (12th ed.)*, Englewood Cliffs, NJ: Prentice Hall

Council for Advancement and Support of Education (CASE) & National Association of College and University Business Officers. (1990), *Expenditures in fundraising, alumni relations, and other Constituent (public) relations*, Washington DC: CASE.

Greenfield, J. M.(1996), *Fund-raising cost effectiveness: A self-assessment workbook*, Hoboken, NJ: Wiley.

Schervish, P. G., & Havens, J.J.(2002), *The new physics of philanthropy: The supply side vectors of charitable giving*, Part 2: The spiritual side of the supply side, CASE International Journal of Educational Advancement, 2(3), 221-241.

Sprinkel-Grace, K.(1997), *Beyond fund-raising: New strategies for nonprofit innovation and investment*, New York: John Wiley & Sons.

Bill & Melinda Gates Foundation(2009), Retrieved August 17, 2009, from http://www.gatesfoundation.org/Pages/home.aspx.

Burnett, K.(2002), *Relationship fundraising*: A donor based approach to the business of raising money, San Francisco: Jossey-Bass.

Arrillaga-Andreessen, Laura(2012), *Giving 2.0: Transform Your Giving and*

Our World, San Francisco: Jossey-Bass.

Bedsworth, William, Ann Goggins Gregory, and Don Howard(2008), *Nonprofit Overhead Costs*: Breaking the Vicious Cycle of Misleading Reporting, Unrealistic Expectations, and Pressure to Conform, Bridgespan Group.

Bishop, Matthew and Michael Green(2008), *Zeroing in on Impact Philanthrocapitalism*, New York: Bloomsbury Press.

Bornstein, David(2007), *How to Change the World: Social Entrepreneurs and the Power of New Ideas*, New York: Oxford University Press.

Brest, Paul and Hal Harvey(2008), *Money Well Spent: A Strategic Plan for Smart Philanthropy*, New York: Bloomberg Press.

Clinton, Bil(2007), *Giving: How Each of Us Can Change the World*, New York: Alfred A. Knopf.

Crutchfield, Leslie & Heather McLeod Grant(2008), *Forces for Good: The Six Practices of High Impact Nonprofits*, San Francisco: John Wiley & Sons.

Crutchfield, Leslie, John V. Kania & Mark B. Kramer(2011), *Do More Than Give: The Six Practices of Donors Who Change the World*, San Francisco: John Wiley & Sons.

Fleishman, Joel(2007), *The Foundation: A Great American Secret: How Private Wealth is Changing the World*, New York: Public Affairs.

Frumkin, Peter(2006), *Strategic Giving: The Art and Science of Philanthropy*, Chicago: University of Chicago Press.

Gregary, Ann Goggins & Don Howard(2009), *The Nonprofit Starvation Cycle*, Stanford Social Innovation Review.

Korten, Alicia Epstein(2009), *Change Philanthropy*: Candid Stories of Foundations Maximizing Results through Social Justice, San Francisco: Jossey Bass.

Kramer, Mark R(2009), Catalytic Philanthropy, Stanford Social Innovation Review, Available at http://www.ssireview.org/articles/entry/catalytic_philanthropy.

Lowell, Stephanie, Brian Treistad & Bill Meehan9(2005). The Ratings Game, Stanford Social Innovation Review, Available at http://www.ssireview.org/articles/entry/the_ratings_game.

Pallotta, Dan(2008), *Uncharitable: How Restraints on Nonprofits Undermine Their Potential*, Medford, MA: Tufts University Press.

Hayes, J.(1989), *Cognivive Processes in Creativity, Handbook of Creativity*, New York: Plenum.

Stanford Social Innovation Review, multiple resources on philanthropy available at http://www.ssireview.org/topics/category/philanthropy.

Blogs

Philanthropy 2173: The Future of Good Lucy Bernholz

http://bkeelee.blogspot.kr/2013/11/active-inertia.html

http://www.beckershospitalreview.com/legal-regulatory-issues/20-recent-lawsuits-and-settlements-involving-hospitals-october-2.html

https://sites.google.com/site/etec511/the-cultural-lag-theory

TED Talks

Dichter, Sasha: The Generosity Experiment

Fulton, Katherine: You Are the Future of Philanthropy

Pallotta, Dan: The Way We Think About Charity is Dead Wrong

http://edition.cnn.com/2005/US/11/03/brown.fema.emails/

http://www.huffingtonpost.com/tag/three-cups-of-tea-controversy

http://articles.mercola.com/sites/articles/archive/2012/02/22/breast-cancer-awareness-ribbons.aspx

http://content.usatoday.com/communities/onpolitics/post/2011/03/npr-vivian-schiller-resigns-video-scandal http://web.mit.edu/press/2014/how-the-matthew-effect-helps-some-scientific-papers-gain-popularity-0127.html

비케이 안 (Bekay Ahn), CFRE 나눔, 기부, 필란트로피 분야의 대표적인 전문가로 비영리 분야의 기금 조성 전문가 양성과 리더십 커뮤니케이션 교육을 위해 한국과 미국에서 활동하고 있다. 한국계 최초의 CFRE(Certified Fund Raising Executive, 국제 공인 모금 전문가) 자격증 소지자로서 ICNPM(국제비영리협의회) 대표와 한국기부문화연구소 소장을 역임하고 있으며, 국제 컨퍼런스 키노트 스피커와 대학, 병원 및 NPO/NGO 강사로 활동 중이다. 그동안 한국에서는 비영리단체 대상 특강, 워크샵, 세미나를 통해 인간관계를 중점으로 하는 선진국형 모금 방법과 한국형 기부와 모금 방법을 전해왔다. 현재 한양대학교 경영대학 학부 초청교수로 재직 중이며 인문학적 마케팅 및 비즈니스 커뮤니케이션을 강의하고 있다. 저서로 『비영리 단체 모금 전략』(2010), 『푼돈의 달변, 큰돈의 경청』(2011), 『The Secret of Asking(착한 요청의 비밀)』(2012) 등이 있다.

나눔이 준 판도라의 상자

펴낸날 2014년 4월 30일 초판 1쇄 ● 2017년 8월 30일 초판 2쇄
지은이 비케이 안 ● **펴낸이** 이영무
펴낸곳 사곰 ● **출판등록** 제4-7호(1972.2.29) ● **인쇄** 현문
주소 서울 성동구 왕십리로 222 ● **전화** 02.2220.1432-4 ● **팩스** 02.2220.1435
홈페이지 press.hanyang.ac.kr ● **이메일** presshy@hanyang.ac.kr

사곰은 '새김[刻]'과 '해석[釋]'을 뜻하는 중세 국어 '사곰'을 변형하여
한양대학교출판부가 만든 출판 브랜드입니다.

이 도서의 국립중앙도서관 출판시도서목록(CIP)은
서지정보유통지원시스템 홈페이지(http://seoji.nl.go.kr)와
국가자료공동목록시스템(http://www.nl.go.kr/kolisnet)에서 이용하실 수 있습니다.
CIP제어번호 : CIP2014012651

ISBN 978.89.7218.443.3 (03300)